Große

Klausur-Leitfaden Abgabenordnung

Online-Version inklusive!

Stellen Sie dieses Buch jetzt in Ihre „digitale Bibliothek" in der NWB Datenbank und nutzen Sie Ihre Vorteile:

- Ob am Arbeitsplatz, zu Hause oder unterwegs: Die Online-Version dieses Buches können Sie jederzeit und überall da nutzen, wo Sie Zugang zu einem mit dem Internet verbundenen PC haben.
- Die praktischen Recherchefunktionen der NWB Datenbank erleichtern Ihnen die gezielte Suche nach bestimmten Inhalten und Fragestellungen.
- Die Anlage Ihrer persönlichen „digitalen Bibliothek" und deren Nutzung in der NWB Datenbank online ist kostenlos. Sie müssen dazu nicht Abonnent der Datenbank sein.

Ihr Freischaltcode: VBCSCNRTTOKDFTPUDDIFF

Große, Klausur-Leitfaden Abgabenordnung

So einfach geht's:

1. Rufen Sie im Internet die Seite **www.nwb.de/go/online-buch** auf.
2. Geben Sie Ihren Freischaltcode in Großbuchstaben ein und folgen Sie dem Anmeldedialog.
3. Fertig!

Alternativ können Sie auch den Barcode direkt mit der **NWB Mobile** App einscannen und so Ihr Produkt freischalten! Die NWB Mobile App gibt es für iOS, Android und Windows Phone!

Die NWB Datenbank – alle digitalen Inhalte aus unserem Verlagsprogramm in einem System.

www.nwb.de

Klausur-Leitfaden Abgabenordnung

Von
Thomas Große, Rechtsanwalt, Steuerberater

nwb AUSBILDUNG

ISBN 978-3-482-**66591**-2

Satz: Griebsch & Rochol Druck GmbH, Hamm
Druck: medienHaus Plump GmbH, Rheinbreitbach

VORWORT

Die meisten Kandidaten fürchten in der Steuerberaterprüfung ganz besonders deren AO-Teil. Dies beruht vor allem darauf, dass AO-Klausuren zwei besondere Schwierigkeiten bieten: Erstens gibt es (anders als bei den übrigen Klausuren) kein einheitliches Prüfungsschema, keinen einheitlichen Lösungsaufbau und zweitens sind sie immer im Gutachtenstil zu lösen.

Dieser Leitfaden zeigt Ihnen deshalb, wie AO-Klausuren gutachtlich bearbeitet werden, insbesondere wie die Lösung aufgebaut und dargestellt wird (Kap. II).

Schwerpunkt ist dabei der Stoff, aus dem die AO-Klausuren der letzten zehn Jahre zu über 90 % bestanden (Kap. III–V).

Behandelt werden darüber hinaus aber auch die prüfungsrelevanten „Nebengebiete“ der AO (Kap. VI).

Die Darstellung wird durch vier „AO/FGO-Prüfungsklausuren“ komplettiert, die im Umfang und Schwierigkeitsgrad den Anforderungen in der Steuerberaterprüfung entsprechen (Kap. VII).

Der Leitfaden ersetzt kein Lehrbuch. Er hilft Ihnen, Ihre verfahrensrechtlichen Kenntnisse erfolgreich in Klausuren anzuwenden. Er dient der Vertiefung Ihrer Kenntnisse und eignet sich gut zur Wiederholung des Stoffs vor den Prüfungsklausuren.

Der Leitfaden soll Sie dazu befähigen, den Lösungsaufbau auch bei komplexen und schwierigen AO-Fällen „auf die Reihe zu bekommen“, um dadurch überdurchschnittlich zu punkten.

Die Steuerberaterprüfung besteht zu etwa 1/9 aus AO. Planen Sie deshalb entsprechend viel Vorbereitungszeit für AO ein, mindestens so viel wie für das Fach Umsatzsteuer.

Auch für AO gilt: Übung macht den Meister. Schreiben Sie deshalb möglichst viele Übungsklausuren, insbesondere alle die in den Vorbereitungskursen auf die Steuerberaterprüfung angeboten werden. Genauso wichtig ist, das Bearbeiten von großen Prüfungsklausuren in besonderen Klausurenkursen zu üben, sei es bei einem Anbieter vor Ort (in „Klausurpräsenzkursen“ oder „Klausuren-Crashkursen“) oder zu Hause (in „Klausurfernkursen“).

Kritik und Anregungen nehme ich gern entgegen.

Eschwege, im März 2016

Thomas Große

INHALTSVERZEICHNIS

Seite

ABKÜRZUNGSVERZEICHNIS

A

Abl.	Ablauf
Abs.	Absatz
Abschn.	Abschnitt
abzgl.	abzüglich
AdV	Aussetzung der Vollziehung
AEAO	Anwendungserlass zur AO
AfA	Absetzung für Abnutzung
Alt.	Alternative
AO	Abgabenordnung

B

BA	Betriebsausgaben
BFH	Bundesfinanzhof
BGB	Bürgerliches Gesetzbuch
BpO	Betriebsprüfungsordnung
Buchst.	Buchstabe
bzgl.	bezüglich

D

d. h.	das heißt

E

Ef	Einspruchsführer
ErbSt	Erbschaftsteuer
ESt	Einkommensteuer
EStG	Einkommensteuergesetz
etc.	et cetera

F

f., ff.	folgend, folgende
FA	Finanzamt
FF	Festsetzungsfrist
FG	Finanzgericht
FGO	Finanzgerichtsordnung

G

gem.	gemäß
GewSt	Gewerbesteuer
GewStG	Gewerbesteuergesetz
ggf.	gegebenenfalls
ggüb.	gegenüber
grds.	grundsätzlich

GuV	Gewinn- und Verlustrechnung
GWG	geringwertiges Wirtschaftsgut

H

h. M.	herrschende Meinung
Halbs.	Halbsatz
HGB	Handelsgesetzbuch

I

i. d. R.	in der Regel
i. H.	in Höhe
i. S.	im Sinne
i.V.	in Verbindung
insb.	insbesondere

K

Kap.	Kapitel
Kfz	Kraftfahrzeug
KfzSt	Kraftfahrzeugsteuer
Kj.	Kalenderjahr
KM	Kontrollmitteilung
KSt	Körperschaftsteuer
KStG	Körperschaftsteuergesetz

L

LSt	Lohnsteuer

M

m. E.	meines Erachtens
Mio.	Millionen

N

Nr.	Nummer

O

o. g.	oben genannt

P

Pkw	Personenkraftwagen

S

s. o.	siehe oben
StB	Steuerberater
Stpfl.	Steuerpflichtiger

T

T€	tausend Euro
Tz.	Textziffer

U

u. a.	unter anderem
USt	Umsatzsteuer
UStG	Umsatzsteuergesetz

V

V + V	Vermietung und Verpachtung
V. d. N.	Vorbehalt der Nachprüfung
VA	Verwaltungsakt
vGA	verdeckte Gewinnausschüttung
vgl.	vergleiche
VollstrA	Vollstreckungsanweisungen
VollzA	Vollziehungsanweisungen

W

WG	Wirtschaftsgut

Z

z. B.	zum Beispiel
zzgl.	zuzüglich
VwZG	Verwaltungszustellungsgesetz

I. Gegenstand der AO-Prüfungsklausuren

1. Die AO-Klausur als Teil der Steuerberaterprüfung

Die erste Klausur, die Sie in der Steuerberaterprüfung schreiben, enthält **„Aufgaben aus dem Verfahrensrecht und anderen Steuerrechtsgebieten“**. Sie besteht aus einem AO/FGO-Teil, einem USt-Teil und einem ErbSt-Teil. Insgesamt werden in der Klausur 100 Punkte vergeben. Die Bearbeitungszeit beträgt sechs Zeitstunden.

Der AO/FGO-Teil besteht aus einem längeren oder mehreren kürzeren Sachverhalten mit jeweils einer oder mehreren Aufgaben. In der Regel können hier 35 Punkte erzielt werden. Fast alle diese Punkte erhalten Sie für eine überzeugende Darstellung des Lösungswegs. Für die Formulierung des zutreffenden Endergebnisses gibt es gewöhnlich einen Punkt. Bei AO-Klausuren ist also der Weg das Ziel. Für die Bearbeitung des AO/FGO-Teils sollten Sie ca. zwei Zeitstunden anberaumen.

2. Die Prüfungsschwerpunkte der letzten zehn Jahre (Stand 2015/2016)

Aus den AO-Prüfungsklausuren von 2006/2007 bis 2015/2016 ergeben sich folgende Prüfungsschwerpunkte:

Prüfungsgebiet	Gewichtung in den Prüfungsklausuren der letzten zehn Jahren	Siehe dazu
Einspruchsverfahren (§§ 347–367 AO)	Ca. 28 % (war in sieben Klausuren der letzten zehn Jahre zu prüfen)	Kap. III
Korrekturvorschriften (§ 129, § 164 Abs. 2 und § 165 Abs. 2, §§ 172–177 AO)	Ca. 38 % (waren in allen Klausuren der letzten zehn Jahre zu prüfen)	Kap. IV
Allgemeines: Verwaltungsakte (§§ 118 ff. AO), Steuerbescheide (§§ 155 ff. AO), Festsetzungsverjährung (§§ 169 ff. AO), Feststellungsbescheide (§§ 179 ff. AO), Außenprüfung (§§ 193 ff. AO).	Ca. 29 % (war in sieben Klausuren der letzten zehn Jahre zu prüfen)	Kap. V
Vollstreckung wegen Geldforderungen (§§ 249 ff. AO)	Ca. 5 % (war in einer Klausur der letzten zehn Jahre zu prüfen)	Kap. VI.1
Haftung für Steuerschulden (§§ 69 ff., § 191 und § 219 AO)	0 % (wurde aber vor 2005 mehrfach geprüft)	Kap. VI.2
Steuerstrafrecht (insb. §§ 370, 371 und § 378 AO und § 15, §§ 25–27 StGB)	0 % (wurde aber vor 2005 mehrfach geprüft)	Kap. VI.3
FGO (insb. Erfolgsaussichten einer Klage sowie § 69 AO und § 114 FGO)	0 % (wurde aber vor 2005 mehrfach geprüft)	Kap. VI.4

Beachten Sie, dass ca. 95 % der Punkte in den ersten drei Prüfungsgebieten zu erzielen waren!

3. Korrektur rechtswidriger Steuerbescheide

Gegenstand der Klausuren waren fast durchgängig rechtswidrige (= fehlerhafte) Steuerbescheide (ESt-Bescheide, Feststellungsbescheide, USt-Bescheide oder KSt-Bescheide), selten sonstige VA (z. B. Pfändungen oder Prüfungsanordnungen) und deren Korrektur.

Dazu gilt ganz allgemein Folgendes:

Übersicht: Rechtswidrige VA (Bescheide)

Definition: **Ein VA (z. B. Steuerbescheid) ist rechtswidrig** (= fehlerhaft), **wenn er gegen** (irgend)**eine Rechtsnorm verstößt.** Je nach Art und Schwere des Fehlers kann die Rechtswidrigkeit folgende Wirkungen nach sich ziehen:

I. Besonders schwerwiegende Fehler

Nur besonders schwerwiegende Fehler führen zur Unwirksamkeit des VA. Das sind Bekanntgabefehler (§ 124 Abs. 1 Satz 1 AO) und Fehler gem. § 125 Abs. 1 und Abs. 2 AO i.V. mit § 124 Abs. 3 AO.[1]

II. Sonstige Fehler

Ist der VA ordnungsgemäß bekannt gegeben worden und nicht nichtig (Regelfall) gilt: Auch ein fehlerhafter VA wird mit seiner Bekanntgabe wirksam, § 124 Abs. 1 Satz 1 und Satz 2 AO, und nach Ablauf der Einspruchsfrist bestandskräftig.

1. Materiell-rechtliche Fehler

Fast durchweg geht es um materiell-rechtliche Fehler, also um Fehler, die bei Steuerbescheiden zu einer unzutreffenden Steuerfestsetzung führen.

→ Materiell-rechtliche Fehler **zulasten des Stpfl.** haben grds. die Anfechtbarkeit des Bescheids zur Folge. Das heißt, der Stpfl. kann **Einspruch** einlegen[2] und danach ggf. **Klage** erheben.[3]

→ Außerhalb des Einspruchsverfahrens können Fehler (zugunsten oder zulasten des Stpfl.) nur dann korrigiert werden, wenn eine **Korrekturvorschrift** dies erlaubt.[4]

2. Verfahrens- und Formfehler

Liegt ein Verstoß gegen Verfahrens- oder Formvorschriften vor, gilt Folgendes:

→ Besonders schwerwiegende Verfahrens- oder Formfehler führen zur Unwirksamkeit des VA, siehe oben I.

→ Ansonsten sind sie grds. ohne Bedeutung:
- Gem. § 126 AO können sie geheilt werden,
- gem. § 127 AO kann die Aufhebung des VA nicht *allein* auf Verfahrens- oder Formfehler gestützt werden, wenn *keine andere Entscheidung* in der Sache hätte getroffen werden können.[5]

→ Verfahrens- und Formfehler sind aber ausnahmsweise beachtlich
- gem. § 126 Abs. 3 i.V. mit § 110 AO (prüfungsrelevant),
- gem. § 356 AO (prüfungsrelevant),
- wenn sie zu einer anderen Entscheidung in der Sache führen können (z. B. bei fehlender Anhörung gem. § 367 Abs. 2 Satz 2 i.V. mit § 362 AO,[6] prüfungsrelevant).

In den AO-Prüfungsklausuren war (fast immer) die Korrektur von rechtswidrigen Bescheiden im Einspruchsverfahren oder aufgrund von Korrekturvorschriften zu erörtern. Soweit die Aufgabenstellung ausdrücklich nichts anderes verlangt, gilt dabei folgende **fundamentale Aufbauregel:**

Prüfungsschema: Korrektur rechtswidriger VA (Bescheide)

1. Prüfung der Korrektur im Einspruchsverfahren (§§ 347–367 AO)

→ Kommt dies nicht in Betracht oder ist dies nicht möglich:

2. Prüfung der Korrektur aufgrund von Korrekturvorschriften (z. B. §§ 172 ff. AO)

1 Siehe Kap. V.1., S. 39 ff.
2 Siehe Kap. III., S. 17 ff.
3 Siehe Kap. VI.4., S. 65 ff.
4 Siehe Kap. IV., S. 27 ff.
5 Siehe Beispiel 18, Aufg. 3, S. 25.
6 Siehe Beispiel 16, S. 22.

Geht es also um eine Korrektur eines Bescheids **zugunsten des Stpfl.** (z. B. um eine Steuerminderung), ist zunächst zu untersuchen, ob bereits Einspruch eingelegt ist (oder noch eingelegt werden kann) und der Fehler im Einspruchsverfahren (§§ 347 ff. AO) eliminiert werden kann. Der Einspruch ist für den Stpfl. „der Königsweg" (vgl. AEAO vor § 347 Nr. 1 letzter Satz). Nur wenn ein Einspruch nicht vorliegt oder nicht zulässig ist, sind ggf. die Korrekturvorschriften (§ 129, § 164 Abs. 2, § 165 Abs. 2 oder §§ 172 ff. AO) zu prüfen.

Will das FA einen Bescheid (außerhalb eines Einspruchsverfahrens) **zulasten des Stpfl.** korrigieren (z. B. die Steuer erhöhen), ist zu untersuchen, ob dies aufgrund von Korrekturvorschriften erlaubt ist.

4. Sonstige Aufgabenstellungen

Aufgabenstellungen, bei denen es nicht um die Korrektur rechtswidriger Bescheide geht sind sehr selten. Allerdings war (losgelöst vom eigentlichen Fall) in der Prüfungsklausur 2014/2015 darzustellen, wie viele selbständige VA eine im Sachverhalt beschriebene Prüfungsanordnung enthält und 2015/2016, wie viele und welche VA sich auf einem im Sachverhalt abgedruckten ESt-Bescheid befinden.

Zu ebenfalls (seltenen) Aufgabestellungen aus dem Vollstreckungsrecht und dem Steuerstrafrecht siehe Kap. VI.1.1[7] und Kap. VI.3.1.[8]

7 Siehe S. 49.
8 Siehe S. 61.

II. Die Bearbeitung von AO-Klausuren im Gutachtenstil

1. Grundlagen der Rechtsanwendung (Subsumtion)

Die AO-Klausur ist eine Rechtsklausur, in der die von Ihnen geforderte Leistung darin besteht, Gesetze (also Rechtsnormen, vgl. § 4 AO) auf die vorgegebenen Sachverhalte anzuwenden.

Diese Rechtsanwendung erfolgt in AO-Klausuren im Gutachtenstil. Beim Gutachtenstil handelt es sich weniger um eine Stilfrage, als um eine bestimmte Methode, Fälle zu lösen, d. h. Falllösungen aufzubauen. Im Gegensatz zum Urteil (z. B. eines FG oder des BFH) wird beim Gutachtenstil erst die Begründung dargestellt und erst am Ende das Ergebnis.

Kennzeichnend für den Gutachtenstil ist die Subsumtion: Es wird geprüft, ob der in der Klausur vorgegebene Sachverhalt die einzelnen Rechtsvoraussetzungen der Rechtsnorm, die untersucht wird, erfüllt.

Prüfungsschema: Rechtsanwendung (Subsumition)

I. Einschlägige Rechtsnorm finden (einschlägig ist die Rechtsnorm, deren Rechtsfolge „passt").

II. Prüfung der einzelnen Voraussetzungen der Rechtsnorm:

1. Prüfung der ersten Voraussetzung

→ Angabe der Voraussetzung, die geprüft wird, ggf. Definition der Voraussetzung.

→ Prüfung, ob der Lebenssachverhalt die Voraussetzung (Definition) erfüllt. Bei Problemen begründen, warum die Voraussetzung vorliegt oder nicht.

→ (Zwischen-)Ergebnis:

> Die Voraussetzung ist erfüllt. ↓ 2. Prüfung der nächsten Voraussetzung (wie oben, 1.) etc. ↓	> Die Voraussetzung nicht erfüllt. ↓
III. Ergebnis Wenn alle Voraussetzungen erfüllt sind, greift die Rechtsnorm (d. h. deren Rechtsfolge) ein.	Die Rechtsnorm greift nicht. Prüfung abbrechen. Ggf. eine andere einschlägige Rechtsnorm prüfen.

Liegen die Voraussetzungen **unproblematisch** vor oder nicht vor, wird dies kurz dargestellt.

Ist es dagegen **problematisch,** ob eine Voraussetzung gegeben ist, wird dies nach Maßgabe des obigen Schemas (unter II.1) ausführlich dargestellt. Wichtig ist dabei nicht die sklavische Einhaltung des Schemas, sondern die stichhaltige Begründung, warum die Voraussetzung zu bejahen ist oder nicht.

Beispiel 1

Dem Sachbearbeiter im FA unterläuft bei der Veranlagung des X ein Zahlendreher. Aus diesem Grund wird die ESt 15 um 1.000 € zu hoch festgesetzt. Dies wird nach Ablauf der Einspruchsfrist entdeckt.

Aufgabe: Prüfen Sie, ob der ESt-Bescheid 15 gem. § 129 AO geändert werden kann.

Lösung nach dem Prüfungsschema:

Zu I.: Einschlägige Rechtsnorm ist § 129 AO, weil allein diese in der Aufgabenstellung genannt ist.

Zu II.: Die Berichtigung (= Änderung) gem. § 129 AO hat (nach dem Wortlaut der Vorschrift) folgende Voraussetzungen:

1. Es muss ein „Schreibfehler, Rechenfehler oder eine ähnliche Unrichtigkeit" vorliegen. Der Zahlendreher stellt einen Schreibfehler gem. § 129 AO dar.

2. Die Unrichtigkeit muss „offenbar", d. h. leicht zu erkennen sein. Dies ist der Fall, da der Zahlendreher augenfällig ist und auch entdeckt worden ist.

3. Die Unrichtigkeit muss „beim Erlass eines VA", also dem FA unterlaufen sein. Auch dies ist gegeben, weil der Fehler dem Sachbearbeiter bei der Veranlagung unterlaufen ist.

Zu III.: Da alle Voraussetzungen des § 129 AO vorliegen, greift dessen Rechtsfolge: Gem. § 129 Satz 2 AO ist der ESt-Bescheid 15 zu ändern (ESt-Minderung i. H. von 1.000 €).

Lösung (dieses einfachen Falles) im Rahmen einer Prüfungsklausur:

„Der ESt-Bescheid 15 könnte gem. § 129 AO zu korrigieren sein. Der Zahlendreher stellt einen Schreibfehler i. S. des § 129 AO dar. Dieser ist leicht erkennbar und dem Sachbearbeiter auch beim Erlass des Bescheids unterlaufen. Die ESt 15 ist also gem. § 129 Satz 2 AO um 1.000 € zu mindern."

Die Rechtsanwendung im Steuerrecht ist u. a. durch ein verwickeltes Rechtsnormgefüge kompliziert. Anders als in Beispiel 1 wird kaum ein Sachverhalt durch eine einzige Norm geregelt. In Prüfungsklausuren muss immer eine Vielzahl von Vorschriften herangezogen werden.

Stilistisches **Kennzeichen des Gutachtenstils** ist, dass der Satz, der ein (Zwischen-)Ergebnis wiedergibt, ein Adverb wie „also", „somit", „daher", „folglich" etc. enthält, das zum Ausdruck bringt, dass hier zum Ergebnis hin gefolgert worden ist.

Beim sog. **Urteilsstil** steht das Ergebnis am Anfang der Arbeit und wird nachfolgend begründet. Kennzeichnende Adverbien sind hier z. B. „weil", „da" und „denn". Der Urteilsstil wird in der Klausurlösung verwendet, wenn Unproblematisches kurz dargestellt werden soll.

HINWEIS

Stilfragen sind nicht entscheidend. Wichtig ist ein schlüssiger und inhaltlich überzeugender Aufbau der Arbeit vom Obersatz (Einstieg) zum Ergebnis hin (siehe unten, Kap. II.4.).[9]

Gibt es zu einem Problem **unterschiedliche Rechtsauffassungen,** vertreten Sie die Auffassung des BFH. Begründung: Den „offiziellen" Lösungshinweisen der Prüfungsklausuren liegt die BFH-Rechtsprechung zugrunde. Im Übrigen wird die Auffassung des BFH von den Korrektoren nie als „falsch" oder „nicht überzeugend" gewertet. Zum AEAO siehe unten, Kap. II.6.1.

2. Erfassen der Sachverhalte und Aufgabenstellungen

Die Fallbearbeitung beginnt mit dem Lesen des Sachverhalts und der Aufgabenstellung. Der Sachverhalt ist dabei unbefangen und sorgfältig so oft durchzulesen (mindestens 2 x), bis er in seinen Grundzügen klar ist. Die Sachverhalte der AO-Prüfungsklausuren sind i. d. R. in epischer Breite über mehrere Seiten ausformuliert und enthalten viele (für die Lösung überflüssige) Details. Es dauert i. d. R. 20 Minuten (und länger) bis solche Sachverhalte erfasst werden. Der Sachverhalt der AO-Prüfungsklausur 2012 hatte (einschließlich Aufgabenstellung und Anlagen) einen Umfang von neun (!) Seiten.

HINWEIS

Komplexe und lange Sachverhalte verdeutlicht man sich am besten dadurch, dass man die wichtigsten Daten und Fakten auf einem gesonderten DIN A4-Blatt (in einer Fallskizze oder Zeittabelle) zusammenfasst.

Beispiel 2

BEISPIEL 2

Der Sachverhalt der AO-Prüfungsklausur 2014 erstreckte sich einschließlich Aufgabenstellung, Bearbeitungshinweisen und (für die Lösung nicht erforderlicher) Kalenderauszüge über acht Seiten.

Den Sachverhalt konnte man auf einem Blatt etwa wie folgt zusammenfassen.

Sachverhalt:	
GmbH (Windenergie), Geschäftsführer = T, StB hat Empfangsvollmacht	
15. 10. 12:	Prüfungsanordnung an (Adresse der) GmbH zur Post, Gegenstand: KSt, USt und GewSt 07–09, Beginn: 3. 12. 12, Ort: Räume der GmbH, Prüferin: G
3. 12. 12:	G sichtet Unterlagen im FA:

9 Siehe S. 8.

KSt	Eingang der Erklärung	KSt-Bescheid	Änderungsbescheide
06	Juni 10	Schätzung, § 164 AO, Bekanntgabe: 3. 3. 08	Bekanntgabe: 2. 8. 10 - 30T€ gem. § 164 Abs. 2 AO, keine Aussage zum V. d. N.
07	Nov 08	endgültig, Bekanntgabe 12. 1. 09	keiner
08	Sept 09	§ 164 AO, Bekanntgabe: 30. 11. 09	keiner
09	März 11	§ 164 AO, Bekanntgabe: 9. 5. 11	keiner

In den Akten 06: Mitteilung v. 12. 11. 12: 100 T€ Bestechungsgelder als Honorar

14. 1. 13: T gibt dem StB die Prüfungsanordnung

15. 1. 13: G erscheint zur Prüfung bei der GmbH

30. 1. 13: Kurz vor Ende der Prüfung: Unterbrechung wegen Schwangerschaft der G

3. 3. 14: Wiederaufnahme, Vorbereitung der Schlussbesprechung, Feststellungen:

1. Pensionszusagen überhöht = vGA: 06 = 25 T€, 07 = 21 T€, 08 = 19 T€, 09 = 18 T€
2. Bestechungsgelder (in GuV enthalten im Aufwand für Gutachten), „keine Skrupel" diese abzuziehen.

Aufgaben (zur Vorbereitung der Schlussbesprechung):

Zur Prüfungsanordnung:

1. Wie viele VA enthält die Prüfungsanordnung?
2. Wurde sie wirksam bekannt gegeben? Beginn der Einspruchsfrist?
3. Ist sie inhaltlich rechtmäßig?

Zur Änderung: Ist die Änderung

1. der KSt 06,
2. der KSt 07,
3. der KSt 08

zulässig?

Die Zusammenfassung ist selbstverständlich nur schwer aus sich selbst heraus verständlich. Sie dient dazu, die wesentlichen Fakten des Sachverhalts zu erfassen.

Auch während der weiteren Falllösung muss der Sachverhalt immer wieder eingesehen werden und Aufgabenstellung genau beachtet werden.

HINWEIS

Beim Durchlesen des Sachverhalts und der Aufgabenstellung sind Nervosität und kleinere Panikattacken ganz normal („Davon habe ich noch nie etwas gehört."; „Diesen Fall bekomme ich nie auf die Reihe."). Man sollte sich dann sagen:

1. Den anderen Prüflingen geht es ebenso.
2. Die Prüfung haben schon so viele Kandidaten geschafft; das schaffe ich auch.
3. Um die Klausur „über den Strich zu schreiben", reicht die Zeit aus.

Dringend zu empfehlen ist, möglichst viele Klausuren zu schreiben, insbesondere alle, die in den Vorbereitungskursen auf die Steuerberaterprüfung angeboten werden. Genauso wichtig ist es, das Bearbeiten von Prüfungsklausuren in besonderen Klausurenkursen zu üben. Das schafft Prüfungsroutine und härtet psychisch ab. Danach geht man Klausurlösungen ruhiger und professioneller an.

3. Vorüberlegungen

3.1 Die Aufgabenstellung als Ausgangspunkt

Ausgangspunkt für die Falllösung ist die Aufgabenstellung. Bei der Klausurbearbeitung sind nicht Sachverhalte zu lösen, sondern ausschließlich die gestellten Aufgaben.

Beispiel 3

BEISPIEL 3

In der Prüfungsklausur 2014 (s. o., Beispiel 2) ist auf den im Sachverhalt dargestellten rechtswidrigen KSt-Bescheid 09 nicht einzugehen, weil nicht danach gefragt wird.

Beachten Sie grundsätzlich Folgendes:

- Sind **mehrere Aufgaben** zu lösen, sollten Sie die **vorgegebene Reihenfolge** einhalten. Lösen Sie also zuerst die Aufgabe 1, danach die Aufgabe 2 etc.
- Sind (im Rahmen einer Aufgabenstellung) **mehrere Bescheide** zu untersuchen (z. B. auf Änderungsmöglichkeiten hin) erörtern Sie diese in der im Aufgabentext angegebenen Reihenfolge. Auch wenn **mehrere Personen** „abzuprüfen" sind, gehen Sie nach der Reihenfolge der Aufgabenstellung vor.
- Ist **keine Reihenfolge** vorgegeben, untersuchen Sie zunächst Grundlagenbescheide (z. B. deren Änderung gem. § 164 Abs. 2 bzw. §§ 172 ff. AO) und erst danach die Folgebescheide (z. B. deren Änderung gem. § 164 Abs. 2 bzw. § 175 Abs. 1 Nr. 1 AO). Bei **mehreren Veranlagungszeiträumen** bauen Sie „historisch" auf. Das heißt, erörtern Sie zunächst den frühesten Veranlagungszeitraum (z. B. den ESt-Bescheid 2010) und sodann die nachfolgenden (z. B. den ESt-Bescheid 2011, danach den ESt-Bescheid 2012).

HINWEIS

Sind **mehrere Bescheide** zu untersuchen, sind diese **grds. einzeln** zu prüfen (z. B. bezüglich der Erfolgsaussichten eines Einspruchs oder bzgl. der Korrekturvorschriften). Auch bei mehreren Personen sind die einzelnen Bescheide, die gegenüber den Personen ergangen sind, einzeln zu prüfen. Nur wenn für mehrere Bescheide dasselbe gilt, können sie zusammen geprüft werden.

3.2 Analyse der Aufgaben

Die Aufgaben sind zu analysieren. Um die zu prüfenden einschlägigen Rechtsnormen zu finden, müssen Sie ermitteln, auf welchem Feld die Schlacht stattfindet, d. h. um welches Prüfungsgebiet es geht.[10]

Beispiel 4

BEISPIEL 4

In der Prüfungsklausur 2014 (Beispiel 2) ist zunächst nach der Prüfungsanordnung (§ 196 AO) gefragt.

Zu 1.: Zu prüfen ist, wie viele einzelne VA, also selbständige Regelungen gem. § 118 AO gegeben sind (vgl. dazu AEAO zu § 196 Nr. 1).

Zu 2.: Zu prüfen sind §§ 124, 122 und § 355 AO (vgl. dazu unten, Kap. V.1. und Kap. III.5.5).

Zu 3.: Zu untersuchen ist, ob Verstöße gegen § 196 i. V. mit § 193 und § 194 AO und § 5 Abs. 2 BpO vorliegen.

Sodann ist zu untersuchen, ob die in der Aufgabenstellung genannten KSt-Bescheide geändert werden können. Es ist also zu prüfen, ob gem. § 164 Abs. 2 AO oder §§ 172 ff. AO eine Korrektur möglich ist (vgl. dazu Kap. IV.). Die KSt-Bescheide 06–08 werden einzeln in der angegeben Reihenfolge erörtert. Weil die Änderung der KSt 06–08 im Kj. 14 (!) vorgenommen werden soll, ist auch auf die Festsetzungsverjährung (§§ 169 ff. AO) einzugehen (vgl. Kap. IV.4.6 und Kap. V.3.).

3.3 Anfertigung einer Lösungsskizze

Nach der Analyse skizzieren Sie den Lösungsaufbau auf einem gesonderten DIN A4-Blatt nach Maßgabe der nachfolgenden Darstellung. Auch hierfür sollte man sich ausreichend Zeit lassen.

4. Aufbau der gutachtlichen Lösung

Der Aufbau einer gutachtlichen Falllösung erfolgt – ganz einfach dargestellt – nach folgendem Grundschema:

Grundschema: Gutachten
• Einstieg: Obersatz
• Prüfung der Antwortnorm(en)
• Ggf. Prüfung von Gegennorm(en)
• Ende: Formulierung des Ergebnisses

10 Vgl. oben, Kap. I.2, S. 1.

4.1 Einstieg: Obersatz

Die Lösung beginnt immer mit der Bildung des sog. Obersatzes. Dieser muss sich (inhaltlich und sprachlich) auf die Aufgabenstellung beziehen und i. d. R. angeben, welche (einschlägige) „Antwortnorm" untersucht wird. Einschlägige Antwortnormen sind Vorschriften,

- deren Rechtsfolge der Aufgabenstellung entspricht,
- deren Rechtsfolge die Aufgabe also unmittelbar „beantwortet" und
- deren Voraussetzungen (mit einer gewissen Wahrscheinlichkeit) gegeben sein könnten.

Beispiel 5

In einem Sachverhalt geht es um den ESt-Bescheid 01, der im Jahre 02 erlassen worden ist. Im Jahre 04 fällt im FA auf, dass die ESt um 2.600 € zu niedrig festgesetzt worden ist. Die Ursachen der zu niedrigen Festsetzung werden ausführlich beschrieben. Danach könnte die zu niedrige Festsetzung darauf beruhen, dass dem FA beim Erlass des ESt-Bescheids Einnahmen aus Vermietung i. H. von 8.000 € nicht bekannt waren.
Aufgabenstellung: „Prüfen Sie, ob der ESt-Bescheid 01 geändert werden kann."

Lösung:

Der erste Satz der Klausurlösung (= Obersatz) kann wie folgt lauten:

- „Der ESt-Bescheid 01 könnte nach § 173 Abs. 1 Nr. 1 AO geändert werden", oder
- „Es ist zu prüfen, ob der ESt-Bescheid 01 nach § 173 Abs. 1 Nr. 1 AO geändert werden kann".

Kommt in einem Fall die Prüfung mehrerer Änderungsvorschriften in Betracht (z. B. weil er mehrere Fehler enthält), kann man den Obersatz zunächst allgemein formulieren:

- „Der ESt-Bescheid 01 kann nur geändert werden, soweit eine Korrekturvorschrift greift. 1. Wegen des ursprünglich nicht bekannten Einnahmen aus Vermietung könnte der Bescheid nach § 173 Abs. 1 Nr. 1 AO zu ändern sein." Nachfolgend wird erörtert, ob die einzelnen Voraussetzungen des § 173 Abs. 1 Nr. 1 AO gegeben sind. Danach werden (unter 2., 3. etc.) weitere ernsthaft in Betracht kommende Änderungsvorschriften untersucht.

Beispiel 6

Häufig lautet die Aufgabe: „Prüfen Sie gutachtlich, ob der Einspruch des Stpfl. vom … Aussicht auf Erfolg hat."

Lösung:

In solchen Fällen lautet der Obersatz: „Der Einspruch des Stpfl. vom … gegen den ESt-Bescheid 09 vom …. hat Aussicht auf Erfolg, wenn er zulässig und begründet ist."

Nachfolgend wird zunächst (unter **I. Zulässigkeit**) geprüft, ob alle Zulässigkeitsvoraussetzungen vorliegen. Wenn dies der Fall, ist danach (unter II.) die **Begründetheit** zu untersuchen.[11]

Beispiel 7

Beliebt ist auch die Fallgestaltung, in der ein Stpfl. zum Klausurschreiber (als steuerlichen Berater) kommt und seinen Steuerfall ausführlich vorträgt (z. B. Erlass rechtwidriger ESt-Bescheide, Feststellungsbescheide oder USt-Bescheide ihm gegenüber). Laut Bearbeitungsvermerk sind die Angaben des Stpfl. als wahr zu unterstellen. Die Aufgabenstellung lautet dann etwa: „Prüfen Sie in einem Gutachten, wie dem Stpfl. geholfen werden kann".

Lösung:

Hier muss untersucht werden, welcher Rechtsbehelf für den Stpfl. der vorteilhafteste ist, und ob dieser Rechtsbehelf erfolgreich (z. B. zulässig und begründet) ist. Von den zahlreichen steuerlichen Rechtsbehelfen waren die Nachfolgenden bislang prüfungsrelevant.

11 Einzelheiten dazu siehe in Kap. III.3., Kap. III. 4. und Kap. III.5., S. 18 ff.

Übersicht: Prüfungsrelevante Rechtsbehelfe	
Rechtsbehelfe	**Kurzbeschreibung**
Einspruch (§§ 347 ff. AO)	Der Einspruch richtet sich gegen einen VA (z. B. Steuerbescheid) des FA – „Königsweg".
Klage vor dem FG (§ 33 und §§ 40 ff. FGO)	Die Klage richtet sich gegen eine Einspruchsentscheidung des FA (vgl. genau § 44 Abs. 2 FGO).
Antrag auf AdV (§ 361 Abs. 2 AO und § 69 Abs. 2–4 FGO)	Der Antrag auf AdV ist nur bei einem Einspruch oder einer Klage möglich. Die AdV ermöglicht einen sofortigen, aber nur vorläufigen Rechtsschutz.
Antrag auf Änderung (§§ 129, 164, 165 und §§ 172 ff. AO)	Der Antrag auf Änderung ist gerichtet auf die Änderung eines Steuerbescheids und hat nur Erfolg, soweit eine Korrekturvorschrift eingreift.
Antrag gem. § 218 Abs. 2 AO	Dieser Antrag richtet sich nicht gegen die Steuerfestsetzung, sondern gegen die Zahlungsaufforderung. Erlässt das FA auf den Antrag hin einen sog. Abrechnungsbescheid, kann gegen diesen Einspruch eingelegt werden.
Widerspruch gem. § 262 AO	Pfändet das FA Sachen, die nicht dem Vollstreckungsschuldner gehören, kann der Eigentümer (als Dritter) gem. § 262 AO dagegen Widerspruch erheben. Ist dieser nicht erfolgreich, kann er vor dem Amts- oder Landgericht Drittwiderspruchsklage (§ 771 ZPO) erheben.

In den letzten Jahren waren häufig unklare Erklärungen, die die Stpfl. gegenüber dem FA abgegeben haben, auszulegen. Dabei ist der wirkliche Wille des Stpfl. zu ermitteln (vgl. § 133 BGB): Im Zweifelsfall will der Stpfl. das für ihn Günstigste (vgl. AEAO vor § 347 Nr. 1 letzter Satz).[12]

Beispiel 8

Das FA erlässt einen endgültigen USt-Bescheid 13 gegenüber dem Stpfl. Dieser stellt in einem Schreiben vom 10. 10. 14, das drei Wochen nach Bekanntgabe des Bescheids beim FA eingeht, einen „Antrag auf Änderung des Bescheids" (Minderung der USt um 5.000 €).

Aufgabenstellung: „Prüfen Sie, ob das Schreiben des Stpfl. Aussicht aus Erfolg hat."

Lösung:

Hier könnte ein Antrag auf Änderung gem. § 172 Abs. 1 Nr. 2 Buchst. a AO vorliegen oder ein Einspruch. Nach dem fundamentalen Prüfungsschema: Korrektur rechtswidriger VA (Bescheide) in Kap. I.3.[13] prüft man zunächst den Einspruch. Die Klausurlösung könnte wie folgt beginnen:

„Mit Schreiben vom 10. 10. 14 könnte der Stpfl. Einspruch eingelegt haben. Dieser hat Aussicht auf Erfolg, wenn er zulässig und begründet ist.

I. Zulässigkeit

1. Einspruchseinlegung

Fraglich ist, ob der Stpfl. überhaupt Einspruch erhoben hat. Ausdrücklich hat er einen Antrag auf Änderung gestellt. Allerdings sind Erklärungen des Stpfl. auszulegen. Dabei ist sein wirklicher Wille zu ermitteln (vgl. § 133 BGB). Im Zweifelsfall will der Stpfl. das für ihn Günstigste. Ein Einspruch wahrt die Rechte des Stpfl. umfassender als ein Antrag auf Änderung (vgl. AEAO vor § 347 Nr. 1 letzter Satz). Es ist hier also ein Einspruch anzunehmen. Dieser ist auch formgerecht, da die unrichtige Bezeichnung nicht schadet (§ 357 Abs. 1 Satz 4 AO)."

Danach werden die anderen Zulässigkeitsvoraussetzungen abgehandelt.

Entscheidend für die Bildung des Obersatzes – und damit für die gesamte Lösung – ist die Angabe der einschlägige(n) Antwortnorm(en). In Prüfungsklausuren aus den AO-Hauptgebieten

12 Zur Umdeutung von Erklärungen zugunsten des Stpfl. s. u. Beispiel 19, S. 26.

13 Siehe S. 2.

(Einspruchsverfahren und Korrekturvorschriften) ist das meist kein großes Problem, da die einschlägigen Normen in den Vorbereitungs- und Klausurenkursen eingehend behandelt werden. In „exotischen" Fällen muss die Antwortnorm erst gefunden werden. Bei der Suche nach den einschlägigen Vorschriften helfen:

- Systematische Überlegungen („Um welches Steuerrechtsverfahren geht es? Wo spielt der Fall?"),
- Inhaltsverzeichnis und Stichwortverzeichnis (sog. Idiotenwiese) der AO und FGO.

Haben Sie eine einschlägige Norm gefunden, lesen Sie bitte alle Absätze der Vorschrift. Außerdem empfiehlt es sich, die nähere Umgebung einer fallverdächtigen Norm zu durchforsten, also auch die Nachbarvorschriften zu überfliegen.

4.2 Prüfung der Antwortnorm(en)

Auf den Obersatz hin folgt die Prüfung der dort angegebenen Antwortnorm(en): Der Sachverhalt wird unter die Voraussetzungen dieser Norm(en) subsumiert.[14] Das heißt es wird geprüft, ob sämtliche Voraussetzungen der Norm vorliegen.

HINWEIS

Wenn die Aufgabenstellung keine Einschränkungen enthält, sind alle ernsthaft in Betracht kommenden Rechtsnormen zu prüfen.

Beispiel 9

BEISPIEL 9

Kann ein Fehler in einem Bescheid ggf. durch mehrere Korrekturvorschriften ausgemerzt werden, ist auf alle ernsthaft in Betracht kommenden Vorschriften einzugehen (also auch auf diejenigen, die im Ergebnis nicht greifen). Bei einer von der Steuerfahndung aufgedeckten Steuerhinterziehung (§ 370 Abs. 1 Nr. 1 AO) können endgültige ESt-Bescheide sowohl nach § 172 Abs. 1 Nr. 2 Buchst. c AO geändert werden, als auch nach § 173 Abs. 1 Nr. 1 AO (ggf. im Zusammenhang mit § 173 Abs. 1 Nr. 2 AO).

Haftet eine Person ggf. nach mehreren Haftungsvorschriften, sind alle einschlägigen Haftungsnormen zu erörtern, z. B. bei einem Geschäftsführer einer GmbH, der USt zugunsten der GmbH hinterzogen hat, die Haftung nach § 69 AO und nach § 71 AO.

4.3 Prüfung von Gegennormen

Soweit der Fall Anlass dazu bietet, sind „Gegennormen" zu prüfen. Gegennormen sind Rechtsnormen, die die Rechtsfolge einer zuvor bejahten Antwortnorm ausschließen, einschränken oder abändern.

Übersicht: Gegennormen

Gegennormen	Rechtsfolge	Prüfungsrelevanz
§§ 169 ff. AO	Keine Erstfestsetzung und keine Änderung, wenn die Festsetzungsfrist abgelaufen ist.	sehr hoch
§ 181 Abs. 1 AO i. V. mit §§ 169 ff. AO	Keine Erstfeststellung und keine Änderung, wenn die Feststellungsfrist abgelaufen ist (beachte aber § 181 Abs. 5 AO!).	hoch
§ 352 AO	Einschränkung der Einspruchsbefugnis bei einheitlichen Feststellungen.	hoch
§ 173 Abs. 2 AO	Einschränkung der Änderung gem. § 173 Abs. 1 AO bei Bescheiden, die aufgrund einer Außenprüfung ergangen sind.	bislang gering
§ 176 AO	Ausschluss einer Änderung wegen Vertrauensschutzes.	bislang gering
§ 348 AO	Ausschluss des Einspruchs.	bislang gering
§ 166 AO	Einschränkung eines Einspruchs des GmbH-Geschäftsführers gegen einen Haftungsbescheid.	bislang gering

14 Siehe oben, Prüfungsschema: Rechtsanwendung (dort unter II.), Kap. II.1., S. 5.

§ 191 Abs. 3–5 AO	Ausschluss des Erlasses eines Haftungsbescheids wegen Verjährung.	bislang gering
§§ 228 ff. AO	Erlöschen des Anspruchs (§ 232 AO).	bislang gering

Für die Prüfung von Gegennormen gilt das zu den Antwortnormen Gesagte entsprechend.

Beispiel 10

In einem Sachverhalt geht es um den ESt-Bescheid 01, der im Jahre 02 erlassen worden ist. Im Jahre 07 fällt im FA auf, dass die ESt um 2.600 € zu niedrig festgesetzt worden ist. Die Ursachen der zu niedrigen Festsetzung werden ausführlich beschrieben.

Aufgabenstellung: „Prüfen Sie, ob der ESt-Bescheid 01 (im Kj. 07) geändert werden kann."

Lösung:

Der Obersatz lautet: „Der ESt-Bescheid 01 kann nur geändert werden, soweit eine Korrekturvorschrift eingreift und die Festsetzungsfrist noch nicht abgelaufen ist."

Es wird also zunächst geprüft, ob eine oder mehrere Korrekturvorschriften anzuwenden sind (Antwortnormen). Wird eine Korrekturnorm bejaht, wird anschließend geprüft, ob die Änderung nicht gem. § 169 Abs. 1 Satz 1 AO (Gegennorm) ausgeschlossen ist.

4.4 Ende: Formulierung des Ergebnisses

Am Ende des Gutachtens ist das (End-)Ergebnis zu formulieren. Der Schlusssatz muss sich sprachlich und inhaltlich auf die Aufgabenstellung bzw. den Obersatz beziehen, diese beantworten und ggf. die die Lösung wesentlich tragenden Rechtsnormen angeben.

Beispiel 11

Der ESt-Bescheid 01 (ESt-Festsetzung 50.000 €) enthält einige Fehlern, die sich auf die Höhe der festgesetzten ESt auswirken. Die Aufgabe lautet: „Prüfen Sie, ob bzw. inwieweit der ESt-Bescheid 01 geändert werden kann."

Lösung:

Geprüft werden die einschlägigen Korrekturvorschriften § 129, § 173 Abs. 1 Nr. 1 und § 175 Abs. 1 Nr. 2 AO.

1. *Variante:* Keine der geprüften einschlägigen Korrekturvorschriften greift. Die Formulierung des Ergebnisses der Prüfung könnte lauten: „Nach allem findet keine Korrekturvorschrift Anwendung. Der ESt-Bescheid 01 kann daher nicht geändert werden."

2. *Variante:* Die Prüfung der o. g. Korrekturvorschriften ergibt Folgendes: Gem. § 129 AO ist die ESt 01 um 2.000 € zu senken, gem. § 173 Abs. 1 Nr. 1 AO um 4.000 € zu erhöhen. Die Voraussetzungen des § 175 Abs. 1 Nr. 2 AO sind nicht gegeben. § 177 AO kommt nicht in Betracht. Die Formulierung des Ergebnisses der Prüfung könnte lauten: „Im Ergebnis ist die ESt 01 gem. § 129 und § 173 Abs. 1 Nr. 1 AO i. H. von 52.000 € festzusetzen.

Beispiel 12

Ist nach den Erfolgsaussichten eines Einspruchs gefragt, kann das Ergebnis je nach dem Ausgang der Zulässigkeits- oder Begründetheitsprüfung (ausführlich) wie folgt formuliert werden:

- „Der Einspruch ist folglich unzulässig. Er ist durch Einspruchsentscheidung als unzulässig zu verwerfen (§ 358 und § 366 AO)."
- „Der Einspruch ist also in vollem Umfang unbegründet. Er ist durch Einspruchsentscheidung als unbegründet zurückzuweisen (§ 366 AO)."
- „Der Einspruch ist daher in vollem Umfang begründet. Er kann durch Erlass eines Abhilfebescheids (§ 367 Abs. 2 Satz 3 AO) erledigt werden."
- „Der Einspruch ist somit teilweise begründet. Die ESt 07 wird durch Einspruchsentscheidung (§ 366 AO) auf X € herabgesetzt. Im Übrigen wird der Einspruch als unbegründet zurückgewiesen."

4.5 Aufbau der AO-Prüfungsklausur 2014

Siehe zunächst oben, **Beispiel 2** (Fallskizze/Zeittabelle/Zusammenfassung des Sachverhalts) und **Beispiel 4** (Aufgabenanalyse). Die Lösungsskizze der AO-Prüfungsklausur 2014 kann wie folgt dargestellt werden:

Zur Prüfungsanordnung[15]

Aufgabe 1: Die Anordnung jedes einzelnen Steueranspruchs = ein VA = 9 VA.
Die Anordnung des Beginns und des Orts = jeweils ein VA = 2 VA.
Die Bestimmung der Prüferin VA (-)[16], vgl. AEAO zu § 196 Nr. 1.
Summe: 11 VA.

Aufgabe 2: Rechtsgrundlage: § 124 Abs. 1 und § 122 Abs. 1 AO. GmbH als Inhaltsadressat o. k. (vgl. AEAO zu § 122 Nr. 2.8.1.1). Bekanntgabemangel: Da trotz Empfangsvollmacht keine Übermittlung an den StB (vgl. AEAO zu § 122 Nr. 1.7.2) > Bekanntgabe (-), aber Heilung bei Übergabe an StB am 14. 1. 13 (vgl. AEAO zu § 122 Nr. 1.7.3) = Beginn der Einspruchsfrist (§ 355 AO) mit Ablauf des 14. 1. 13.

Aufgabe 3: Rechtsgrundlage: § 193 Abs. 1, § 194 Abs. 1 AO, § 5 Abs. 2 BpO. Kein Verstoß ersichtlich. Wegen verspäteter Bekanntgabe aber Verstoß gegen § 5 Abs. 4 BpO.

Zur Änderung der KSt-Bescheide[17]

Aufgabe 1: **Änderung der KSt 06 (wegen vGA und Schmiergeld)**
(Obersatz:) Änderung nur, soweit Korrekturvorschrift(en) (+)[18] und nicht gem. § 169 Abs. 1 Satz 1 AO ausgeschlossen sind.

I. Änderung wegen der vGA

1. § 164 Abs. 2 AO, Vorbehalt? Zwar keine Aussage im Änderungsbescheid, aber Vorbehalt des ursprüngl. Bescheids wirkt weiter (vgl. AEAO zu § 164 Nr. 6). Wegfall gem. § 164 Abs. 4 AO?: Frist 4 Jahre (§ 169 Abs. 2 Nr. 2 AO), Beginn gem. § 170 Abs. 2 Nr. 1 zweite Alt. AO mit Ablauf 09, Ende mit Ablauf 13.
§ 171 Abs. 4 AO (-), da KSt 06 nicht Inhalt der Prüfungsanordnung. Also Vorbehalt entfiel mit Ablauf 13. Korrektur im Kj. 14 (-).

2. § 173 Abs. 1 Nr. 1 AO (+), da für FA nachträglich bekanntgewordene Tatsache, aber FF abgelaufen (s. o.), Korrektur gem. § 169 Abs. 1 Satz 1 AO (-).

II. Änderung wegen Schmiergeld

1. § 164 Abs. 2 AO (-) s. o., die 10Jahres-Frist gilt nicht (§ 164 Abs. 4 Satz 2 AO).

2. § 173 Abs. 1 Nr. 1 AO (+), da für FA nachträglich bekanntgewordene Tatsache.

3. § 172 Abs. 1 Nr. 2 Bucht. c AO (+), da Arglist = Vorsatz des T (+).

4. § 169 Abs. 1 Satz 1 AO? Frist 10 Jahre (§ 169 Abs. 2 Satz 2 AO), da T insoweit gem. § 370 Abs. 1 Nr. 1 AO vorsätzlich KSt 06 hinterzogen hat. Ende der Frist mit Ablauf 19. Korrektur im Kj. 14 (+).

Aufgabe 2: **Änderung der KSt 07 (wegen der vGA)**
(Obersatz wie bei Aufgabe 1).

I. § 173 Abs. 1 Nr. 1 AO (+), s. o. Aufgabe 1 unter I.2.

II. § 169 Abs. 1 Satz 1 AO: Frist 4 Jahre (§ 169 Abs. 2 Nr. 2 AO), Beginn gem. § 170 Abs. 2 Nr. 1 AO mit Ablauf 08, Ende mit Ablauf 12. § 171 Abs. 4 AO? Wirksame Prüfungsanordnung bzgl. KSt 07 (+), Beginn der Prüfung vor Ablauf 12? Sichtung der Unterlagen zwar im Kj. 12 (vgl. AEAO zu § 171 Nr. 3.1 i. V. mit AEAO zu § 198 Nr. 1), da aber die Prüfungsanordnung erst am 14. 1. 13 bekannt gegeben wurde

15 Da die Fragen zur Prüfungsanordnung (ausnahmsweise) punktuell gestellt werden, bedarf es keines besonderen Aufbaus. Die Fragen sind einfach unter Heranziehung der einschlägigen Vorschriften zu beantworten.

16 (-) = liegt nicht vor, ist zu verneinen.

17 Einzelheiten zum Aufbau siehe Kap. IV.4., S. 28 ff.

18 (+) = liegt vor, ist zu bejahen.

(s. o.), kein Beginn der Prüfung davor.
§ 171 Abs. 4 AO (-). Korrektur (-).

Aufgabe 3: **Änderung der KSt 08 (wegen der vGA)**
(Obersatz wie bei Aufgabe 1).

§ 164 Abs. 2 AO: Vorbehalt gem. § 164 Abs. 4 AO weggefallen? Frist 4 Jahre, Beginn gem. § 170 Abs. 2 Nr. 1 AO mit Ablauf 09, Ende mit Ablauf 13.
§ 171 Abs. 4 AO? Die Außenprüfung begann in 13, also vor Ablauf der FF. Kein Ausschluss gem. § 171 Abs. 4 Satz 2 AO: Zwar dreizehnmonatige Unterbrechung, aber nicht unmittelbar nach Beginn der Prüfung. Korrektur gem. § 164 Abs. 2 AO (+).

5. Hinweise zur Reinschrift

Wie bei jedem Schreiben ist auch bei der Klausurlösung auf den Empfänger abzustellen: Das sind hier die Korrektoren der Klausur. Erst- und Zweitkorrektor haben ein großes Interesse daran, die Klausuren schnell durchzusehen und zu bewerten. Deshalb ist Folgendes zu beachten:

1. Es sind kurze Sätze zu bilden (vgl. § 87 Abs. 1 AO). Eine Lösung in Schlagwörtern (sog. Telegramm-Stil) sollte nur bei Zeitnot eingesetzt werden.
2. Es sollte „schön" geschrieben werden, bei einer schwer leserlichen Schrift in jedem Fall groß. Was nicht gelesen werden kann, kann nicht „bepunktet" werden.
3. Die Lösung sollte gegliedert dargestellt werden (z. B. I., II. etc.)[19]. Nach jedem Gedankengang ist ein Absatz einzufügen.

6. Hilfsmittel in der AO-Klausur

6.1 Der AEAO

Für den schriftlichen Teil der Prüfung sind die Textausgaben der Steuergesetzte einschließlich Durchführungsverordnungen und Richtlinien zugelassen. Darunter fällt auch der AEAO (Anwendungserlass zur AO), der als Hilfsmittel für die AO-Klausur „überlebenswichtig" ist.

Im AEAO sind viele prüfungsrelevante AO-Vorschriften (unter Berücksichtigung der BFH-Rechtsprechung) kommentiert. Dem AEAO können Argumente zur Begründung der Klausurlösung entnommen werden. Er kann auch z. B. wie folgt zitiert werden: „vgl. AEAO zu § 173 Nr. 5.2" oder „vgl. Nr. 5.2 des AEAO zu § 173".

Übersicht: Die wichtigsten prüfungsrelevanten Kommentierungen im AEAO	
Prüfungsgebiete	**Prüfungsrelevante Kommentierungen im AEAO**
Einspruchsverfahren	AEAO vor § 347 bis AEAO zu § 367
Korrekturvorschriften	AEAO zu § 129; AEAO zu § 164; AEAO zu § 165; AEAO vor §§ 172–177 bis AEAO zu § 177
Festsetzungsverjährung	AEAO vor §§ 169–171 bis AEAO zu § 171
Steuerbescheide	AEAO zu § 118 bis AEAO zu § 127; AEAO zu § 155; AEAO zu § 162; AEAO zu § 167; AEAO zu § 168
Feststellungsbescheide	AEAO zu § 179 bis AEAO zu § 183
Außenprüfung	AEAO zu § 193 bis AEAO zu § 202
Haftung für Steuerschulden	AEAO zu § 69 bis AEAO zu § 75; AEAO zu § 191; AEAO zu § 219; AEAO zu § 34; AEAO zu § 35

Diese Kommentierungen sollten vor der Prüfungsklausur durchgearbeitet, mindestens aber durchgesehen werden. Der AEAO war bislang in allen Prüfungsklausuren sehr hilfreich.

19 Vgl. den (sehr detaillierten) Aufbau in Kap. II.4.5, S. 13 f.

6.2 Die BpO, die VollstrA und die VollzA

Ebenfalls zugelassen sind

- die **BpO** (Betriebsprüfungsordnung), die Verwaltungsvorschriften für die Außenprüfung (§§ 193 ff. AO) enthält und in der Steuerberaterprüfung 2014 relevant war, sowie die
- die **VollstrA** (Vollstreckungsanweisungen) und **VollzA** (Vollziehungsanweisungen), die in der Steuerberaterprüfung 2007 (deren Gegenstand u. a. Rechtsbehelfe gegen Pfändungen waren), herangezogen werden konnten.

Auch diese Verwaltungsvorschriften sollte man sich vor der Prüfungsklausur ansehen.

7. Sonstige allgemeine Hinweise

- **„Wer etwas weiß, gewinnt!“** Am besten ist es, wenn Ihnen die Fallkonstellation oder Problematik bekannt ist. Es empfiehlt sich also, die in den Vorbereitungslehrgängen durchgenommenen und in Skripten, Lehrbüchern und diesem Leitfaden behandelten Fälle zu studieren.
- **„Für nichts bekommt man nichts.“** Auch bei „bekannten“ Fällen begründen Sie Ihre Lösung möglichst ausführlich. Stellen Sie auch Sachen dar, die eigentlich „klar“ sind.
- **„Manchmal hilft der gesunde Menschenverstand.“** Wenn Sie keine Vorschriften zur Lösung des Falls finden oder Probleme bei deren Anwendung haben, begründen Sie die Lösung nach Ihrem gesunden Menschenverstand, also nach Ihrem (durch die Vorbereitung geschulten) Rechtsempfinden (= Judiz). Schreiben Sie etwas (möglichst) Sinnvolles zur Lösung, denn: Für nichts bekommt man nichts. Auf diese Weise lässt sich bisweilen der eine oder andere Punkt ergattern.
- **Haben Sie wirklich überhaupt keinen Dunst,** verschwenden Sie auf solche Sachverhalte nicht zu viel Zeit. Überspringen Sie solche Sachverhalte und versuchen Sie nur dann eine Lösung, wenn Sie am Ende noch Zeit haben.

III. Der Einspruch in der Fallbearbeitung

1. Allgemeines

Gegenstand der AO-Prüfungsklausuren sind fast durchgängig fehlerhafte (= rechtswidrige) Steuerbescheide und deren Korrektur.

Geht es um eine Korrektur eines Bescheids zugunsten des Stpfl. (z. B. um eine Steuerminderung), ist immer zunächst zu untersuchen, ob bereits Einspruch eingelegt ist (oder noch eingelegt werden kann) und der Fehler im Einspruchsverfahren (§§ 347 ff. AO) eliminiert werden kann.

Der Einspruch ist für den Stpfl. aus nachfolgenden Gründen **„der Königsweg"**:

- Nur der Einspruch verhindert den Eintritt der Unanfechtbarkeit und hält den Fall offen, § 367 Abs. 2 Satz 1 AO (Grundsatz der Vollüberprüfung). Der Antrag auf Änderung gem. § 172 Abs. 1 Nr. 2 Buchst. a AO ermöglicht nur die punktuelle Änderung (soweit der Antrag reicht).
- Der Einspruch kann ohne Begründung eingelegt werden. Im Einspruchsverfahren können später (alle nur denkbaren) Gründe nachgeschoben werden. Der Antrag gem. § 172 Abs. 1 Nr. 2 Buchst. a AO ist innerhalb der Einspruchsfrist zu konkretisieren, d. h. zu begründen. Er kann danach nicht erweitert werden.
- Nur beim Einspruch ist AdV möglich, § 361 Abs. 2 AO sowie § 69 Abs. 3 und Abs. 4 FGO.

Nur wenn im Sachverhalt ein Einspruch nicht vorliegt, nicht zulässig oder nicht möglich ist, sind, soweit die Aufgabenstellung dies mitumfasst, ggf. die Korrekturvorschriften (§ 129, § 164 Abs. 2, § 165 Abs. 2 oder §§ 172 ff. AO) zu untersuchen.

Der Stpfl., der Einspruch erhoben hat, wird als Einspruchsführer (Ef) bezeichnet.

2. Ablauf des Einspruchsverfahrens

Übersicht: Ablauf des Einspruchsverfahrens

1. Bekanntgabe eines Steuerbescheids: Das FA erlässt einen VA i. S. des § 118 AO (z. B. einen Steuerbescheid) und gibt ihn gegenüber dem Stpfl. bekannt, §§ 122, 124 AO.

↓

2. Erhebung des Einspruchs durch den Stpfl. (= Einspruchsführer – Ef): Der Ef ist mit dem Bescheid nicht einverstanden und will eine für sich günstigere Entscheidung erreichen. Er legt Einspruch gegen den Bescheid ein. Mit seinem Eingang beim FA entfaltet der Einspruch insbesondere folgende Rechtswirkungen:

- Das Einspruchsverfahren ist anhängig, d. h., das FA muss entscheiden.
- Der angegriffene Bescheid wird nicht bestandskräftig, und das FA ist zur Vollüberprüfung verpflichtet, § 367 Abs. 2 Satz 1 AO. Die Steuer kann dabei in jeder Hinsicht geändert werden.
- Die Festsetzungsfrist läuft nicht ab, § 171 Abs. 3a AO.
- AdV ist möglich, § 361 Abs. 2 AO.

↓

3. Bearbeitung des Einspruchs durch das FA: Einsprüche sind vom FA (und in der Klausur) zwingend wie folgt zu bearbeiten:

a) Prüfung der Zulässigkeit: Es werden zunächst die (formellen) Zulässigkeitsvoraussetzungen geprüft, § 358 i.V. mit §§ 347–357 AO.[20] Liegt nur eine nicht vor, wird der Einspruch als unzulässig verworfen, § 358 Satz 2 AO. Sind hingegen alle Zulässigkeitsvoraussetzungen erfüllt, folgt die Prüfung der Begründetheit.

---

20 Siehe unten, Kap. III.4, S. 19 ff.

b) Prüfung der Begründetheit: Die Begründetheitsprüfung ist die inhaltliche Prüfung des Bescheids – eine Prüfung „der Sache" nach. Es gilt der Grundsatz der Vollüberprüfung, § 367 Abs. 2 Satz 1 AO. Es wird geprüft, ob und ggf. inwieweit der angegriffene Bescheid rechtswidrig (= fehlerhaft) ist.[21]

↓

4. Entscheidung über den Einspruch durch das FA: Aufgrund des Ergebnisses der Zulässigkeits- und Begründetheitsprüfung trifft das FA eine Entscheidung:

- Ist der Einspruch nicht zulässig, wird er durch Einspruchsentscheidung *als unzulässig verworfen*, § 358 Satz 2, § 367 Abs. 1, § 366 AO.
- Ist der Einspruch in vollem Umfang unbegründet, wird er durch Einspruchsentscheidung *als unbegründet zurückgewiesen*, § 367 Abs. 1, § 366 AO.
- Ist der Einspruch in vollem Umfang begründet, wird zugunsten des Ef ein sog. *Abhilfebescheid* erlassen (§ 367 Abs. 2 Satz 3 AO i.V. mit § 172 Abs. 1 Nr. 2 Buchst. a AO bzw. § 164 Abs. 2 AO).
- Ist der Einspruch teilweise begründet, wird die Steuer durch Einspruchsentscheidung *auf den zutreffenden Betrag herabgesetzt und der Einspruch im Übrigen zurückgewiesen*, § 367 Abs. 1, § 366 AO.

↓

5. Bekanntgabe der Entscheidung: Die Einspruchsentscheidung (bzw. der Abhilfebescheid) wird dem Ef bekanntgegeben, §§ 366, 122, 124 AO.

↓

6. Rechtsschutzmöglichkeiten des Ef: Ist der Ef mit der Einspruchsentscheidung nicht einverstanden, kann er Klage vor dem FG erheben, §§ 40 ff. FGO. Will er den Abhilfebescheid angreifen, kann er erneut Einspruch einlegen, §§ 347 ff. AO.

3. Einstieg und Aufbau der Falllösung

Siehe dazu grundlegend Kap. II.4.1.[22]

Beispiel 13

BEISPIEL 13

Stpfl. X hat mit Schreiben vom 10.10.15 „Einspruch" gegen den ESt-Bescheid 14 eingelegt, der eine Reihe von Fehlern zu seinen Lasten enthält. Die Aufgabe lautet: „Prüfen Sie gutachtlich, ob der Einspruch Aussicht auf Erfolg hat."

Lösung:

Sie beginnen die Lösung mit dem Obersatz: „Der Einspruch des X vom 10.10.15 gegen den ESt-Bescheid 14 hat Aussicht auf Erfolg, wenn er zulässig und begründet ist."

Nachfolgend prüfen Sie zunächst (unter dem Gliederungspunkt „I. Zulässigkeit"), ob alle Zulässigkeitsvoraussetzungen vorliegen. Wenn dies der Fall, prüfen Sie danach (unter der Überschrift „II. Begründetheit"), ob bzw. inwieweit der Einspruch sachlich begründet ist. Dieser Aufbau ist gem. § 358 AO zwingend.

Ist der Einspruch unzulässig (z. B. weil die Frist des § 355 AO abgelaufen ist), prüfen Sie die Begründetheit nur dann, wenn ausdrücklich danach gefragt wird. Wenn sich dies aus der Aufgabenstellung ergibt, kann dann auch ggf. zu prüfen sein, ob die Fehler im Bescheid (außerhalb des Einspruchsverfahrens) aufgrund von Korrekturvorschriften (z. B. § 129, § 164 Abs. 2, § 165 Abs. 2 oder §§ 172 ff. AO) zu eliminieren sind.

Wendet sich der Ef (z. B. in einem Schreiben) gegen mehrere Bescheide, ist je angegriffenem Bescheid ein Einspruch gegeben. Die Einsprüche sind dann grds. je Bescheid einzeln zu prüfen.[23]

---

21 Siehe unten, Kap. III.5, S. 22.

22 Seite 9 ff.

23 Ausnahme: Legen zusammen veranlagte Eheleute gemeinsam gegen die zusammengefassten ESt-Bescheide (§ 155 Abs. 3 AO) Einsprüche ein, werden diese zusammen geprüft.

4. Prüfung der Zulässigkeit

Der Einspruch ist zulässig, wenn alle Zulässigkeitsvoraussetzungen erfüllt sind. Bei der Prüfung der Zulässigkeit ist wie folgt vorzugehen:

- Die (unten aufgeführten) Zulässigkeitsvoraussetzungen 2–6 (d. h. Statthaftigkeit, Form, Zuständigkeit, Frist und Beschwer) sollten immer dargestellt werden.
- Soweit diese Voraussetzungen eindeutig gegeben sind, geschieht dies kurz.
- Ist dagegen zweifelhaft, ob eine der unter 1–7 genannten Zulässigkeitsvoraussetzungen vorliegt, müssen Sie (möglichst ausführlich) begründen, ob diese gegeben ist oder nicht.
- Die in der nachfolgenden Checkliste gewählte Prüfungsreihenfolge ist nicht zwingend, i. d. R. jedoch zweckmäßig.

Prüfungsschema: Zulässigkeitsvoraussetzungen eines Einspruchs

1. Einspruchseinlegung

Wenn der Stpfl. nicht ausdrücklich „Einspruch" einlegt, ist das Erklärte auszulegen, vgl. § 133 BGB. Er muss zu erkennen geben, dass er mit einem Bescheid nicht einverstanden ist und eine Nachprüfung zu seinen Gunsten begehrt. Im Zweifel will er das für ihn Günstigste, nämlich Einspruch, einlegen, vgl. AEAO vor § 347 Nr. 1 letzter Satz.

Der Ef muss einspruchsfähig, d. h. gem. § 79 Abs. 1 Nr. 1–3 AO handlungsfähig sein.

Legt ein Vertreter im Namen des Ef Einspruch ein (z. B. ein Steuerberater), muss er gem. § 80 Abs. 1 AO bevollmächtigt sein.

2. Statthaftigkeit des Einspruchs, § 347 Abs. 1 Nr. 1 AO

Der Einspruch muss sich gegen einen VA i. S. des § 347 Abs. 1 Nr. 1 AO richten und darf nicht gem. § 348 AO ausgeschlossen sein.[24]

Zum – sehr seltenen – „Untätigkeitseinspruch" vgl. § 347 Abs. 1 Satz 2 AO und § 355 Abs. 2 AO.

3. Form, § 357 Abs. 1 AO

Der Einspruch ist schriftlich oder elektronisch einzureichen oder im FA zur Niederschrift zu erklären. Eine Unterschrift ist nicht zwingend erforderlich (wegen § 357 Abs. 1 Satz 2 und Satz 3 AO). Einspruch per Fax oder einfacher E-Mail ist zulässig, AEAO zu § 357 Nr. 1.

Eine Begründung des Einspruchs ist nach § 357 Abs. 3 AO („*soll*") nicht zwingend erforderlich.

4. Zuständiges FA, § 357 Abs. 2 AO

Der Einspruch ist bei dem FA einzulegen, dessen VA angefochten wird (§ 357 Abs. 2 Satz 1 AO). In den Fällen des § 357 Abs. 2 Satz 2 und Satz 3 AO kann der Einspruch auch zusätzlich bei einer anderen Behörde eingelegt werden.[25]

5. Frist, § 355 Abs. 1 AO

a) Die **Berechnung** erfolgt gem. § 108 AO i.V. mit § 187 Abs. 1 und § 188 Abs. 2 und Abs. 3 BGB.

Aufbau in der Klausur:

(1) Dauer: 1 Monat, § 355 Abs. 1 AO; greift (selten) § 356 Abs. 2 AO: 1 Jahr.

(2) Beginn: Maßgeblich ist Tag der Bekanntgabe des VA (i. d. R. § 122 Abs. 2 Nr. 1 AO;[26] dabei ggf. § 108 Abs. 3 AO beachten). Bei unwirksamer Bekanntgabe oder nichtigem VA gilt § 355 AO nicht.[27]

24 Zur Statthaftigkeit eines Einspruchs gegen einen unwirksamen Bescheid, s. Beispiel 27, S. 40.

25 Vgl. Beispiel 19, S. 26.

26 Vgl. aber auch Beispiel 28, S. 41.

27 Vgl. Beispiel 27, S. 40.

(3) Fristende: § 188 Abs. 2 erste Alt. BGB („Zahl" des Tages): Ist Tag der Bekanntgabe der „3."11. endet die Frist mit Ablauf des „3."12. Gegebenenfalls ist § 108 Abs. 3 AO oder § 188 Abs. 3 BGB zu beachten![28]

b) Bei Versäumung der Frist ist ggf. **§ 110 AO** (Wiedereinsetzung in den vorigen Stand) zu prüfen.

Aufbau in der Klausur:

(1) § 110 Abs. 1 AO: *„Ohne Verschulden"* – häufig problematisch. Die Wiedereinsetzung ist nicht nur durch grobes Verschulden, sondern bereits durch leichte(ste) Fahrlässigkeit ausgeschlossen. Die Fristversäumnis ist nur dann entschuldigt, wenn sie durch äußerste, den Umständen des Falls angemessene, zumutbare Sorgfalt nicht verhindert werden konnte. Wichtig: Begründen Sie anhand des konkreten Sachverhalts (ausführlich), ob sich der Ef entschuldigen kann oder nicht. Die Beweislast trägt der Ef.[29]

Im Falle des Verschuldens eines Vertreters greift § 110 Abs. 1 Satz 2 AO. Bei bestimmten Verfahrens- und Formfehlern gem. § 126 Abs. 3 AO „gilt" die Fristversäumnis als nicht verschuldet.

(2) § 110 Abs. 2 AO: Monatsfrist – selten problematisch. Innerhalb von einem Monat ist der Antrag zu stellen und Einspruch einzulegen. Zur Berechnung der Frist vgl. Beispiel 14, Fall 4. Im Antrag muss der Ef sein fehlendes Verschulden glaubhaft machen.

(3) § 110 Abs. 3 AO: Nach Ablauf eines Jahres ist eine Wiedereinsetzung ausgeschlossen.

6. Einspruchsbefugnis = Beschwer (§§ 350–353 AO):

Nach § 350 AO ist nur derjenige befugt, Einspruch einzulegen, der geltend macht, durch einen VA in seinen Rechten verletzt zu sein. Dies ist immer der Adressat eines belastenden Bescheids, § 124 Abs. 1 AO. Formulierungsbeispiel: *„X wendet sich gegen den ihn belastenden USt-Bescheid 14. Er ist also gem. § 350 AO beschwert."* Zu sehr speziellen und seltenen Fallgestaltungen vgl. AEAO zu § 350 Nr. 1–5.

Die Beschwer ist besonders zu erörtern bei Einsprüchen

- gegen einheitliche und gesonderte Feststellungen, § 352 AO (siehe Kap. III.6),
- gegen Änderungsbescheide, § 351 Abs. 1 AO (siehe Kap. III.7),
- gegen Folgebescheide, § 351 Abs. 2 AO (siehe Kap. III.8),
- gegen unwirksame Bescheide,[30]
- des Rechtsnachfolgers, § 45 AO und § 1922 BGB (prüfungsrelevant)[31] oder
- § 353 AO (bislang nicht relevant).

7. Sonstige Zulässigkeitsvoraussetzungen

- **Rechtsschutzbedürfnis:** Grundsätzlich gegeben, wenn der Ef beschwert ist (vgl. AEAO Nr. 6 zu § 350) – sehr selten problematisch.
- **Keine Rücknahme des Einspruchs:** Vgl. § 362 AO.

Beispiel 14

BEISPIEL 14

Angestellter X möchte wissen, bis wann er spätestens Einspruch einlegen kann.

Der ihn betreffende ESt-Bescheid 01 wird

1. am 19. 1. 03 zur Post gegeben,
2. am 28. 1. 03 zur Post gegeben.
3. Was wäre, wenn der 31. 1. 03 ein Freitag wäre?
4. Was wäre, wenn X in Fall 2 vom 26. 1. bis 4. 3. 03 im Urlaub auf den Malediven gewesen wäre?

28 Zum Ganzen siehe Beispiel 14, S. 20. Formulierungsvorschlag: *Die Frist beginnt und endet jeweils „mit Ablauf" eines bestimmten Tages.*

29 Siehe Beispiel 14 (Aufgabe 4), S. 21, und Beispiel 15, S. 21.

30 Siehe Beispiel 27, S. 40.

31 Siehe Beispiel 27, S. 40.

Kalenderauszug:

	Januar 03		Februar 03					März 03						April 03	
Mo	19	26		2	9	16	23		2	9	16	23	30		6
Di	20	27		3	10	17	24		3	10	17	24	31		7
Mi	21	28		4	11	18	25		4	11	18	25		1	8
Do	22	29		5	12	19	26		5	12	19	26		2	9
Fr	23	30		6	13	20	27		6	13	20	27		3	10
Sa	24	31		7	14	21	28		7	14	21	28		4	11
So	25		1	8	15	22		1	8	15	22	29		5	12

Lösung:

Der Einspruch kann nur innerhalb der Einspruchsfrist des § 355 AO eingelegt werden.

Zu 1.: Die Fristdauer beträgt einen Monat, § 355 Abs. 1 AO. Die Frist beginnt gem. § 122 Abs. 2 Nr. 1 AO (i.V. mit § 108 Abs. 1 AO und § 187 Abs. 1 BGB) mit Ablauf des 22. 1. 03. Sie endet gem. § 108 Abs. 1 AO i.V. mit § 188 Abs. 2 BGB mit Ablauf des 22. 2. 03. Da dieser Tag ein Sonntag ist, greift § 108 Abs. 3 AO. Danach endet die Frist mit Ablauf des 23. 2. 03.

Zu 2.: Die Frist beginnt gem. § 122 Abs. 2 Nr. 1 AO grds. mit Ablauf des 31. 1. 03. Da dies ein Samstag ist, greift jedoch § 108 Abs. 3 AO, vgl. AEAO zu § 108 Nr. 2. Danach beginnt die Frist mit Ablauf des 2. 2. 03. Sie endet mit Ablauf des 2. 3. 03.

Zu 3.: Wäre der 31. 1. 03 ein Freitag, würde die Frist gem. § 188 Abs. 2 BGB mit Ablauf des 31. 2. 03 enden. Da dieser Tag jedoch „fehlt", endet die Frist gem. § 108 Abs. 1 AO i.V. mit § 188 Abs. 3 BGB mit Ablauf des 28. 2. 03. Da dieser Tag ein Samstag ist, endet die Frist mit Ablauf des 2. 3. 03.

Zu 4.: Die Frist endet wie oben unter Fall 2 mit Ablauf des 2. 3. 03. Am 4. 3. 03 hat X die Frist versäumt. Ihm könnte jedoch gem. § 110 Abs. 1 AO Wiedereinsetzung in den vorigen Stand zu gewähren sein. Dazu müsste er die Frist ohne (jedes) Verschulden versäumt haben. Im vorliegenden Fall kann sich der X exkulpieren: Ein Normalbürger braucht bei vorübergehender Abwesenheit von der ständigen Wohnung grds. keine besonderen Vorkehrungen (Vertreter, Nachsendeauftrag) zu treffen, sofern die Abwesenheit – wie hier – nicht länger als sechs Wochen währt (ständige Rechtsprechung). X hat daher nicht fahrlässig gehandelt. Er kann also im Rahmen der Monatsfrist des § 110 Abs. 2 AO Einspruch einlegen und Wiedereinsetzung beantragen (Begründung: Urlaub). Die Monatsfrist beginnt mit Wegfall des Hindernisses, hier also mit Ablauf des 4. 3. 03 und endet mit Ablauf des 4. 4. 03. Da dieser Tag ein Samstag ist, greift § 108 Abs. 3 AO. Danach endet die Frist mit Ablauf des 6. 4. 03. X kann also bis Ablauf des 6. 4. 03. Einspruch einlegen.

Beispiel 15

BEISPIEL 15

S ist am 1. 5. 09 vom Bezirk des FA S-Stadt in den Bezirk des FA H-Stadt umgezogen. Am 3. 5. 09 (Tag der Bekanntgabe) erhält er seinen ESt-Bescheid 07 vom FA S-Stadt. Dagegen legt S Einspruch ein, der am 3. 6. 09 beim FA H-Stadt eingeht. Das FA H-Stadt sendet den Einspruch dem FA S-Stadt am 7. 6. 09 zu.

1. Prüfen Sie, ob der Einspruch zulässig ist, wenn S glaubhaft vorträgt, sich über die Zuständigkeiten geirrt zu haben.
2. Was gilt, wenn der Einspruch des S am 10. 5. 09 beim FA H-Stadt eingegangen wäre?

Lösung:

Zu 1.: Der Einspruch ist zulässig, wenn er bei der gem. § 357 Abs. 2 AO zuständigen Behörde innerhalb der Einspruchsfrist (§ 355 AO) eingegangen ist. Gem. § 357 Abs. 2 Satz 1 AO ist der Einspruch beim FA S-Stadt einzulegen. Dort ist er aber erst am 7. 6. 09, also nach Ablauf der Einspruchsfrist (§ 355 AO) eingegangen. Der Wechsel der örtlichen Zuständigkeit zum FA H-Stadt gem. § 19 Abs. 1 AO und § 26 AO ist ohne Belang. Wo Einspruch einzulegen ist, richtet sich allein nach § 357 Abs. 2 AO.

Der Einspruch ist also unzulässig, wenn dem S nicht nach Maßgabe des § 110 AO Wiedereinsetzung in den vorigen Stand zu gewähren ist. Dazu müsste S die Einspruchsfrist ohne Verschulden versäumt haben. Die Fristversäumnis ist nur dann entschuldigt, wenn sie durch äußerste, den Umständen des Falls angemessene, zumutbare Sorgfalt nicht verhindert werden konnte. S hat sich hier geirrt: Er dachte offensichtlich, dass nach dem Umzug sein neues Wohnsitz-FA auch für die Anbringung von Einsprüchen zuständig sei. Dieser Gedanke ist wegen § 19 Abs. 1 und § 26 AO nicht abwegig. Dies auch deshalb, weil das FA H-Stadt i. d. R. auch über den Einspruch entscheiden wird, vgl. § 367 Abs. 1 Satz 2 AO. Sein Irrtum über diese verfahrensrechtlich komplizierte Frage kann danach entschuldigt werden. Da auch die Voraussetzungen des § 110 Abs. 2 (Satz 4) AO gegeben sind, ist die Fristversäumnis nicht schädlich und der Einspruch zulässig.

Alternativlösung: Vertretbar ist aber auch, ein fahrlässiges Verhalten des S zu bejahen, da sich aus der Rechtsbehelfsbelehrung klar ergibt, dass der Einspruch beim FA S-Stadt einzulegen ist. Danach ist § 110 AO abzulehnen und der Einspruch nicht zulässig.

Zu 2.: Es gilt das zu 1. Gesagte. Fraglich ist nur, ob S aufgrund des Eingangs seines Einspruchs bereits am 10. 5. 09 (auch in der Alternativlösung) Wiedereinsetzung in den vorigen Stand erhält. Grundsätzlich trägt der Stpfl. das Risiko der rechtzeitigen Übermittlung an die gem. § 357 Abs. 2 AO zuständige Behörde. Kann jedoch eine Behörde – wie hier das FA H-Stadt – leicht und einwandfrei erkennen, 1. dass sie nicht zuständig ist und 2. welches andere FA zuständig ist, hat sie den Einspruch unverzüglich (= ohne schuldhaftes Zögern; sofort) an das zuständige FA weiterzuleiten. Geschieht dies nicht und beruht die Fristversäumung – wie hier – im Wesentlichen auf der verzögerten Weiterleitung, ist dem Stpfl. Wiedereinsetzung in den vorigen Stand zu gewähren, vgl. AEAO zu § 357 Nr. 2.

5. Prüfung der Begründetheit

Die Prüfung der Begründetheit ist die inhaltliche, sachliche Überprüfung des angegriffenen Bescheids. Der Einleitungssatz in der Klausur lautet hier: *„Der Einspruch ist begründet, wenn der angegriffene Bescheid rechtswidrig ist und der Ef in seinen Rechten verletzt ist. Es gilt der Grundsatz der Vollüberprüfung (§ 367 Abs. 2 Satz 1 AO).“*

Danach wird der Bescheid auf alle aus dem Sachverhalt ersichtlichen Fehler hin, d. h. auf Verstöße gegen Rechtsnormen, überprüft. Die Fehler werden im Sachverhalt meist ausführlich dargestellt. Zu prüfen sind alle vom Ef beanstandeten Punkte.

Nach Maßgabe des § 367 Abs. 2 Satz 2 AO besteht auch die Möglichkeit einer „Verböserung“, die der Ef jedoch nach Anhörung durch das FA durch Rücknahme des Einspruchs (§ 362 AO) verhindern kann.

Beispiel 16

Gegen eine endgültige ESt-Festsetzung i. H. von 10.000 € legt A Einspruch ein. Das FA setzt die ESt in der Einspruchsentscheidung (ohne den A vorab darauf hinzuweisen) i. H. von 12.000 € fest, weil es (zutreffend) der Auffassung ist, dass die Einwendungen des A unbegründet sind und die ESt (wegen eines Rechtsfehlers im Bescheid) um 2.000 € zu erhöhen ist.

Prüfen Sie, was und mit welchem Erfolg A unternehmen kann, wenn er bei Kenntnis der Verböserung seinen Einspruch zurückgenommen hätte.

Lösung:

A kann nur Anfechtungsklage gem. § 40 Abs. 1 Satz 1 FGO erheben. Diese bezieht sich gem. § 44 Abs. 2 FGO zwar auf den ESt-Bescheid in Gestalt der Einspruchsentscheidung. Da A hier die ursprüngliche ESt-Festsetzung i. H. von 10.000 € begehrt, ist (ausnahmsweise) eine sog. isolierte Anfechtungsklage zulässig, die allein auf die Aufhebung der Einspruchsentscheidung gerichtet ist.

Die Klage ist begründet, wenn die Einspruchsentscheidung rechtswidrig ist. Diese ist zwar materiell rechtmäßig, aber formell rechtswidrig (Verstoß gegen den Anspruch des A auf rechtliches Gehör i. S. des § 367 Abs. 2 Satz 2 AO). Zwar ist eine Heilung gem. § 126 Abs. 1 Nr. 3 und Abs. 2 AO auch noch vor dem FG möglich. Hier hat das FA durch eine „Überraschungsentscheidung“ dem A jedoch die Möglichkeit der Rücknahme des Einspruchs (§ 362 AO) genommen. Macht A geltend, er hätte den Einspruch bei Kenntnis der Verböserung zurückgenommen, wird das FG die Einspruchsentscheidung wegen eines wesentlichen Verfahrensmangels aufheben und die Sache an das FA zurückverweisen. A hat dann die Möglichkeit der Rücknahme gem. § 362 AO.

6. Einspruch gegen gesonderte und einheitliche Feststellungen

Bei Einsprüchen gegen gesonderte und einheitliche Feststellungen (z. B. Gewinnfeststellungsbescheide gem. § 180 Abs. 1 Nr. 2 Buchst. a AO) sind einige Besonderheiten zu beachten:

Übersicht: Besonderheiten bei Einsprüchen gegen gesonderte und einheitliche Feststellungen
1. **Bekanntgabe der Bescheide** gem. § 183 AO (i. d. R. in einer Ausfertigung gegenüber dem Empfangsbevollmächtigten, § 183 Abs. 1 Satz 1 und Satz 5 AO).
2. **Inhaltsadressaten** (gem. § 122 Abs. 1 AO und § 124 Abs. 1 AO) sind die im Bescheid aufgeführten Feststellungsbeteiligten (z. B. die Gesellschafter), nicht die Gesellschaft.

3. **Jede einzelne Feststellung** (Gesamtgewinn, Anteile der Beteiligten, Einkunftsart etc.) enthält eine **eigenständige Regelung**, die einzeln angegriffen werden kann. Erfolgt dies ausdrücklich, werden die anderen Feststellungen mit Ablauf der Einspruchsfrist bestandskräftig.

4. Der Einspruch kann auch bei dem **FA** eingelegt werden, **das für** den Erlass des **Steuerbescheids zuständig** ist, § 357 Abs. 2 Satz 2 AO.

5. Bei einer **Fristversäumnis** wird das **Verschulden des Empfangsbevollmächtigten** (als Vertreter) allen Feststellungsbeteiligten zugerechnet, § 110 Abs. 1 Satz 2 AO.

6. Die **Einspruchsbefugnis** nach § 350 AO wird **durch § 352 AO**[32] **eingeschränkt.**

Danach haben

1. **umfassende Einspruchsbefugnis**

   (1) Grds.: Die zur Vertretung berufenen Geschäftsführer, § 352 Abs. 1 Nr. 1 erste Alt. AO.

   (2) Wenn solche (sehr selten) nicht vorhanden sind: Der Einspruchsbevollmächtigte, § 352 Abs. 1 Nr. 1 zweite Alt. und Abs. 2 AO.

   (3) Wenn (sehr selten) auch kein Einspruchsbevollmächtigter vorhanden ist: Jeder Feststellungsbeteiligte, § 352 Abs. 1 Nr. 2 AO.

   (4) In jedem Fall: Ausgeschiedene Gesellschafter, § 352 Abs. 1 Nr. 3 AO.

2. **eingeschränkte Einspruchsbefugnis** auch alle oben nicht genannten Beteiligten (insbesondere Kommanditisten). Im Einzelnen:

   (1) Soweit es sich darum handelt, wer an dem festgestellten Betrag beteiligt ist und wie dieser sich auf die einzelnen Beteiligten verteilt (z. B. Gewinnanteil nicht 20 %, sondern 10 %), ist jeder einspruchsbefugt, der durch die Feststellungen hierzu berührt wird, § 352 Abs. 1 Nr. 4 AO.

   (2) Soweit es sich um eine Frage handelt, die einen Beteiligten persönlich (d. h. ausschließlich ihn) angeht (z. B. Sonderbetriebseinnahmen oder -ausgaben), ist jeder einspruchsbefugt, der durch die Feststellung über die Frage berührt wird, § 352 Abs. 1 Nr. 5 AO.

7. Auch **Dritte,** die nicht im Feststellungsbescheid aufgeführt sind, aber geltend machen, Feststellungsbeteiligte zu sein, sind beschwert und damit einspruchsbefugt, § 350 AO. Ihnen gegenüber entfaltet der Feststellungsbescheid sog. **negative Drittwirkung.**

8. Bei der **AdV eines Feststellungsbescheids** gilt § 361 Abs. 3 AO.

9. Bei einheitlichen und gesonderten Feststellungen hat das FA die **anderen Feststellungsbeteiligten** nach Maßgabe des § 360 Abs. 3 Satz 1 und Satz 2 AO (zwingend) **hinzuzuziehen.** Wirkung: § 359 Nr. 2 AO. Die Einspruchsentscheidung (bzw. der Abhilfebescheid) ergeht dann auch gegenüber dem Hinzugezogenen. Dies gilt entsprechend im Finanzprozess (§ 60 Abs. 3 FGO, Beiladung).

Die vorstehende Übersicht gilt entsprechend bei Klagen gegen gesonderte und einheitliche Feststellungen.[33]

Beispiel 17

Am Gewinn der A & Co KG sind A als Komplementär und B und C als Kommanditisten beteiligt. Das FA gab den Bescheid über die einheitliche und gesonderte Gewinnfeststellung ordnungsgemäß gem. § 183 Abs. 1 AO gegenüber A bekannt.

Allein B legt Einspruch ein mit der zutreffenden Begründung, der Gesamtgewinn sei um 10.000 € zu mindern. Außerdem seien Darlehenszinsen zum Erwerb seines Anteils i. H. von 5.000 € nicht berücksichtigt worden.

Prüfen Sie, ob der Einspruch erfolgreich ist und falls ja, wer gem. § 360 Abs. 3 AO hinzuzuziehen ist.

32 Im Finanzprozess gilt der inhaltsgleiche § 48 FGO.

33 Siehe Beispiel 39, S. 68.

Lösung:

Der Einspruch ist erfolgreich, wenn er zulässig und begründet ist.

I. Zulässigkeit: B ist gem. § 350 AO grds. beschwert. Er ist Adressat des Feststellungsbescheids. Die Bekanntgabe gegenüber A wirkt auch gegenüber B, § 179 Abs. 2 Satz 2 und § 183 Abs. 1 Satz 1 und Satz 5 AO. Als nichtvertretungsbefugter Gesellschafter kann B aber nur gem. § 352 Abs. 1 Nr. 4 oder Nr. 5 AO Einspruch einlegen. Er kann daher nicht den Gesamtgewinn angreifen. Der Einspruch ist insoweit unzulässig. Soweit er die Berücksichtigung der Zinsen als Sonderbetriebsausgaben beansprucht, ist er gem. § 352 Abs. 1 Nr. 5 AO (teilweise) einspruchsbefugt.

II. Begründetheit: Die Begründetheitsprüfung darf nur in dem Umfang erfolgen, in dem der Einspruch zulässig ist, hier also nur, soweit B gem. § 352 Abs. 1 Nr. 5 AO einspruchsbefugt ist. Die Vorschrift schränkt § 367 Abs. 2 Satz 1 AO ein. Der Einspruch ist also nur bzgl. der Berücksichtigung der Zinsen i. H. von 5.000 € erfolgreich.

Hinzuziehung: Gem. § 360 Abs. 3 Satz 1 AO ist zwingend A hinzuzuziehen, da dieser gem. § 352 Abs. 1 Nr. 1 AO in vollem Umfang einspruchsbefugt ist. C ist gem. § 360 Abs. 3 Satz 2 AO nicht hinzuzuziehen, da er durch die Sonderbetriebsausgaben des B nicht berührt wird.

7. Einspruch gegen Änderungsbescheide, § 351 Abs. 1 AO

7.1 Allgemeines

Einsprüche gegen Änderungsbescheide sind oft Gegenstand der Steuerberaterprüfung, weil in ein und demselben Fall sowohl das Einspruchsverfahren als auch die Korrekturvorschriften abgeprüft werden können.

Wird Einspruch gegen einen Bescheid eingelegt, der einen unanfechtbaren Steuerbescheid (oder gleichgestellten Bescheid) ändert, ist § 351 Abs. 1 AO zu berücksichtigen. Die Norm stellt die Bestandskraft von Erstbescheiden klar. Könnte der Änderungsbescheid in vollem Umfang angegriffen werden, würde der Erstbescheid nicht bestandskräftig.

Für die Prüfung der Vorschrift gelten drei Grundregeln:

1. Der Ef kann den Änderungsbescheid ohne weiteres mit allen Einwendungen angreifen (auch mit solchen, die er gegen den Erstbescheid hätte vorbringen können),
2. gem. § 351 Abs. 1 erste Alt. AO jedoch nur i. H. des (zu seinen Lasten) geänderten Betrags.
3. Begehrt er (darüber hinaus) eine Minderung der ursprünglichen (bestandskräftigen) Festsetzung, ist dies gem. § 351 Abs. 1 zweite Alt. AO nur möglich, soweit eine Korrekturvorschrift zu seinen Gunsten eingreift.

7.2 Behandlung des § 351 Abs. 1 AO in der Klausur

In der **Zulässigkeitsprüfung** reicht es i. d. R. aus, wenn Sie die Vorschrift (nach Bejahung des § 350 AO) kurz erwähnen. Formulierungsbeispiel: *„Da X einen Änderungsbescheid angreift, ist sein Einspruch nur nach Maßgabe des § 351 Abs. 1 AO zulässig."*

Besondere Probleme bereitet die Prüfung der **Begründetheit.**

Prüfungsschema: Begründetheit von Einsprüchen gegen Änderungsbescheide
1. Prüfung, ob die Änderung zulasten des Ef rechtmäßig ist. Das ist der Fall, wenn insoweit Korrekturvorschriften greifen (i. d. R. Schwerpunkt der Prüfung) und ggf. die Änderung nicht gem. § 169 Abs. 1 Satz 1 AO ausgeschlossen ist.
2. Prüfung, ob der Änderungsbescheid ansonsten rechtmäßig ist. Es gilt § 367 Abs. 2 Satz 1 AO. Alle Fehler, die sich auf die Steuerhöhe auswirken, sind zu berücksichtigen - soweit die Änderung unter 1. zulasten des Ef reicht: Gem. § 351 Abs. 1 erste Alt. AO ohne weitere Voraussetzungen, - soweit die Steuerfestsetzung des ursprünglichen Bescheids unterschritten wird: Gem. § 351 Abs. 1 zweite Alt. AO nur dann, wenn eine Korrekturvorschrift zugunsten des Ef Anwendung findet.

Beispiel 18

BEISPIEL 18

Das FA setzt die ESt gegenüber dem Gewerbetreibenden X i. H. von 10.000 € endgültig fest. Ein Jahr später ergeht ein Änderungsbescheid, in dem die ESt wegen nachträglich bekannt gewordener Einnahmen aus V + V (zutreffend) gem. § 173 Abs. 1 Nr. 1 AO auf 12.000 € erhöht wird. X legt gegen den Änderungsbescheid Einspruch ein und macht (zutreffend, aber grob fahrlässig) erstmals Betriebsausgaben (BA) geltend, die die ESt um 2.500 € mindern.

1. Prüfen Sie, ob der Einspruch begründet ist.
2. Was wäre, wenn die (tatsächlich zugeflossenen) Einnahmen aus V + V bei Erlass des Erstbescheids schon bekannt waren und X das nachträgliche Bekanntwerden der BA leicht fahrlässig verursacht hätte.
3. Was wäre, wenn die Begründetheitsprüfung ergibt, dass nicht (wie im Bescheid angegeben) § 173 Abs. 1 Nr. 1 AO greift, sondern die Korrektur auf 12.000 € gem. § 129 AO gerechtfertigt ist?
4. Was wäre, wenn der ESt-Bescheid gem. § 164 Abs. 1 AO ergangen wäre, und das FA gem. § 164 Abs. 2 AO korrigiert hätte, ohne den Vorbehalt im Änderungsbescheid aufzuheben?
5. Was wäre, wenn der Änderungsbescheid i. H. von 12.000 € (zutreffend) darauf beruht, dass die ESt gem. § 173 Abs. 1 Nr. 1 AO um 2.300 € zu erhöhen und gem. § 175 Abs. 1 Nr. 1 AO um 300 € zu mindern ist?

Lösung:

Der Einspruch ist begründet, soweit der Änderungsbescheid rechtswidrig ist und X in seinen Rechten verletzt ist.

Zu 1.: Die Erhöhung der ESt um 2.000 € ist gem. § 173 Abs. 1 Nr. 1 AO gerechtfertigt. Nach dem Grundsatz der Vollüberprüfung (§ 367 Abs. 2 Satz 1 AO) könnten die BA i. H. von 2.500 € berücksichtigt werden. Da X einen Änderungsbescheid angreift, ist hier jedoch § 351 Abs. 1 AO zu beachten. Danach sind die BA i. H. von 2.000 € (soweit die Änderung gem. § 173 Abs. 1 Nr. 1 AO reicht) ohne weiteres zu berücksichtigen. Dies gilt für die verbleibenden 500 € nur dann, soweit eine Korrekturvorschrift greift. Da § 173 Abs. 1 Nr. 2 AO aufgrund groben Verschuldens des X ausgeschlossen ist, ist die ESt im Ergebnis (durch Einspruchsentscheidung, § 366 AO) auf 10.000 € festzusetzen. Der Einspruch ist also i. H. von 2.000 € begründet. Im Übrigen (i. H. von 500 €) ist er als unbegründet zurückzuweisen.

Zu 2.: Das FA durfte den Änderungsbescheid nicht erlassen. Der Einspruch ist also i. H. von 2.000 € begründet. Da hier bzgl. der nachgeschobenen BA § 173 Abs. 1 Nr. 2 AO greift (den X trifft kein grobes Verschulden), ist die ESt grds. um 2.500 € zu mindern (§ 351 Abs. 1 zweite Alt. AO). Nach § 367 Abs. 2 Satz 1 AO sind jedoch alle materiellen Fehler zu berücksichtigen (hier auch die Einkünfte aus V + V mit der die ESt erhöhenden Auswirkung von 2.000 €). Diese sind den BA gegenzurechnen. Auf den Einspruch des X ist die ESt also i. H. von 9.500 € festzusetzen.

Anmerkung: In den „offiziellen" Lösungshinweisen wird in diesem Zusammenhang bisweilen § 177 AO zitiert. Dies ist aufgrund des § 367 Abs. 2 Satz 1 AO nicht erforderlich, allerdings wegen § 365 Abs. 1 AO, der auch auf § 177 AO verweist, nicht falsch.

Zu 3.: Der Änderungsbescheid durfte dann gem. § 129 AO ergehen. Die im Bescheid angegebene unzutreffende Änderungsvorschrift ist ein Begründungsfehler, der ohne Auswirkung bleibt (vgl. § 126 Abs. 1 Nr. 2 AO und § 127 AO).[34] Im Übrigen gelten die Ausführungen zu 1.

Zu 4.: In diesem Fall besteht gem. § 351 Abs. 1 Satz 1 zweite Alt. AO gem. § 164 Abs. 2 AO (der weiterhin gilt, vgl. AEAO zu § 164 Nr. 6 Satz 2) eine uneingeschränkte Überprüfungsmöglichkeit. Die ESt ist danach (in einem Abhilfebescheid, § 367 Abs. 2 Satz 3 AO) auf 9.500 € festzusetzen. Wurde der Vorbehalt im Änderungsbescheid gem. § 164 Abs. 3 AO aufgehoben, gilt wegen § 164 Abs. 3 Satz 2 AO dasselbe (AEAO zu § 347 Nr. 3 Satz 2).

Zu 5.: Die Erhöhung der ESt um 2.000 € ist gem. § 173 Abs. 1 Nr. 1 und § 175 Abs. 1 Nr. 1 AO gerechtfertigt. Nach § 351 Abs. 1 erste Alt. AO sind die BA i. H. von 2.000 € (soweit die Änderung reicht) ohne weiteres zu berücksichtigen. Die verbleibenden 500 € werden nach § 351 Abs. 1 zweite Alt. AO berücksichtigt, soweit § 175 Abs. 1 Nr. 1 AO zugunsten des X Anwendung findet. Hier also i. H. von 300 €. Die ESt ist somit (durch Einspruchsentscheidung, § 366 AO) i. H. von 9.700 € festzusetzen. Im Übrigen (i. H. von 200 €) ist der Einspruch als unbegründet zurückzuweisen.

8. Einspruch gegen Folgebescheide, § 351 Abs. 2 AO

Gem. § 351 Abs. 2 AO können Entscheidungen in einem Grundlagenbescheid nur durch Anfechtung dieses Bescheids, nicht auch durch Anfechtung des Folgebescheids, angegriffen werden. Die Vorschrift stellt die Bestandskraft von Grundlagenbescheiden klar.

34 Siehe allgemein dazu die Übersicht: Rechtswidrige VA, S. 2, unter II.2.

Beispiel 19

Dr. Schiwago wohnt in A-Stadt und betreibt eine Arztpraxis in B-Stadt. Mit dem am 1.11.02 bekannt gegebenen Bescheid hat das FA B-Stadt den Gewinn aus freiberuflicher Tätigkeit für 01 auf 150.000 € festgestellt. Am 25.11.02 (Aufgabe zur Post) wurde S von dem FA A-Stadt zur ESt 01 veranlagt. Mit dem am 30.11.02 beim FA A-Stadt eingegangenen Schreiben legt S „Einspruch gegen die ESt-Festsetzung 01" ein und macht allein (zutreffend) geltend, bei der Ermittlung des Gewinns aus freiberuflicher Tätigkeit sei der Anteil der privaten Pkw-Nutzung zu Unrecht von 10 % auf 20 % der Kosten erhöht worden.

Lösung:

Nach h. M. wirkt sich § 351 Abs. 2 AO nicht auf die Zulässigkeit aus, sondern allein auf die Begründetheitsprüfung (vgl. AEAO zu § 352 Nr. 4). Hier gilt zwar der Grundsatz der Vollüberprüfung, § 367 Abs. 2 Satz 1 AO, allerdings entscheidet über den Umfang der Pkw-Kosten nicht das Wohnsitz-FA A-Stadt, sondern allein das Tätigkeits-FA B-Stadt in dem Gewinnfeststellungsbescheid, § 180 Abs. 1 Nr. 2b und § 18 Abs. 1 Nr. 3 i.V. mit § 351 Abs. 2 AO. Bezüglich der Pkw-Kosten ist der Einspruch gegen den ESt-Bescheid danach unbegründet.

Hier ist jedoch (ausnahmsweise) die Umdeutung des Einspruchs gegen den ESt-Bescheid in einen Einspruch gegen den Feststellungsbescheid möglich (vgl. § 140 BGB analog). Für die Umdeutung spricht, dass die Einwendung des S (also das von S Gewollte) nur im Einspruchsverfahren gegen den Feststellungsbescheid geltend gemacht werden könnte. Die Einspruchsfrist gegen den Feststellungsbescheid ist am 10.12.02 noch nicht abgelaufen. Das FA A-Stadt ist auch für die Anbringung des Einspruchs zuständig, § 357 Abs. 2 Satz 2 AO. Das FA A-Stadt muss den Einspruch an FA B-Stadt weiterleiten. Dies kann auch nach Fristablauf geschehen. Die Zulässigkeit ist also zu bejahen. Da die Einwendung des S zutrifft, ist der Einspruch begründet.

9. Einspruch gegen sonstige Verwaltungsakte

Einsprüche gegen sonstige VA, d. h. VA, die weder Steuerbescheide noch diesen gleichgestellt sind (wie z. B. Feststellungsbescheide), **sind** nur **selten** Gegenstand der Steuerberaterprüfung.

Die Besonderheiten zum Einspruch gegen **Haftungsbescheide** sind in Kap. VI.2.9 abgehandelt.[35] Zu Einsprüchen gegen **Vollstreckungsmaßnahmen** siehe Kap. VI.1.7.[36]

10. Aussetzung der Vollziehung (§ 361 Abs. 2 AO und § 69 Abs. 3 und Abs. 4 FGO)

Die AdV im Einspruchsverfahren ist zusammen mit der AdV im Finanzprozess in Kap. VI.4.4.1 dargestellt.[37]

11. Zusammenfassung

Bei der Bearbeitung von Einspruchsfällen in der Steuerberaterprüfung ist insbesondere auf Folgendes zu achten:

1. Erkennen Sie, dass überhaupt ein Einspruch vorliegt (, soweit nicht ausdrücklich *„Einspruch"* eingelegt worden ist).[38]

2. Prägen Sie sich das Grundaufbauschema (mit den Formulierungsvorschlägen) in **Beispiel 13**[39] ein: I. Zulässigkeit,[40] II. Begründetheit.[41]

3. Erarbeiten Sie sich die (oben in Kap. III.6.–III.9. aufgeführten) besonderen Fallgestaltungen. Besonders prüfungsrelevant ist der Einspruch gegen Änderungsbescheide (siehe oben Kap. III.7.)!

4. Zur Formulierung des Ergebnisses der Lösung vgl. **Beispiel 12.**[42]

35 Seite 59.
36 Seite 52 ff.
37 Seite 69 ff.
38 Vgl. Kap. III.4., S. 19.
39 Siehe S. 18.
40 Siehe Kap. III.4., S. 19 ff.
41 Siehe Kap. III.5., S. 22.
42 Seite 12.

IV. Die Korrekturvorschriften in der Fallbearbeitung

1. Grundlagen

Gegenstand der AO-Prüfungsklausuren ist fast durchgängig die Korrektur fehlerhafter (= rechtswidriger) Steuerbescheide.

Korrekturvorschriften (insbesondere § 129, § 164 Abs. 2, § 165 Abs. 2 und §§ 172 ff. AO) sind zu prüfen, soweit

- eine Korrektur **zugunsten des Stpfl.** im Einspruchsverfahren nicht in Betracht kommt oder
- das FA einen Bescheid **zulasten des Stpfl.** korrigieren will.

„Korrektur" ist der im Gesetz nicht verwendete Oberbegriff für

- die *„Berichtigung"* (§ 129 und § 177 AO),
- die (vollständige oder teilweise) *„Rücknahme"* (§ 130 AO),
- den (vollständigen oder teilweisen) *„Widerruf"* (§ 131 AO) und die
- *„Aufhebung oder Änderung"* (§ 164 Abs. 2, § 165 Abs. 2 und §§ 172 ff. AO).

Auch die Einzelsteuergesetze enthalten eine Reihe von Korrekturvorschriften (z. B. § 10d Abs. 1 EStG, § 35b GewStG). Diese waren bislang nicht klausurrelevant.

2. Allgemeine Voraussetzungen der Korrektur

Übersicht: Allgemeine Voraussetzungen einer Korrektur
1. Gegenstand der Korrektur ist der **Entscheidungssatz eines wirksamen**[43] **VA** i. S. des § 124 AO, der (zum Zeitpunkt der Korrektur) rechtswidrig (= fehlerhaft)[44] ist; (z. B. die unzutreffende Höhe der Steuerfestsetzung bei einem Steuerbescheid). Für Verfahrensfehler gelten i. d. R. § 126 und § 127 AO.[45]
2. Eine Korrektur ist nur möglich, soweit eine **Rechtsnorm, d. h. eine Korrekturvorschrift dies zulässt.** Klausurrelevant sind §§ 129 ff., § 164 Abs. 2 und § 165 Abs. 2 und §§ 172 ff. AO. Die Untersuchung dieser Vorschriften ist i. d. R. der Prüfungsschwerpunkt in der Klausur.
3. Die Korrektur **darf nicht ausgeschlossen** sein, z. B. durch - §§ 169 ff. AO (sehr klausurrelevant), - § 176 AO, - § 156 Abs. 1 AO i. V. mit der Kleinbetragsverordnung.

3. Anwendungsbereich der Korrekturvorschriften

Der Anwendungsbereich der einzelnen Korrekturvorschriften leitet sich aus § 172 Abs. 1 Satz 1 AO ab. Danach gilt Folgendes:

Übersicht: Anwendungsbereich der Korrekturvorschriften	
Steuerbescheide und gleichgestellte Bescheide (§ 155 Abs. 1 AO ggf. i. V. mit § 181 Abs. 1 oder § 184 Abs. 1 AO) können grds. korrigiert werden:	**Sonstige VA (z. B. § 191 oder § 152 AO) können grds. korrigiert werden:**
→ Gem. § 129 AO, → gem. § 164 Abs. 2 AO bei Festsetzungen gem. § 164 Abs. 1 oder § 168 AO, → gem. § 165 Abs. 2 AO, soweit der Bescheid gem. § 165 Abs. 1 AO vorläufig ist,	→ Gem. § 129 AO, → gem. § 130 und § 131 AO.

43 Siehe Kap. V.1, S. 39.
44 Siehe Kap. I.3, II. Sonstige Fehler, S. 2.
45 Siehe die Übersicht: Rechtswidrige VA, unter II.2., S. 2.

→ gem. §§ 172 ff. AO, wenn der Bescheid endgültig ist, → **niemals jedoch** gem. § 130 oder § 131 AO (vgl. § 172 Abs. 1 Nr. 2 Buchst. d zweiter Halbsatz AO)!	

- Die Korrekturvorschriften gelten auch **während des Einspruchsverfahrens** und während eines **finanzgerichtlichen Verfahrens** (§ 132 AO): Wird ein VA im Einspruchsverfahren korrigiert, ohne dass dem Einspruch gem. § 367 Abs. 2 Satz 3 AO (in vollem Umfang) abgeholfen wird, gilt § 365 Abs. 3 AO. Wird der VA im Finanzprozess geändert, findet § 68 FGO Anwendung.
- Die Korrekturvorschriften greifen auch, wenn der VA durch **Einspruchsentscheidung** bestätigt oder geändert worden ist (vgl. § 172 Abs. 1 Satz 2 AO)[46] und wenn ein **Antrag** auf Erlass, Aufhebung oder Änderung eines Bescheids **abgelehnt** worden ist (§ 172 Abs. 2 AO).

4. Allgemeine Hinweise zum Aufbau der Klausur

4.1 Erst Einspruch, dann Korrekturvorschriften!

Bei einer **Korrektur** von Fehlern **zugunsten des Stpfl.** ist zunächst zu prüfen, ob diese im Einspruchsverfahren eliminiert werden können:

- Ist bereits zulässig Einspruch eingelegt worden?
- Kann noch zulässig Einspruch eingelegt werden?

Nur wenn dies nicht der Fall ist, sind die Korrekturvorschriften zu prüfen.

4.2 Jeden Bescheid einzeln prüfen!

Geht es um die Korrektur mehrerer Bescheide, ist grds. jeder Bescheid einzeln zu prüfen. Dabei ist ggf. die in der Aufgabenstellung angegebene Reihenfolge zu beachten.[47]

4.3 Korrekturvorschriften auf Fehler im Bescheid anwenden!

Der zu korrigierende Fehler des Bescheids ergibt sich i. d. R. eindeutig aus dem Sachverhalt. Ist das nicht der Fall, stellt man den Fehler und seine Auswirkung auf die Steuer vorab kurz dar. Sodann sucht man die Korrekturvorschriften, die für eine Korrektur des konkreten Fehlers ernsthaft in Betracht kommen und prüft, ob deren Voraussetzungen vorliegen.

Enthält ein Bescheid mehrere Fehler, ist grds. jeder Fehler einzeln zu untersuchen[48].

4.4 Alle ernsthaft in Betracht kommenden Korrekturvorschriften prüfen!

Nicht selten kommen für die Korrektur eines Fehlers mehrere Korrekturvorschriften ernsthaft in Betracht. Man punktet nur optimal, wenn man alle relevanten Vorschriften untersucht, d. h. auch diejenigen, die im Ergebnis nicht greifen.[49]

4.5 Prüfungsreihenfolge

Bei der Prüfung mehrerer Korrekturvorschriften sind zwei Regeln zu beachten:

- § 173 Abs. 1 Nr. 1 AO ist (wegen § 173 Abs. 1 Nr. 2 Satz 2 AO) vor § 173 Abs. 1 Nr. 2 AO zu prüfen.[50]

46 Siehe dazu unten Beispiel 21, S. 32.
47 Siehe dazu Kap. II.3.3.1, S. 7.
48 Vgl. Beispiel 26, S. 37.
49 Vgl. Beispiel 23, S. 35.
50 Vgl. Beispiel 26, S. 37.

- Soweit § 177 AO einschlägig ist, ist dieser wegen des Änderungsrahmens immer als letzte Korrekturvorschrift zu prüfen.[51]

Darüber hinaus besteht grds. keine zwingende Prüfungsreihenfolge.

4.6 Erst die Korrekturvorschriften und dann die Festsetzungsfrist prüfen!

Wenn die Festsetzungsfrist abgelaufen sein könnte (z. B. wenn der Steuerbescheid 01 im Kj. 06 oder später geändert wird), prüfen Sie i. d. R. zunächst die relevante Korrekturvorschrift und (wenn sie greift) anschließend die Festsetzungsfrist.[52]

Dieser Aufbau empfiehlt sich, weil für einige prüfungsrelevante Korrekturvorschriften besondere Ablaufhemmungen gelten (Bsp.: Für § 129 AO gilt § 171 Abs. 2 AO, für § 165 Abs. 2 AO gilt § 171 Abs. 8 AO, für § 175 Abs. 1 Nr. 1 AO gilt § 171 Abs. 10 AO, für § 175 Abs. 1 Nr. 2 AO gilt die Anlaufhemmung des § 175 Abs. 1 Satz 2 AO). Prüft man in solchen Fällen zuerst die Festsetzungsfrist, wird der Lösungsaufbau häufig unübersichtlich und wirr.

4.7 Formulierung des Einstiegs in die Falllösung

Siehe dazu Kap. II.4.1, dort insbesondere Beispiel 5.[53]

4.8 Einspruch gegen Korrekturbescheide (§ 351 Abs. 1 AO)

Sehr prüfungsrelevant ist die Fallkonstellation, in der das FA einen unanfechtbaren Steuerbescheid zulasten des Stpfl. ändert und der Stpfl. dagegen Einspruch einlegt. Siehe dazu Kap. III.7.[54]

5. Die klausurrelevanten Korrekturvorschriften

5.1 Berichtigung von offenbaren Unrichtigkeiten, § 129 AO

Mithilfe des § 129 AO können **alle VA** berichtigt werden. Steuerbescheide und gleichgestellte Bescheide dürfen nur innerhalb der Festsetzungsfrist korrigiert werden (vgl. § 169 Abs. 1 Satz 1 und Satz 2 AO). Dabei ist ggf. § 171 Abs. 2 AO zu beachten.

§ 129 AO ist sehr gut im AEAO zu § 129 kommentiert. Erarbeiten Sie sich die Vorschrift anhand des nachfolgenden Prüfungsschemas in Verbindung mit den Verweisen auf den AEAO.

Prüfungsschema zu § 129 AO	
1. Voraussetzungen	
a) „Schreibfehler, Rechenfehler oder ähnliche Unrichtigkeit“	= alle mechanischen, unbewussten Fehler, z. B. vertauschen, sich verlesen, überblättern, verzählen, vertun (häufig problematisch); nicht gegeben bei „Denkfehlern“ (vgl. ausführlich AEAO zu § 129 Nr. 1 und Nr. 2). Begründen Sie anhand des konkreten Sachverhalts (ausführlich), ob ein unbewusster Fehler gegeben ist oder nicht.
b) „offenbar“	= ohne großes Nachforschen erkennbar (fast nie problematisch). Vgl. AEAO zu § 129 Nr. 3.
c) „beim Erlass eines VA“	= Fehler des FA (vgl. AEAO zu § 129 Nr. 4). Ausnahmen: → Ist der Fehler des Stpfl. i. S. des § 129 AO aus dessen Erklärung oder den dazu eingereichten Unterlagen oder aufgrund der Umstände dem FA ersichtlich, macht ihn sich der Amtsträger, der ihn nicht beachtet, zu eigen. Er übernimmt ihn. § 129 AO ist dann ge-

51 Vgl. Beispiel 26, S. 37.
52 Vgl. Beispiel 23, S. 35, und Beispiel 24, S. 35.
53 Seite 9.
54 Seite 24 ff.

geben. Ist der Fehler nicht aus den eingereichten Unterlagen ersichtlich, liegt § 129 nicht vor; ggf. greift dann aber § 173 AO.

→ Bei offenbaren Unrichtigkeiten des Stpfl. in Steueranmeldungen (§ 168 Satz 1 AO). Wegen § 164 Abs. 2 AO spielt § 129 AO hier allenfalls infolge § 171 Abs. 2 AO eine Rolle.

2. Rechtsfolge

→ Bei einer Korrektur zugunsten des Stpfl. ist diese gem. § 129 Satz 2 AO zwingend.

→ Bei einer Korrektur zuungunsten des Stpfl. hat das FA nach pflichtgemäßem Ermessen zu entscheiden („kann“, § 129 Abs. 1 Satz 1 AO). Dabei können zusätzliche materielle Fehler im Rahmen des Ermessens unter singgemäßer Anwendung des § 177 AO berücksichtigt werden (AEAO zu § 129 Nr. 5).

Beispiel 20

BEISPIEL 20

Gegenüber dem G ergeht der endgültige ESt-Bescheid 01 i. H. von 40.000 € am 3. 3. 03. Am 4. 4. 04 erhält G einen Änderungsbescheid, der erstmals unter dem Vorbehalt gem. § 164 Abs. 1 AO steht. In diesem Bescheid wird die ESt 01 (materiell zutreffend) auf 45.000 € festgesetzt. Die Anwendung des § 164 Abs. 2 AO wird im Bescheid damit begründet, dass bei der ursprünglichen Veranlagung der Vorbehaltsvermerk aufgrund eines Versehens nicht angebracht wurde.

Im Einspruchsverfahren stellt sich Folgendes heraus: Der Steuerfall ist bei der Bearbeitung auf der ersten Seite des Erklärungsbogens dahin gekennzeichnet worden, dass gem. § 164 Abs. 1 AO zu veranlagen sei. Im Übrigen stand laut Prüfungsplan bei dem G eine Außenprüfung an. Aufgrund einer Dienstanweisung sollen bei geplanten Außenprüfungen alle Bescheide unter den Vorbehalt gestellt werden. Gleichwohl ist im entsprechenden Bearbeitungsfeld „01“ für „endgültige Festsetzung“ und nicht „02“ für „Vorbehaltsfestsetzung“ eingegeben worden. Der Grund dafür ist nicht zu ermitteln. Prüfen Sie, ob der zulässige Einspruch begründet ist.

Lösung:

Der Einspruch ist begründet, soweit der Änderungsbescheid rechtwidrig ist und G dadurch in seinen Rechten verletzt ist. Dies ist dann der Fall, wenn der Änderungsbescheid nicht erlassen werden durfte. Im vorliegenden Fall hat das FA den Korrekturbescheid auf § 164 Abs. 2 AO gestützt, obwohl der ursprüngliche Bescheid ohne Vorbehalt ergangen ist.

Fraglich ist, ob der Vorbehaltsvermerk gem. § 129 AO nachträglich angebracht werden durfte. Dazu müsste die Nichtanbringung im ursprünglichen Bescheid eine Unrichtigkeit i. S. des § 129 AO, also einen unbewussten, mechanischen Fehler darstellen: Aus der ersten Seite des Erklärungsbogens lässt sich ableiten, dass der Sachbearbeiter den Bescheid mit einem Vorbehalt versehen wollte. Dass er dies tatsächlich nicht tat, dürfte auf einem (mechanischen) Tippfehler beruhen. Dass er den Bescheid bewusst endgültig festgesetzt hat, ist sehr unwahrscheinlich: Hätte er dies (entgegen der Dienstanweisung) gewollt, hätte er es in der Akte begründet. Es ist also von einer (mechanischen) Unrichtigkeit i. S. des § 129 AO auszugehen.

Der Fehler ist ohne großes Nachforschen erkennbar und damit offenbar. Zwar ist er nicht im Bescheid selbst, sondern (allein) aus den Unterlagen des FA ersichtlich. Dies reicht aber aus (AEAO zu § 129 Nr. 3). Der Tippfehler ist dem FA auch „beim Erlass“ des Bescheids unterlaufen.

Das FA durfte also (nach pflichtgemäßen Ermessen, § 5 AO i.V. mit § 85 AO) den Vorbehalt nachträglich anbringen. Es durfte den Änderungsbescheid auch unmittelbar auf § 164 Abs. 2 AO stützen. Begründung: Die unmittelbar vorgenommene Änderung nach § 164 Abs. 2 AO schließt die Wahrnehmung der Berichtigung gem. § 129 AO mit ein. Der Änderungsbescheid ist rechtmäßig. Der Einspruch ist nicht begründet.

5.2 Korrektur von Vorbehaltsfestsetzungen, § 164 Abs. 2 AO

Übersicht zu § 164 Abs. 2 AO

1. Einzige **Voraussetzung des § 164 Abs. 2 AO** ist, dass die Steuerfestsetzung unter dem **Vorbehalt der Nachprüfung** ergangen ist (gem. § 164 Abs. 1 oder § 168 AO) und dieser Vorbehalt **wirksam** ist.

2. **§ 164 Abs. 1 AO** ist nach pflichtgemäßem Ermessen **nur auf Steuerbescheide** (§ 155 AO) und gleichgestellte Bescheide (z. B. § 181 oder § 184 AO) anwendbar. Der Fall darf noch nicht abschließend geprüft worden sein (§ 164 Abs. 1 Satz 1 AO).

3. Der Vorbehalt muss **klar erklärt** sein (oder sich aus § 164 Abs. 1 Satz 2 und § 168 AO ergeben) und erstreckt sich immer **auf den ganzen Bescheid.**

4. Der Vorbehalt kann **jederzeit aufgehoben** werden (§ 164 Abs. 3 Satz 1 AO). Nach einer abschließenden Prüfung ist er aufzuheben (vgl. § 164 Abs. 3 Satz 3 AO). Die Aufhebung steht einer endgültigen Steuerfestsetzung gleich (§ 164 Abs. 3 Satz 2 AO). Wird der Vorbehalt **nicht ausdrücklich aufgehoben, gilt er fort** (z. B. auch in Korrekturbescheiden oder Einspruchsentscheidungen – sehr prüfungsrelevant).

5. Der Vorbehalt **entfällt automatisch, wenn die vierjährige Festsetzungsfrist abläuft** (§ 164 Abs. 4 AO – sehr prüfungsrelevant).[55]

Rechtsbehelfsmöglichkeiten des Stpfl.

- Der Stpfl. kann gegen die Vorbehaltsfestsetzung form- und fristgerecht Einspruch einlegen.[56] Er kann (auch nach Ablauf der Einspruchsfrist) einen Antrag auf Änderung stellen, vgl. § 164 Abs. 2 Satz 2 und Satz 3 AO.
- Wird der Vorbehalt gem. § 164 Abs. 3 AO aufgehoben, kann der Stpfl. in vollem Umfang Einspruch erheben. Nach der Aufhebung oder dem Wegfall des Vorbehalts greifen als Korrekturvorschriften ggf. §§ 172 ff. AO.
- Will sich der Stpfl. allein gegen den Vorbehalt wehren, muss er Einspruch gegen den (ganzen) Bescheid einlegen.

Erarbeiten Sie sich AEAO zu § 164.

5.3 Korrektur vorläufiger Steuerfestsetzungen, § 165 Abs. 2 AO

In den Fällen des § 165 Abs. 1 AO können Bescheide vorläufig ergehen. Die Vorläufigkeit betrifft i. d. R. nur einen kleinen Teil des Bescheids. Die Steuer darf nur soweit vorläufig festgesetzt werden, wie die Ungewissheit reicht. Umfang und Grund der Vorläufigkeit sind im Bescheid anzugeben (§ 165 Abs. 1 Satz 3 AO). Ist der Umfang nicht angegeben und nicht durch Auslegung zu ermitteln, ist der Vorläufigkeitsvermerk nichtig (§ 125 Abs. 1, § 119 Abs. 1 AO). Eine fehlende Begründung kann dagegen nachgeholt werden (§ 126 Abs. 1 Nr. 2 und Abs. 2 AO). Die Vorläufigkeit bleibt solange (auch in Änderungsbescheiden) bestehen, bis sie für endgültig erklärt wird (vgl. AEAO zu § 165 Nr. 9).

Übersicht zu § 165 Abs. 2 AO

1. Nach § 165 Abs. 2 Satz 1 AO können grds. alle Fehler, die im Zusammenhang mit der Ungewissheit stehen (nach pflichtgemäßem Ermessen) korrigiert werden, **„soweit" der Umfang der Vorläufigkeit** reicht. Soweit die Ungewissheit beseitigt ist und dies zu einer anderen Steuer führt, „ist" nach § 165 Abs. 2 Satz 2 AO zu korrigieren.

2. Die vorläufige Steuerfestsetzung kann mit einer Vorbehaltsfestsetzung (§ 164 AO) verbunden werden (§ 165 Abs. 3 AO). Dies ist wegen § 171 Abs. 8 AO sinnvoll.

3. Ergeht der teilweise vorläufige Bescheid ohne Vorbehalt, greifen bzgl. seines endgültigen Teils ggf. die §§ 172 ff. AO.

4. **Prüfungsrelevant** ist insbesondere § 165 Abs. 1 Satz 1 AO (Ungewissheit über die Voraussetzungen der Steuerentstehung): Die **Ungewissheit** muss sich auf einen steuererheblichen Lebenssachverhalt beziehen (z. B. Gewinnerzielungsabsicht, Eigentum an einer Sache, Beteiligung an einer Gesellschaft). Es muss sich um eine subjektive Ungewissheit des FA handeln. D. h., der Sachverhalt muss objektiv gegeben sein und zurzeit gem. § 88 AO nicht aufklärbar sein. Es muss sich um eine vorübergehende Ungewissheit handeln. Bei endgültiger Ungewissheit greifen § 162 AO oder die Regeln der objektiven Beweislast (AEAO zu § 165 Nr. 1). Die Fälle des § 165 Abs. 1 Nr. 1–4 waren **bislang nicht prüfungsrelevant.**

55 Siehe dazu Beispiel 24, S. 35.
56 Vgl. Beispiel 20, S. 30.

5.4 Aufhebung und Änderung von Steuerbescheiden gem. § 172 Abs. 1 AO

5.4.1 Korrektur auf Antrag des Stpfl., § 172 Abs. 1 Nr. 2 Buchst. a AO

Der **Antrag zugunsten des Stpfl.** (auf „schlichte Änderung") muss innerhalb der Einspruchsfrist erfolgen. Im Zweifel ist der Antrag als Einspruch auszulegen. Es muss eine genau bestimmte Änderung (bezogen auf einen konkreten Sachverhalt) beantragt werden. Eine Erweiterung des Antrags ist nach Ablauf der Einspruchsfrist nicht möglich (AEAO zu § 172 Nr. 2 Abs. 2). Der Antrag kann formlos (insbesondere telefonisch) gestellt werden. AdV ist nicht möglich.

Auf Antrag kann auch **zuungunsten des Stpfl.** korrigiert werden. Solche Anträge sind nur in Ausnahmefällen anzunehmen, nicht bereits dann wenn der Stpfl. Anzeigen gem. § 153 Abs. 1 Nr. 1 oder § 371 AO abgibt (vgl. AEAO zu § 172 Nr. 3).

Das FA darf nur soweit der Antrag reicht, d. h. **punktuell, korrigieren** (AEAO zu § 172 Nr. 2 Abs. 3).

5.4.2 Korrektur wegen sachlicher Unzuständigkeit, § 172 Abs. 1 Nr. 2 Buchst. b AO

Erlässt eine sachlich unzuständige Behörde einen Steuerbescheid, ist dieser i. d. R. gem. § 125 Abs. 1 AO nichtig. § 172 Abs. 1 Nr. 2 Buchst. b AO hat insoweit keine Bedeutung.

5.4.3 Korrektur wegen unlauterer Mittel, § 172 Abs. 1 Nr. 2 Buchst. c AO

Prüfungsrelevant ist die Korrektur von Bescheiden, die durch arglistige Täuschung – also durch Steuerhinterziehung gem. § 370 AO – erwirkt worden sind. In diesen Fällen greift (kumulativ) auch § 173 Abs. 1 Nr. 1 AO. § 172 Abs. 1 Nr. 2 Buchst. c AO kann nach pflichtgemäßem Ermessen nur zugunsten des Opfers der Täuschung (= FA) angewendet werden, nicht zugunsten des täuschenden Stpfl.[57]

Beispiel 21

Stpfl. X erhebt Einspruch gegen die ESt-Festsetzung 01 i. H. von 5.000 € wegen der Nichtanerkennung bestimmter Sonderausgaben. Zwei Wochen nach Bekanntgabe der Einspruchsentscheidung, in der sein Einspruch als unbegründet zurückgewiesen worden ist, legt er in einem an das FA gerichteten Schreiben nochmals Einspruch ein, mit der (zutreffenden) Begründung, das FA habe aufgrund unzutreffender rechtlicher Wertung bestimmte (geltend gemachte) Aufwendungen nicht als Betriebsausgaben anerkannt. Prüfen Sie, ob die Betriebsausgaben anerkannt werden müssen.

Lösung:

Ein Einspruch gegen eine Einspruchsentscheidung ist nicht zulässig, § 348 Nr. 1 AO. Richtiger (förmlicher) Rechtsbehelf wäre eine Anfechtungsklage, § 40 Abs. 1 und § 44 Abs. 2 FGO. Eine solche kann zwar auch beim FA eingelegt werden, § 47 Abs. 2 FGO. Dazu müsste sich das Schreiben aber an das FG richten und nicht an das FA. X hat also keine Klage erhoben.

Der zweite „Einspruch" des X kann jedoch als Antrag auf Änderung gem. § 172 Abs. 1 Satz 3 i.V. mit Satz 1 Nr. 2 Buchst. a AO ausgelegt werden. Dessen Voraussetzungen liegen vor: X hat innerhalb der Klagefrist einen konkretisierten Antrag auf Änderung zu seinen Gunsten gestellt. Die Betriebsausgaben sind also anzuerkennen.

5.5 Korrektur wegen neuer Tatsachen, § 173 Abs. 1 AO

§ 173 Abs. 1 AO ist eine **sehr prüfungs- und praxisrelevante Vorschrift.** Sie ist grds. auf jede einzelne Tatsache anzuwenden, und zwar Nr. 1 auf steuererhöhende und Nr. 2 auf steuermindernde Tatsachen (einzige Ausnahme siehe AEAO zu § 173 Nr. 6.2). Hat **eine** Tatsache in einem Bescheid mehrere steuerlich gegensätzliche Auswirkungen, ist zu saldieren. Wirkt sich **eine** Tatsache in zwei Bescheiden aus, ist für jeden Bescheid § 173 Abs. 1 Nr. 1 bzw. Nr. 2 AO zu prüfen.

§ 173 AO ist sehr gut im AEAO zu § 173 kommentiert. Erarbeiten Sie sich die Vorschrift anhand des nachfolgenden Prüfungsschemas in Verbindung mit den Verweisen auf den AEAO.

57 Siehe dazu Beispiel 23, S. 35.

<table>
<tr><th colspan="2">Prüfungsschema zu § 173 AO</th></tr>
<tr><td>§ 173 Abs. 1 Nr. 1 AO</td><td>§ 173 Abs. 1 Nr. 2 AO</td></tr>
<tr><td colspan="2">1. „Tatsache“ i. S. des § 173 Abs. 1 AO ist jeder Lebenssachverhalt, der sich steuerlich auswirkt (vgl. hierzu ausführlich AEAO zu § 173 Nr. 1). Immer darstellen!</td></tr>
<tr><td colspan="2">2. Die Tatsache ist rechtserheblich, wenn bei ihrem Bekanntsein die frühere Veranlagung ein höheres (§ 173 Abs. 1 Nr. 1 AO) bzw. niedrigeres Ergebnis (§ 173 Abs. 1 Nr. 2 AO) gebracht hätte (vgl. AEAO zu § 173 Nr. 3). Nur darstellen, wenn relevant (selten).</td></tr>
<tr><td colspan="2">3. Eine Tatsache wird nachträglich bekannt, wenn sie einem für die Steuerfestsetzung zuständigen Amtsträger bei abschließender Zeichnung nicht bekannt war, obgleich sie vorhanden war.[58] Siehe AEAO zu § 173 Nr. 1.3 und Nr. 2. Immer darstellen!</td></tr>
<tr><td>4. Hätte die Tatsache dem FA bei sorgfältiger Ermittlung bekannt sein müssen, ist eine Korrektur gem. § 173 Abs. 1 Nr. 1 AO nach Treu und Glauben (§ 242 BGB) ausgeschlossen.[59] Siehe AEAO zu § 173 Nr. 4. Nur darstellen, wenn relevant (selten).</td><td>4. Kein grobes Verschulden (= Vorsatz oder grobe Fahrlässigkeit) des Stpfl. Vorsatz ist Handeln mit Wissen und Wollen. Grob fahrlässig handelt, wer die ihm persönlich zumutbaren Sorgfaltspflichten in ungewöhnlich großem Maße verletzt. Das grobe Verschulden von Vertretern, Mitarbeitern oder Beratern wird dem Stpfl. zugerechnet. Ein grobes Verschulden ist ohne Belang bei sachlichem Zusammenhang gem. § 173 Abs. 1 Nr. 2 Satz 2 AO (anderenfalls greift ggf. § 177 Abs. 1 AO).[60] Siehe AEAO zu § 173 Nr. 5 und Nr. 6. Immer darstellen!</td></tr>
<tr><td colspan="2">5. Ggf. Änderungssperre gem. § 173 Abs. 2 AO bei Bescheiden, die aufgrund einer Außenprüfung ergangen sind; siehe AEAO zu § 173 Nr. 8. Nur darstellen, wenn relevant (sehr selten).</td></tr>
</table>

Beispiel 22

Eheleute A und B gaben die von beiden unterschriebene ESt-Erklärung für das Kj. 02 ab, aus der ersichtlich war, dass sie am 10. 12. 02 geschieden wurden. Die Frage, ob sie dauernd getrennt lebten und ob sie Zusammenveranlagung beantragen, strichen sie durch. Das FA führte die Zusammenveranlagung durch (§ 26 Abs. 3 EStG). Erst nach Erlass des ESt-Bescheids 02 wird bekannt, dass beide seit November 01 getrennt leben. Prüfen Sie, ob das FA die Zusammenveranlagung von A und B aufheben und beide einzeln veranlagen kann.

Lösung:

Die Aufhebung der Zusammenveranlagung und Einzelveranlagung könnte gem. § 173 Abs. 1 Nr. 1 AO erfolgen. Dessen Voraussetzungen sind auch gegeben: Nachträglich bekannt gewordene Tatsache ist das dauernde Getrenntleben seit November 01. Eine Korrektur gem. § 173 Abs. 1 Nr. 1 AO könnte allerdings gem. § 242 BGB nach Treu und Glauben ausgeschlossen sein; siehe dazu ausführlich AEAO zu § 173 Nr. 4. Für einen Ausschluss spricht, dass die Tatsache dem FA bei sorgfältiger Ermittlung hätte bekannt sein müssen. Dem Scheidungstermin geht i. d. R. ein Trennungsjahr voraus (§ 1565 Abs. 2 BGB). Dagegen lässt sich ins Feld führen, dass die Eheleute ihre Mitwirkungspflicht verletzten, weil sie die Erklärung nicht vollständig ausfüllten. Ist sowohl ein Ermittlungsfehler des FA als auch eine Mitwirkungspflichtverletzung des Stpfl. gegeben, greift § 242 BGB grds. nicht (AEAO zu § 173 Nr. 4.1.1). Da hier der Fehler von A und B jedoch offensichtlich ist, überwiegt der Verstoß des FA m. E. deutlich. Eine Korrektur ist daher nicht möglich. Eine andere Auffassung ist bei entsprechender Begründung jedoch vertretbar.

5.6 Korrektur bei widerstreitenden Steuerfestsetzungen, § 174 AO

In Fällen, in denen aus einem Sachverhalt in verschiedenen Steuerbescheiden Schlussfolgerungen gezogen werden, die einander denknotwendig ausschließen (= Widerstreit) ist zu prüfen, ob § 174 AO Anwendung findet. Die Norm enthält je Absatz eine Korrekturvorschrift und war

58 Vgl. Beispiel 25, S. 36.
59 Vgl. Beispiel 22, S. 33.
60 Vgl. Beispiel 23, S. 35, und Beispiel 26, S. 37.

bislang kaum prüfungsrelevant. Beachten Sie die Sonderregelungen zur Festsetzungsfrist § 174 Abs. 1 Satz 2 und Satz 3, Abs. 3 Satz 2, Abs. 4 Satz 3 und Satz 4 AO).

Prüfungsschemata zu § 174 AO

Mehrfachberücksichtigung zuungunsten von Stpfl., § 174 Abs. 1 AO

1. Voraussetzungen

a) Ein bestimmter Sachverhalt
b) wird in mehreren Bescheiden berücksichtigt,
c) zuungunsten eines oder mehrerer Stpfl.,
d) materiell-rechtlich ist nur eine einmalige Berücksichtigung zulässig (= Widerstreit);
e) Antrag.

2. Rechtsfolge

Aufhebung oder Änderung des fehlerhaften Bescheids.

Vgl. AEAO zu § 174 Nr. 2 und Nr. 4.

Mehrfachberücksichtigung zugunsten von Stpfl., § 174 Abs. 2 AO

1. Voraussetzungen

a) Ein bestimmter Sachverhalt
b) wird in mehreren Bescheiden berücksichtigt,
c) zugunsten eines oder mehrerer Stpfl.,
d) in materiell-rechtlich unvereinbarer Weise (= Widerstreit);
e) überwiegende Verursachung des Fehlers durch den Stpfl. (§ 174 Abs. 2 Satz 2 AO).

2. Rechtsfolge

Aufhebung oder Änderung des fehlerhaften Bescheids.

Vgl. AEAO zu § 174 Nr. 3 und Nr. 4.

Nichtberücksichtigung im Hinblick auf einen anderen Bescheid, § 174 Abs. 3 AO

1. Voraussetzungen

a) Ein bestimmter Sachverhalt
b) wird in einem Bescheid nicht berücksichtigt,
c) in der unrichtigen Annahme des FA (der Sachverhalt sei für eine andere Steuer, ein anderes Jahr oder einen anderen Stpfl. erheblich);
d) die Annahme war für den Stpfl. erkennbar (aus dem Bescheid oder den Umständen).

2. Rechtsfolge

Korrektur bzgl. des nicht berücksichtigten Sachverhalts.

Vgl. AEAO zu § 174 Nr. 6.

Änderung nach erfolgreichem Antrag, § 174 Abs. 4 und Abs. 5 AO

1. Voraussetzungen

a) Unrichtige Steuerfestsetzung
b) aufgrund irriger Bewertung eines bestimmten Sachverhalts;
c) Aufhebung oder Änderung der unrichtigen Steuerfestsetzung zugunsten des Stpfl. aufgrund dessen Rechtsbehelf (z. B. Einspruch) oder Antrag (z. B. § 164 Abs. 2 AO).

2. Rechtsfolge

Bei demselben Stpfl. kann das FA aus dem Sachverhalt die richtigen steuerlichen Folgen ziehen (Erlass oder Änderung). Gegenüber einem Dritten greift § 174 Abs. 4 AO nur, wenn dieser am Korrekturverfahren beteiligt war (§ 174 Abs. 5 AO).

Vgl. AEAO zu § 174 Nr. 7–9.

Beispiel 23

L stirbt. Als Erbe wird sein Neffe N ermittelt, der die Erbschaft (fünf Mietshäuser) antritt. N wird durch Bescheid zur ErbSt herangezogen und zahlt. 15 Jahre später wird ein – dem N von Anfang an bekanntes – Testament des L gefunden. Danach ist E Alleinerbe. N muss den Nachlass an E herausgeben. Das FA erlässt E gegenüber einen ErbSt-Bescheid (vgl. § 170 Abs. 5 Nr. 1 AO!). N wendet sich kurz darauf an das FA und verlangt die (vor 15 Jahren) gezahlte ErbSt zurück. Prüfen Sie, ob der Antrag des N erfolgreich ist.

Lösung:

Der Antrag ist erfolgreich, wenn N einen Erstattungsanspruch gem. § 37 Abs. 2 AO hat. N war nicht Erbe und daher nicht ErbSt-Schuldner. Er hat die ErbSt also (materiell-rechtlich) „ohne Rechtsgrund" gezahlt (vgl. AEAO zu § 37 Nr. 2 Abs. 1). Da diese ihm gegenüber jedoch festgesetzt wurde, kann der Erstattungsanspruch nur durchgesetzt werden, wenn der ErbSt-Bescheid aufgehoben wird (vgl. AEAO zu § 37 Nr. 2 Abs. 2). Dies kann hier nicht gem. § 173 Abs. 1 Nr. 2 AO erfolgen, da N wusste, dass er nicht Erbe ist. Er hat also vorsätzlich und damit grob schuldhaft gehandelt.

Der ErbSt-Bescheid kann auch nicht gem. § 172 Abs. 1 Satz 1 Nr. 2 Buchst. c AO aufgehoben werden, da diese Vorschrift den Getäuschten, also das FA, schützen will. Sie will nicht den Täuschenden privilegieren. Insoweit wird das FA die Vorschrift nach pflichtgemäßem Ermessen nicht anwenden.

Der Bescheid ist jedoch gem. § 174 Abs. 1 AO aufzuheben: Der Anfall der Erbschaft (ein bestimmter Sachverhalt) ist bei E und bei L berücksichtigt worden (also in mehreren Bescheiden zuungunsten mehrerer Stpfl.). Da denknotwendig nur eine Person Alleinerbe sein kann, ist auch ein Widerstreit gegeben. Das Rückzahlungsverlangen des N ist als Antrag auszulegen. Die Aufhebung ist auch nicht gem. § 169 Abs. 1 Satz 1 AO ausgeschlossen; siehe § 174 Abs. 1 Satz 2 und Satz 3 AO in Verbindung mit dem Erlass des ErbSt-Bescheids gegenüber dem E (§ 170 Abs. 5 Nr. 1 AO). Nach alledem wird die ErbSt an den N zurückgezahlt.

5.7 Korrektur von Folgebescheiden, § 175 Abs. 1 Nr. 1 AO

Wird ein Grundlagenbescheid erlassen, aufgehoben oder geändert, muss der Folgebescheid insoweit angepasst werden. Bezüglich der Verjährung siehe § 171 Abs. 10 AO. Erarbeiten Sie sich AEAO zu § 175 Nr. 1.

Prüfungsschema zu § 175 Abs. 1 Nr. 1 AO

1. Voraussetzungen

a) Grundlagenbescheid gem. § 171 Abs. 10 AO (z. B. Feststellungsbescheide, amtsärztliche Bescheinigungen zu § 33b EStG etc.);

b) Erlass, Aufhebung oder Änderung dieses Bescheids.

2. Rechtsfolge

Der Folgebescheid ist umfassend dem Grundlagenbescheid anzupassen: Es sind hinsichtlich des Folgebescheids alle Rechtsfolgerungen aus dem Regelungsbereich des Grundlagenbescheids (positiv wie negativ!) zu ziehen. Auch „Anpassungsfehler" sind solange gem. § 175 Abs. 1 Nr. 1 AO zu korrigieren, bis der Folgebescheid dem Grundlagenbescheid entspricht.

Beispiel 24

Der Stpfl. S hat im Jahre 03 seine ESt-Erklärung 01 abgegeben. Das FA setzt die ESt 01 am 20. 9. 07 (Aufgabe des Bescheids zur Post) auf 33.000 € gem. § 164 Abs. 1 AO fest. Bei einer internen Geschäftsprüfung im August 08 wird festgestellt, dass der Bearbeiter des FA eine in der ESt-Akte befindliche Ausfertigung des Feststellungsbescheid (vom 7. 7. 06) übersehen hat, in dem S ein KG-Gewinnanteil zugerechnet wird, der die ESt 01 um 2.000 € erhöht. Prüfen Sie, ob die ESt 01 um 2.000 € erhöht werden darf.

Lösung:

Der ESt-Bescheid 01 wird gem. § 164 Abs. 2 AO korrigiert, solange der Vorbehalt wirksam ist. Gemäß § 164 Abs. 4 AO entfällt der Vorbehalt, wenn die vierjährige (§ 169 Abs. 2 Nr. 2 AO) Festsetzungsfrist abläuft. Diese beginnt gem. § 170 Abs. 2 Nr. 1 AO mit Ablauf des Kj., in dem S die ESt-Erklärung 01 (gem. § 25 Abs. 3 EStG) eingereicht hat, also mit Ablauf 03 und endet mit Ablauf 07. Mit Ablauf 07 ist daher der Vorbehalt entfallen. § 164 Abs. 2 AO greift im August 08 nicht (mehr).

Eine Korrektur erfolgt deshalb grds. gem. § 175 Abs. 1 Nr. 1 AO, weil sich der Feststellungsbescheid als Grundlagenbescheid i. H. von 2.000 € auf die ESt 01 auswirkt. Die Änderung könnte jedoch nach § 169 Abs. 1 Satz 1 AO ausgeschlossen sein. Die reguläre Frist endet mit Ablauf 07 (s. o.). Die zweijährige Ablaufhemmung des § 171 Abs. 10 AO beginnt gem. § 122 Abs. 2 Nr. 1 AO mit Ablauf des 10. 7. 06 und endet mit Ablauf des 10. 7. 08. Eine Korrektur gem. § 175 Abs. 1 Nr. 1 AO ist danach nicht zulässig.

Der ESt-Bescheid 01 könnte gem. § 129 AO berichtigt werden. Der Bearbeiter hat die Ausfertigung des Feststellungsbescheids „übersehen". Dies stellt einen mechanischen, unbewussten Fehler dar, der einem Schreib- oder Rechenfehler ähnlich ist (vgl. AEAO zu § 129 Nr. 1 letzter Satz). Diese Unrichtigkeit ist auch offenbar und dem FA beim Erlass des Bescheids unterlaufen. Nach pflichtgemäßem Ermessen ist der ESt-Bescheid 01 daher gem. § 129 Satz 1 AO zu berichtigen, wenn nicht bereits schon Festsetzungsverjährung eingetreten ist (§ 169 Abs. 1 Satz 1 und Satz 2 AO). Die reguläre Festsetzungsfrist endet mit Ablauf 07 (s. o.). Die Jahresfrist des § 171 Abs. 2 AO beginnt gem. § 122 Abs. 2 Nr. 1 AO mit Ablauf des 23. 9. 07 und endet mit Ablauf des 23. 9. 08. Die ESt 01 kann also im August 08 gem. § 129 Satz 1 AO um 2.000 € erhöht werden.

5.8 Korrektur wegen rückwirkender Ereignisse, § 175 Abs. 1 Nr. 2 AO

Prüfungsschema zu § 175 Abs. 1 Nr. 2 AO

1. Voraussetzungen

a) **Ereignis** = jeder (sachverhaltsbezogene) Umstand der einen steuergesetzlichen Tatbestand beeinflussen kann (weite Auslegung).

b) **Rückwirkung:** Das Ereignis muss nach Erlass des Bescheids eingetreten sein (anderenfalls Prüfung von § 173 AO). Der Bescheid muss ursprünglich grds. rechtmäßig gewesen sein. Das Ereignis muss nachträglich steuerliche Wirkungen auf den Bescheid entfalten, ihn also nachträglich rechtswidrig machen. Ausdrücklich ist die Rückwirkung z. B. in § 61 Abs. 3 AO und § 29 ErbStG geregelt. Ansonsten ergibt sich die Rückwirkung i. d. R. aus der Anwendung der Einzelsteuergesetze oder anderer Gesetze. Vgl. auch § 175 Abs. 2 AO.

2. Rechtsfolge

Korrektur des Steuerbescheids, soweit die steuerliche (Rück-)Wirkung des Ereignisses reicht.

Hinsichtlich der Festsetzungsverjährung vgl. § 175 Abs. 1 Satz 2 AO.

Siehe AEAO zu § 175 Nr. 2 (insbesondere die zahlreichen Beispiele in Nr. 2.4). § 175 Abs. 1 Nr. 2 AO war **bislang nur selten zu untersuchen.**

Beispiel 25

BEISPIEL 25

Der bilanzierende 71-jährige Z veräußert im Kj. 01 sein Einzelunternehmen für 500.000 € an E. Der Kaufpreis ist ab 01 in Jahresraten à 100.000 € zu zahlen. Den Veräußerungsgewinn versteuert Z im Kj. 01 nach Abzug des Freibetrags mit dem ermäßigten Steuersatz. Der insoweit ergangene ESt-Bescheid 01 vom 3. 3. 03 ist endgültig. Z erhält die Rate des Jahres 05 jedoch nicht, weil E ab Anfang 05 zahlungsunfähig ist. Prüfen Sie, ob der ESt-Bescheid 01 korrigiert werden kann.

Lösung:

Eine Korrektur gem. § 173 Abs. 1 Nr. 2 AO kommt nicht in Betracht, da der Forderungsausfall bei Erlass des ESt-Bescheids 01 nicht vorhanden war. Es ist also keine „nachträglich bekannt" gewordene Tatsache gegeben. Der Bescheid ist jedoch nach § 175 Abs. 1 Nr. 2 AO zu ändern (vgl. AEAO zu § 175 Nr. 2.4; zu § 16 Abs. 1 Satz 1 Nr. 1 EStG): Der Forderungsausfall ist ein Ereignis im Sinne dieser Vorschrift. Dessen Rückwirkung wird wie folgt begründet: Das Veräußerungsgeschäft (§ 16 und § 34 EStG) ist ein einmaliges (punktuelles) Ereignis. Anders als beim laufenden Gewinn kann der Forderungsausfall nicht später (im Kj. 05) in der Bilanz ausgeglichen werden. Allein die Berücksichtigung im Kj. 01 führt zu einem materiell-rechtlich zutreffenden Ergebnis. Aus diesem Grund stellt der Forderungsausfall (wie grds. alle nachträglich eintretenden Umstände, die sich auf die Höhe des Veräußerungserlöses auswirken) ein rückwirkendes Ereignis gem. § 175 Abs. 1 Nr. 2 AO dar.

5.9 Mitberichtigung von materiellen Fehlern, § 177 AO

§ 177 AO ist nie allein anwendbar. Mit dieser Vorschrift können nur andere (zuvor bejahte) Korrekturvorschriften teilweise oder ganz kompensiert werden, also deren Auswirkungen teilweise oder ganz aufgehoben werden, indem nach Maßgabe des § 177 AO gegengerechnet wird.

Prüfungsschema zu § 177 AO	
§ 177 Abs. 1 AO = Berichtigung **zugunsten** des Stpfl.	**§ 177 Abs. 2 AO** = Berichtigung **zuungunsten** des Stpfl.
1. Voraussetzungen **a)** Materieller Fehler = jeder Fehler, der zu einer abweichenden Steuer führt (vgl. § 177 Abs. 3 AO) und nicht durch eine andere Vorschrift korrigiert werden kann.	
b) Eingreifen einer anderen Korrekturvorschrift zuungunsten des Stpfl.	**b)** Eingreifen einer anderen Korrekturvorschrift zugunsten des Stpfl.
2. Rechtsfolge Berichtigung des materiellen Fehlers nur im Änderungsrahmen, d. h. soweit andere Korrekturvorschriften (gegenläufig) eingreifen.	

Hinweise zur Anwendung:

- § 177 AO ist immer als letzte Korrekturvorschrift zu prüfen.
- Liegen mehrere materielle Fehler vor, sind diese zunächst zu saldieren. Der Saldo entscheidet darüber, ob § 177 Abs. 1 oder Abs. 2 AO anwendbar ist bzw. ob eine Korrektur überhaupt möglich ist.
- Zur Berechnung des Änderungsrahmens (s. o. 2.) sind bei § 177 Abs. 1 AO alle selbständigen Korrekturvorschriften zuungunsten des Stpfl. zu addieren, bei § 177 Abs. 2 AO alle, die zugunsten des Stpfl. eingreifen.
- Nach h. M. findet § 177 AO keine Anwendung im Zusammenhang mit § 129 AO. Danach können materielle Fehler im Rahmen des pflichtgemäßen Ermessens berücksichtigt werden (nach AEAO zu § 129 Nr. 2 unter sinngemäßer Anwendung des § 177 AO).

Beispiel 26

Unternehmer U hat trotz mehrfacher Aufforderungen des FA weder USt-Voranmeldungen noch die USt-Jahreserklärung abgegeben. Das FA schätzt daraufhin die steuerpflichtige Umsätze auf 300.000 € und die Vorsteuer auf 0 € und setzt die USt endgültig auf 57.000 € (19 %) fest. Nach Ablauf der Einspruchsfrist gibt der U die Erklärung ab. Danach erzielte er 400.000 € steuerpflichtige Umsätze, die Vorsteuer betrug 40.000 € (USt also 76.000 € - 40.000 € = 36.000 €). Prüfen Sie, ob und ggf. inwieweit die USt-Festsetzung korrigiert werden muss.

Lösung:

Durch Abgabe der USt-Erklärung sind dem FA steuerpflichtige Umsätze i. H. von 100.000 € nachträglich bekannt geworden. Die USt ist also gem. § 173 Abs. 1 Nr. 1 AO um 19.000 € zu erhöhen.

Die gleichzeitig nachträglich bekannt gewordenen Vorsteuern i. H. von 40.000 € könnten gem. § 173 Abs. 1 Nr. 2 AO zu berücksichtigen sein. Allerdings ist dem U grobes Verschulden (Vorsatz oder grobe Fahrlässigkeit) vorzuwerfen, weil er trotz Aufforderung keine Steuererklärung abgegeben hat (vgl. AEAO zu § 173 Nr. 5.1.2). Die Vorsteuern können also nur dann nach Maßgabe des § 173 Abs. 1 Nr. 2 Satz 2 AO berücksichtigt werden, soweit sie in einem sachlichen Zusammenhang mit Tatsachen i. S. des § 173 Abs. 1 Nr. 1 AO stehen. Danach darf nur die Vorsteuer angesetzt werden, die mit den Umsätzen des U i. H. von 100.000 € in Zusammenhang steht. Da dies nicht ermittelt werden kann, können die nachträglich bekannt gewordenen Vorsteuerbeträge (40.000 €) im Schätzungsweg entsprechend dem Verhältnis der nachträglich erklärten steuerpflichtige Umsätze (hier: 400.000 €) und der vom FA ursprünglich berücksichtigten steuerpflichtige Umsätze (hier: 300.000 €) berücksichtigt werden. Wenn also 400.000 € Umsätze im Zusammenhang mit 40.000 € Vorsteuerbeträgen stehen, dann stehen 100.000 € Umsätze (Tatsache i. S. des § 173 Abs. 1 Nr. 1 AO) im Zusammenhang mit 10.000 € Vorsteuerbeträgen. Nach § 173 Abs. 1 Nr. 2 AO sind also Vorsteuerbeträge i. H. von 10.000 € anzusetzen.

Die restlichen Vorsteuerbeträge i. H. von 30.000 € stellen materielle Fehler i. S. des § 177 Abs. 3 AO dar. Nach § 177 Abs. 1 AO sind diese den Änderungen zulasten des U (hier gem. § 173 Abs. 1 Nr. 1 AO) gegenzurechnen, „soweit die Änderung reicht" (hier also im Umfang von 19.000 €). D. h., dass § 177 Abs. 1 AO hier die Korrektur nach § 173 Abs. 1 Nr. 1 AO in vollem Umfang kompensiert. Die verbleibenden 11.000 € Vorsteuer (30.000 € - 19.000 €) können nicht berücksichtigt werden.

Im Ergebnis ist die USt also um 10.000 € zu mindern (§ 173 Abs. 1 Nr. 1 AO: + 19.000 €, § 177 Abs. 1 AO: - 19.000 €, § 173 Abs. 1 Nr. 2 AO: - 10.000 €).

Zur Korrektur von USt-Bescheiden gem. § 173 AO siehe AEAO zu § 173 Nr. 6.3.

5.10 Rücknahme und Widerruf sonstiger VA, § 130 und § 131 AO

Mit den **bislang kaum prüfungsrelevanten** § 130 und § 131 AO können nur VA korrigiert werden, die keine Steuerbescheide sind und diesen auch nicht gleichgestellt sind (z. B. Haftungsbescheid, Pfändung, Festsetzung von Verspätungszuschlag).

Übersicht: Korrektur sonstiger VA gem. § 130 und § 131 AO			
VA bei Bekanntgabe rechtswidrig: § 130 AO		VA bei Bekanntgabe rechtmäßig: § 131 AO	
VA belastend:	VA begünstigend:	VA belastend:	VA begünstigend:
§ 130 Abs. 1 AO	§ 130 Abs. 2 AO	§ 131 Abs. 1 AO	§ 131 Abs. 2 AO

Rechtsfolge: Rücknahme und Widerruf (ggf. teilweise) erfolgen nur aufgrund pflichtgemäßen Ermessens, § 5 AO. Dabei ist es i. d. R. ermessensfehlerfrei, die Rücknahme zu versagen, wenn es dem Stpfl. zumutbar war, gegen den VA Einspruch einzulegen. Würde immer korrigiert, würden sonstige VA nie bestandskräftig.

Zur Korrektur von Haftungsbescheiden gem. § 130 und § 131 AO siehe Kap. VI.2.10.[61]

6. Zusammenfassung

Bei der Prüfung von Korrekturvorschriften ist auf Folgendes zu achten:

- Erkennen Sie, dass Korrekturvorschriften überhaupt zu untersuchen sind und nicht ggf. ein Einspruch vorliegt oder noch eingelegt werden kann (Kap. IV.4.1).
- Beachten Sie die allgemeinen Hinweise zum Aufbau der Klausurlösung (Kap. IV.4.).
- Ermitteln Sie insbesondere alle Korrekturvorschriften, die ernsthaft in Betracht kommen (Kap. IV.4.4).
- Prüfen Sie die Voraussetzungen der ernsthaft in Betracht kommenden Vorschriften nach Maßgabe der in Kap. IV.5. dargestellten Prüfungsschemata.

61 Seite 60.

V. Typische allgemeine AO-Probleme in der Fallbearbeitung

Untersucht man die Korrektur fehlerhafter (= rechtswidriger) Steuerbescheide im Einspruchsverfahren (siehe oben Kap. III.) oder aufgrund von Korrekturvorschriften (siehe oben Kap. IV.) sind oft weitere (allgemeine) AO-Probleme zu erörtern. Dabei handelt es sich insbesondere um Fragen der Wirksamkeit von Bescheiden, des Verhältnisses zwischen Feststellungsbescheid und Steuerbescheid und der (Berechnung der) Festsetzungsverjährung. In den letzten zehn Jahren entfielen auf solche Themen ca. 29 % aller in AO zu erzielenden Punkte. Sie waren in sieben der letzten zehn AO-Klausuren zu untersuchen.

1. Wirksamkeit von Bescheiden

Prüfungsschema: Wirksamkeit eines VA (Bescheids)
Ein VA (= jeder Bescheid) ist wirksam, wenn er 1. ordnungsgemäß bekannt gegeben worden ist (§ 124 Abs. 1 Satz 1 und § 122 AO) und 2. nicht nichtig (§ 124 Abs. 3 i.V. mit § 125 AO) ist.

Ein **unwirksamer VA** entfaltet **keine Rechtswirkung.** Er ist ein „Nichtakt", d. h. rechtlich ein Nullum. Ist ein Bescheid aufgrund eines Bekanntgabefehlers oder eines besonders schwerwiegenden Fehlers i. S. des § 125 AO unwirksam, wird das FA den Bescheid (unter Vermeidung des Fehlers) erneut erlassen. Dies ist möglich, soweit nicht die Festsetzungsfrist zwischenzeitlich abgelaufen ist (siehe unten Kap.V.3.).

1.1 Bekanntgabe, § 124 Abs. 1 und § 122 AO

Die Bekanntgabe ist im AEAO zu § 122 ausführlich kommentiert. Erarbeiten Sie sich insbesondere AEAO zu § 122 Nr. 1, 2.1–2.5, 2.8, 3 (förmliche Zustellung) und 4.

Prüfungsschema: Ordnungsgemäße Bekanntgabe
Definition: Eine ordnungsgemäße Bekanntgabe liegt vor, wenn der VA, gesteuert von dem Willen der Behörde, dem richtigen Adressaten zugeht. **Voraussetzungen** **1. Bekanntgabewille des FA:** Die Bekanntgabe muss durch den Willen der Behörde gesteuert werden. Maßgeblich ist der Wille einer Person nach § 79 Abs. 1 Nr. 4 AO. „Beauftragte" i. S. dieser Vorschrift sind alle Bediensteten, die grds. Zeichnungsrecht haben. Der Bekanntgabewille kann nach Maßgabe des AEAO zu § 124 Nr. 5 und Nr. 6 wieder aufgegeben werden. **2. Zugang des VA:** Ein (schriftlicher) VA ist zugegangen, wenn er derart in den Machtbereich (Briefkasten, Postfach, unmittelbare Übergabe) des Empfängers gelangt, dass von diesem die Kenntnisnahme erwartet werden kann. § 122 Abs. 2 Nr. 1 AO regelt den Zeitpunkt der Bekanntgabe (wichtig für § 355 AO). Bestehen Zweifel, ob der VA überhaupt zugegangen (und damit wirksam) ist oder wann er zugegangen ist, gilt § 122 Abs. 2 letzter Halbs. AO. **3. Richtiger Adressat:** Richtiger Adressat ist derjenige, für den der VA gem. § 122 Abs. 1 Satz 1 AO bestimmt ist. Dies ist bei Steuerbescheiden der Steuerschuldner. Insoweit ist zu differenzieren, a) an wen sich der VA richtet (Inhaltsadressat), b) wem er bekannt gegeben werden soll (Bekanntgabeadressat, vgl. §§ 79, 34 AO) und c) welcher Person er zu übermitteln ist (= wem er zugehen muss = Empfänger, vgl. § 122 Abs. 1 Satz 3 AO). Vgl. dazu ausführlich AEAO zu § 122 Nr. 1.1–1.8.

Prüfungsrelevant ist die **Heilung von Bekanntgabemängeln** (insbesondere die Bekanntgabe des Bescheids an den Stpfl. selbst trotz Bekanntgabevollmacht des Steuerberaters, § 122 Abs. 1 Satz 3 AO; AEAO zu § 122 Nr. 4.4.4, 1.7.2 und 1.7.3).

1.2 Nichtigkeit, § 124 Abs. 3 i.V. mit § 125 AO

§ 125 Abs. 1 AO regelt die Nichtigkeit eines VA durch eine Generalklausel, die durch den Katalog der Nichtigkeitsgründe des Abs. 2 und der nicht zur Nichtigkeit führenden Fehler des Abs. 3 ergänzt wird.

Nach § 125 Abs. 1 AO führt **nur ein besonders schwerwiegender Fehler,** der **offenkundig** ist, zur Nichtigkeit des VA. Ein „besonders schwerwiegender Fehler" ist zu bejahen, wenn eine unerträgliche Rechtsverletzung vorliegt und der VA mit der rechtsstaatlichen Ordnung schlechthin unvereinbar ist. Dies ist der Fall, wenn der VA inhaltlich nicht hinreichend bestimmt ist (§ 119 Abs. 1 AO, vgl. AEAO zu § 122 Nr. 4.1, prüfungsrelevant). Die Rechtsprechung ist ansonsten bei der Annahme einer Nichtigkeit (zu Recht) sehr zurückhaltend. Gehen Sie deshalb bei der Klausurlösung im Zweifel davon aus, dass kein besonders schwerwiegender Fehler gegeben ist und der fehlerhafte (= rechtswidrige) Bescheid mit seiner Bekanntgabe wirksam geworden ist.

1.3 Behandlung in der Klausur

In der Klausur zur Steuerberaterprüfung wird grds. nicht unmittelbar nach der Wirksamkeit eines VA gefragt. Vielmehr ist die Bekanntgabe bzw. Nichtigkeit von VA i. d. R. im Rahmen einer Einspruchsbearbeitung zu untersuchen.

Eine Korrektur nichtiger Bescheide ist nicht möglich, da die Korrekturvorschriften nur auf wirksame VA Anwendung finden.[62]

Beispiel 27

Der verwitwete Architekt A starb am 3. 3. 03. Der an ihn adressierte ESt-Bescheid 01 vom 2. 3. 03 wurde am 4. 3. 03 in seinen Briefkasten geworfen. Sohn S (Alleinerbe) erfuhr am 5. 5. 04 von seinem Steuerberater, dass die ESt 01 gegenüber A um 5.000 € zu hoch festgesetzt wurde.

Prüfen Sie, ob und mit welchem Erfolg S einen Rechtsbehelf gegen den ESt-Bescheid 01 einlegen kann.

Lösung:

S könnte gegen den ESt-Bescheid 01 Einspruch einlegen. Der Einspruch ist erfolgreich, wenn er zulässig und begründet ist.

I. Zulässigkeit:

1. Statthaftigkeit: Ein Einspruch ist gem. § 347 Abs. 1 Nr. 1 AO nur gegen einen VA statthaft. Der ESt-Bescheid 01 ist jedoch unwirksam, da A zum Bekanntgabezeitpunkt nicht mehr lebte. Dies kann mit § 124 Abs. 1 AO und/oder § 125 Abs. 1 AO begründet werden: Die Bekanntgabe eines Bescheids an eine (zum Zeitpunkt des tatsächlichen Zugangs) nicht mehr existierende Person ist nicht möglich und stellt einen besonders schwerwiegenden Fehler dar.

Obwohl der ESt-Bescheid unwirksam ist, ist ein Einspruch gegen einen solchen „Nichtakt" nach einhelliger Auffassung statthaft (vgl. AEAO zu § 347 Nr. 1). Begründung: Der unwirksame ESt-Bescheid entfaltet hier den Rechtsschein, dass er wirksam sei. Außerdem ist der Stpfl. allein durch den Antrag gem. § 125 Abs. 5 AO nicht ausreichend geschützt.

2. Beschwer: Auch die Beschwer (§ 350 AO) ist zweifelhaft, da ein unwirksamer VA keine Rechtswirkungen entfaltet. Allerdings wird auch hier die Zulässigkeit bejaht: Die (faktische) Beschwer besteht hier in dem Rechtsschein, dass ein wirksamer VA vorliegt. Der Bescheid richtet sich zwar allein an den A. S ist hier jedoch als dessen Gesamtrechtsnachfolger (§ 45 AO und § 1922 Abs. 1 BGB) betroffen und beschwert.

3. Einspruchsfrist: Der Einspruch ist nur zulässig, wenn die Einspruchsfrist des § 355 AO noch nicht abgelaufen ist. Danach ist der Einspruch innerhalb eines Monats „nach der Bekanntgabe des VA" einzulegen. Da der ESt-Bescheid 01 unwirksam ist, ist rechtlich ein „Nichtakt" und gerade kein VA bekannt gegeben worden. Das Recht, Einspruch einzulegen, unterliegt daher nicht der Frist des § 355 AO. S kann also am 5. 5. 04 (oder später) unter Beachtung des § 357 AO Einspruch einlegen.

II. Begründetheit: Der Einspruch ist auch begründet, da der Bescheid unwirksam ist. Das FA muss den „Bescheid" (durch einen Abhilfebescheid gem. § 367 Abs. 2 Satz 3 AO) aufheben oder für nichtig erklären. In einem neu zu erlassenden ESt-Bescheid (zu dessen Bekanntgabe an den Erben vgl. AEAO zu § 122 Nr. 2.12.2 erstes Beispiel) muss die ESt 01 um 5.000 € niedriger festgesetzt werden. Erfolgt dies nicht, kann S gegen den neuen Bescheid Einspruch einlegen.

---

62 Siehe Kap. IV.2, S. 27.

Beispiel 28

Der Stpfl. X zog Ende Februar von A-Stadt, A-Straße 2, nach B-Stadt, B-Straße 3, um. Er erteilte dem Postdienstleister einen Nachsendeauftrag ab 1. 3.

1. Am Mittwoch, den 18. 3. übergab ihm sein ehemaliger Vermieter einen Brief (Inhalt: ESt-Bescheid vom 4. 3.), den er am 15. 3. im früheren Briefkasten des X in der A-Straße 2 gefunden hatte.

2. Den Brief mit ESt-Bescheid vom 4. 3. erhielt X durch die Post am 18. 3. Auf dem Umschlag war vermerkt: „Zustellversuch A-Stadt, A-Straße 2, am 7. 3., aber verzogen – Nachsendung". Darunter stand „Zustellung B-Stadt, B-Straße 3, am 18. 3.".

Der Einspruch des X geht am Montag, den 20. 4. beim FA ein. Prüfen Sie, ob X rechtzeitig Einspruch eingelegt hat.

Lösung:

Der Einspruch ist gem. § 355 Abs. 1 Satz 1 AO innerhalb eines Monats nach Bekanntgabe des VA einzulegen. Die Frist beginnt nur dann, wenn eine wirksame Bekanntgabe vorliegt.

1. Die Bekanntgabe (Zugang) schlug fehl, da der Briefkasten in der A-Straße 2 nach dem Umzug nicht mehr zum „Machtbereich" des X gehörte. Dieser Mangel wurde aber (gem. § 8 Verwaltungszustellungsgesetz analog) dadurch geheilt, dass der Vermieter den Brief mit dem Bescheid dem X am 18. 3. übergab (vgl. AEAO zu § 122 Nr. 4.4.4 und Nr. 1.7.3). Danach beginnt die Frist (entgegen des § 122 Abs. 2 Nr. 1 AO) mit Ablauf des 18. 3. und endet mit Ablauf des 20. 4. (§ 108 Abs. 1 AO i.V. mit § 187 Abs. 1, § 188 Abs. 2 BGB und § 108 Abs. 3 AO).

2. Der Bescheid ist letztlich in den Machtbereich des X (B-Stadt, B-Straße 3) gelangt, so dass eine ordnungsgemäße Bekanntgabe gegeben ist. Nach § 122 Abs. 2 Nr. 1 AO ist Zeitpunkt der Bekanntgabe grds. der dritte Tag nach der Aufgabe zur Post. Da X am 7. 3. keinen Machtbereich mehr in der A-Straße 2 hatte, greift die Zugangsvermutung nicht. Maßgeblich ist vielmehr der (tatsächliche) Zugang „zu einem späteren Zeitpunkt" (siehe § 122 Abs. 2 am Ende AO), hier also der 18. 3. Die Frist endet – wie oben – mit Ablauf des 20. 4.

Der Einspruch ist somit in beiden Fällen rechtzeitig eingelegt worden.

2. Verhältnis Feststellungsbescheide – Steuerbescheide

2.1 Grundlagen

Im AO-Teil der Steuerberaterprüfung geht es nicht selten um die Korrektur von Feststellungsbescheiden (im Einspruchsverfahren oder aufgrund von Korrekturvorschriften) in Verbindung mit der (nachfolgenden) Korrektur der Folgebescheide (ESt-Bescheide). Die nachstehende Übersicht veranschaulicht, dass

- das Feststellungsverfahren und das Festsetzungsverfahren zwei selbständige Verfahren darstellen und
- dass Feststellungsbescheide gem. § 182 Abs. 1 AO Bindungswirkung auf ESt- oder KSt-Bescheide entfalten.

Übersicht: Der Feststellungsbescheid als Grundlage des Folgebescheids	
Fall: *X wohnt in A-Stadt und ist dort leitender Angestellter. Er ist auch Gesellschafter der Y OHG in B-Stadt.*	
Festsetzungsverfahren durch FA A-Stadt: Erforderlich aufgrund von Einkünften aus § 19 u. § 15 Abs. 1 Nr. 2 EStG. **Zuständig: § 19 Abs. 1 AO; FA A-Stadt** **Abgabe der ESt-Erklärung** durch X (§ 25 Abs. 3 EStG). **Ermittlung** der Einkünfte des X aus § 19 EStG (gem. §§ 85 ff. AO) **durch das FA A-Stadt.**	**Feststellungsverfahren durch FA B-Stadt:** Erforderlich aufgrund § 157 Abs. 2, § 179, § 180 Abs. 1 Nr. 2a AO, § 15 Abs. 1 Nr. 2 EStG **Zuständig: § 18 Abs. 1 Nr. 2 AO; FA B-Stadt** **Abgabe der Feststellungserklärung** durch X oder andere Gesellschafter (§ 181 Abs. 2 AO). **Ermittlung** der Einkünfte der Gesellschafter aus der OHG (§ 180 Abs. 1 Nr. 2a, § 181 Abs. 1, §§ 85 ff. AO) **durch das FA B-Stadt.**

Weiter: **Ermittlung** des Gesamtbetrags der Einkünfte etc. u. a. **aufgrund der**		**Feststellung der Besteuerungsgrundlagen** (Höhe des Gesamtgewinns, Art der Einkünfte, Gewinnanteil der Gesellschafter) durch
Mitteilung der Feststellungen, § 182 Abs. 1, § 175 Abs. 1 Nr. 1 bzw. § 164 Abs. 2 AO. Liegt noch keine Gewinnfeststellung vor, kann zunächst geschätzt werden (§ 155 Abs. 2 und § 162 Abs. 5 AO).	← Mitteilung der Feststellungen	**Feststelungsbescheid** (§ 181 Abs. 1, § 155 Abs. 1, § 157 Abs. 2 AO).
Steuerfestsetzung durch ESt-Bescheid. **Bekanntgabe** gegenüber X (§ 124 AO). **Einspruch** möglich: § 347 Abs. 1 Nr. 1 AO. Beachten Sie § 351 Abs. 2 AO.		**Bekanntgabe** des Feststellungsbescheids gegenüber den Feststellungsbeteiligten (OHG-Gesellschafter) gem. § 124 Abs. 1, § 122 und **§ 183 AO** (vereinfacht an den Empfangsbevollmächtigten). **Einspruch** möglich: § 347 Abs. 1 Nr. 1 AO. Beachten Sie § 351 Abs. 2 und § 352 AO.

Fortsetzung des Falls: *Infolge einer Außenprüfung bei der OHG durch das FA B-Stadt erhöht sich der Gewinnanteil des X um 4.000 €.*		
Festsetzungsverfahren durch FA A-Stadt:		**Feststellungsverfahren durch FA B-Stadt:**
Korrektur des ESt-Bescheids durch das FA A-Stadt aufgrund der Mitteilung gem. § 175 Abs. 1 Nr. 1 AO (bzw. § 164 Abs. 2 AO). **Bekanntgabe** des geänderten ESt-Bescheids wie oben.	← Mitteilung der geänderten Feststellungen	**Korrektur des Feststellungsbescheids durch das FA B-Stadt gem. § 164 Abs. 2 bzw. §§ 172 ff. AO.** **Bekanntgabe** des geänderten Feststellungsbescheids wie oben.
Einspruch möglich: § 347 Abs. 1 Nr. 1 AO. Beachten Sie § 351 Abs. 1 und Abs. 2 AO.		**Einspruch** möglich: § 347 Abs. 1 Nr. 1 AO. Beachten Sie § 351 Abs. 1 und Abs. 2 und § 352 AO.

2.2 Behandlung in der Klausur

► **Prüfungsrelevante Feststellungsverfahren**

Eine gesonderte Feststellung erfolgt nur soweit dies gesetzlich bestimmt ist (§ 157 Abs. 2 und § 179 Abs. 1 AO). **Prüfungsrelevant** waren bislang lediglich

- die einheitlich gesonderte Feststellung gem. § 180 Abs. 1 Nr. 2 Buchst. a i.V. mit § 179 Abs. 2 AO (mehrere Stpfl. sind an einer Einkunftsquelle beteiligt, z. B. bei Personengesellschaften) und
- die gesonderte Feststellung gem. § 180 Abs. 1 Nr. 2 Buchst. b AO (ein Stpfl. wohnt in einem anderen Finanzamtsbezirk, § 19 AO, als demjenigen, in dem er seine Tätigkeit ausübt, § 18 Abs. 1 Nr. 1–3 AO).

Beide o. g. Feststellungen werden nicht vorgenommen, wenn „es sich um einen Fall von geringer Bedeutung handelt" (§ 180 Abs. 3 Nr. 2 AO; AEAO zu § 180 Nr. 4).

► **Einspruch gegen Feststellungsbescheide, Korrektur von Feststellungsbescheiden, Korrektur der Folgebescheide**

Feststellungsbescheide sind VA, gegen die der Einspruch statthaft ist (§ 347 Abs. 1 Nr. 1 AO). Zu den Besonderheiten von einheitlich gesonderten Feststellungen und Einsprüchen gegen solche Bescheide siehe Kap. III.6.[63]
Für gesonderte Feststellungen gelten die Vorschriften über die Durchführung der Besteuerung singgemäß (§ 181 Abs. 1 Satz 1 AO). Für Feststellungsbescheide gilt daher grds. alles, was für Steuerbescheide gilt. Diese können also gem. § 181 Abs. 1 Satz 1 i.V. mit § 129, § 164 Abs. 2, § 165 Abs. 2 und §§ 172 ff. AO korrigiert werden. Auch die Vorschriften über die Festsetzungsverjährung sind auf sie anzuwenden.[64]

63 Seite 22. Vgl. auch Beispiel 39, S. 68.
64 Siehe Kap. V.3.3, S. 44.

Die Folgebescheide (ESt- oder KSt-Bescheide) sind den Feststellungen in den Feststellungsbescheiden gem. § 164 Abs. 2 AO oder § 175 Abs. 1 Nr. 1 AO in vollem Umfang anzupassen.[65] Wichtig: Soweit die Feststellungsbefugnis und -pflicht des Feststellungs-FA reicht, darf das Festsetzungs-FA nicht tätig werden, insbesondere keine eigenen Entscheidungen treffen. Es muss die (rechtmäßigen oder rechtswidrigen!) Feststellungen aus dem Feststellungsbescheid übernehmen.

► **Getrennte Prüfung**

Feststellungsverfahren und Festsetzungsverfahren sind **selbständige** Verfahren. Prüfen Sie deshalb **immer einzeln,** ob ein bestimmter Feststellungsbescheid und/oder Steuerbescheid mit einem Einspruch erfolgreich angegriffen werden oder korrigiert werden kann. Wenn sich aus der Aufgabenstellung nichts anderes ergibt, prüfen Sie zunächst den Feststellungsbescheid und danach den Steuerbescheid. Erarbeiten Sie sich im Übrigen AEAO zu §§ 179–183.

Beispiel 29

A war ab Kj. 01 an einer Bauherrengemeinschaft in X-Stadt beteiligt. In seiner ESt-Erklärung 01 machte er deshalb voraussichtliche negative Einkünfte i. H. von 20.000 € geltend. Diese berücksichtigte sein Wohnsitz-FA im endgültigen ESt-Bescheid 01 gem. § 162 Abs. 5 und § 155 Abs. 2 AO in voller Höhe, da es nach Rücksprache mit dem FA X-Stadt davon ausging, die Einkünfte seien einheitlich und gesondert festzustellen. Später lehnte das FA X-Stadt durch Bescheid eine solche Feststellung ab, da die Voraussetzungen des § 180 Abs. 1 Nr. 2a AO nicht vorlagen. Prüfen Sie, ob der ESt-Bescheid 01 geändert werden darf, wenn das Wohnsitz-FA der Auffassung ist, der Verlust des A betrug nur 10.000 €.

Lösung:

Der ESt-Bescheid 01 ist gem. § 175 Abs. 1 Nr. 1 AO zu ändern: Die Ablehnung der einheitlich gesonderten Feststellung stellt einen sog. negativen Feststellungsbescheid dar. Dieser ist ein Grundlagenbescheid, da (allein) er dem Wohnsitz-FA die Möglichkeit eröffnet, den bisherigen Gegenstand des Feststellungsverfahrens selbständig zu beurteilen (vgl. AEAO zu § 175 Nr. 1.3).

3. Festsetzungs- und Feststellungsverjährung

3.1 Grundlagen

Nach Ablauf der Festsetzungsfrist (FF) ist sowohl die erstmalige Steuerfestsetzung als auch ihre Aufhebung oder Änderung nicht mehr erlaubt (§ 169 Abs. 1 Satz 1 AO). Die FF dient dem Rechtsfrieden und der Rechtssicherheit. Die §§ 169–171 AO gelten für alle Steuerfestsetzungen und für alle Bescheide, die Steuerfestsetzungen gleichgestellt sind, insbesondere: Steuervergütungen, Feststellungsbescheide und Steuermessbescheide. Gemäß § 191 Abs. 3 AO gelten sie auch für den (erstmaligen) Erlass von Haftungsbescheiden.

3.2 Fristberechnung

Prüfungsschema zur Fristberechnung
1. Fristdauer Die FF beträgt für die prüfungsrelevanten Steuern grds. **vier Jahre** (§ 169 Abs. 2 Satz 1 Nr. 2 AO), jedoch - **soweit** eine Steuer (gem. § 370 AO) vorsätzlich **hinterzogen** worden ist **zehn Jahre** (§ 169 Abs. 2 Satz 2 erste Alt. AO), - **soweit** sie (gem. § 378 AO) leichtfertig **verkürzt** worden ist **fünf Jahre** (§ 169 Abs. 2 Satz 2 zweite Alt. AO). - Für Zinsen gilt § 239 Abs. 1 Satz 1 AO, für Haftungsbescheide gilt § 191 Abs. 3 Satz 2 AO.
2. Beginn Gemäß § 170 Abs. 1 AO beginnt die FF mit Ablauf des Kj., in dem die Steuer entstanden ist. Dieser Grundsatz wird fast immer durch die Anlaufhemmung des § 170 Abs. 2 Nr. 1 AO (i. V. mit § 149 Abs. 1 Satz 1 und Satz 2 AO) zeitlich verschoben, in selten Fällen auch gem. § 170 Abs. 3–5 AO oder § 175 Abs. 1 Satz 2 AO. Für Haftungsbescheide gilt § 191 Abs. 3 Satz 3 ff. oder Abs. 4 AO.

65 Vgl. Kap. IV.5.7, S. 35 Beispiel 29, S. 43 sowie Beispiel 31, S. 45.

3. Ende

Das Ende der FF berechnet sich gem. § 108 Abs. 1 AO i.V. mit § 187 Abs. 1 und § 188 Abs. 2 BGB. Grundsätzlich endet die Frist mit Ablauf eines Kj. Zu prüfen ist ggf., ob der reguläre Ablauf der FF gehemmt wird, also zeitlich hinausgeschoben wird. Prüfungsrelevant sind insbesondere die folgenden **Ablaufhemmungen:**

- § 171 Abs. 2 (für Korrekturen gem. § 129 AO),
- § 171 Abs. 3 (bei Antrag auf Aufhebung und Änderung, AEAO zu § 171 Nr. 2),
- § 171 Abs. 3a (bei Erhebung eines Einspruchs oder einer Klage, AEAO zu § 171 Nr. 2a),
- § 171 Abs. 4 (bei Außenprüfung gem. §§ 193 ff. AO, sehr prüfungsrelevant, AEAO zu § 171 Nr. 3),
- § 171 Abs. 5 (bei Ermittlungen durch Steuerfahndung, AEAO zu § 171 Nr. 4),
- § 171 Abs. 8 (für Korrekturen nach § 165 AO, AEAO zu § 171 Nr. 5),
- § 171 Abs. 9 (zur Verwertung von Anzeigen),
- § 171 Abs. 10 (für Korrekturen nach § 175 Abs. 1 Nr. 1 AO, AEAO zu § 171 Nr. 6).
- Beachten Sie ggf. auch die § 174 Abs. 1 Satz 2 und Satz 3, Abs. 3 Satz 2, Abs. 4 Satz 3 und Satz 4 AO (für Korrekturen gem. § 174 AO).

4. Ergebnis

Zur Fristwahrung vgl. § 169 Abs. 1 Satz 3 AO, insbesondere dessen Nr. 1. Die FF ist nur dann gewahrt, wenn der (rechtzeitig) zur Post gegebene Bescheid dem Stpfl. auch tatsächlich zugeht (AEAO zu § 169 Nr. 1).

Ist die Frist nicht gewahrt, ist der ergangene Bescheid rechtswidrig (nicht nichtig!) und auf einen Einspruch hin aufzuheben.

3.3 Besonderheiten bei der Feststellungsfrist

Nach § 181 Abs. 1 Satz 1 AO gelten die §§ 169 ff. AO für Feststellungsbescheide entsprechend (sog. Feststellungsverjährung). Für die Berechnung des Fristbeginns greift § 181 Abs. 1 Satz 2 AO.

Eine prüfungsrelevante Besonderheit folgt aus § 181 Abs. 5 AO. Danach können Feststellungsbescheide auch nach Ablauf der Feststellungsfrist erlassen werden, wenn sie gem. § 181 Abs. 5 Satz 2 AO folgenden Hinweis enthalten: „Der Feststellungsbescheid ist nach Ablauf der Feststellungsfrist ergangen. Nach § 181 Abs. 5 AO kann er deshalb nur solchen Steuerfestsetzungen zugrunde gelegt werden, deren Festsetzungsfrist im Zeitpunkt der gesonderten Feststellung noch nicht abgelaufen war."

Beispiel 30

BEISPIEL 30

Die Gesellschafter X und Y sind am Gewinn und Verlust der XY-OHG je zur Hälfte beteiligt.

X gab die Erklärung zur gesonderten und einheitlichen Feststellung für das Kj. 01 im Kj. 02 ab. Seine ESt-Erklärung 01 gab X im Kj. 03 ab. Y gab seine ESt-Erklärung 01 bereits im Kj. 02 ab. Die endgültigen ESt-Bescheide 01 von X und Y wurden im Kj. 03 erlassen.

Das Feststellungs-FA stellte den Gewinn der OHG und entsprechend auch die Gewinnanteile von X und Y (jeweils 10.000 €) mit Bescheid vom 11. 12. 07 (Tag der Bekanntgabe) mit dem Hinweis auf § 181 Abs. 5 AO gesondert und einheitlich fest.

1. Prüfen Sie, ob das Feststellungs-FA den Bescheid vom 11. 12. 07 erlassen durfte.
2. Prüfen Sie, ob die ESt-FÄ die einheitlich und gesondert festgestellten Gewinnanteile a) bei der ESt 01 von X und b) bei der ESt 01 des Y im April 08 noch berücksichtigen dürfen.

Lösung:

1. Der Bescheid vom 11. 12. 07 durfte grds. nicht mehr ergehen, wenn die Feststellungsfrist abgelaufen ist (§ 181 Abs. 1 Satz 1 i.V. mit § 169 Abs. 1 Satz 1 AO). Die vierjährige Frist (§ 169 Abs. 2 Nr. 2 AO) begann mit Ablauf des Kj. 02 (§ 181 Abs. 2 i.V. mit § 170 Abs. 2 Nr. 1 AO) und endete mit Ablauf des Kj. 06. Gemäß § 181 Abs. 5 AO kann eine gesonderte Feststellung allerdings auch nach Ablauf der für sie geltenden Feststellungsfrist insoweit erfolgen, als die gesonderte Feststellung für eine Steuerfestsetzung von Bedeutung ist, für die die Festsetzungsfrist im Zeitpunkt der gesonderten Feststellung noch nicht abgelaufen ist. Im Bescheid muss allerdings gem. § 181 Abs. 5 Satz 2 AO ausdrücklich daraufhingewiesen werden. Dies ist hier der Fall. Fehlt der Hinweis ist der Bescheid insoweit rechtswidrig, aber nicht nichtig.

2.a) Berücksichtigung der 10.000 € bei X: Der Gewinnanteil i. H. von 10.000 € darf bei der ESt 01 des X nur dann berücksichtigt werden, soweit eine Vorschrift die Korrektur des ESt-Bescheids 01 erlaubt und die Festsetzungsfrist noch nicht abgelaufen ist. Als Korrekturvorschrift greift hier § 175 Abs. 1 Nr. 1 AO, da die gesonderte und einheitliche Gewinnfeststellung 01 erlassen worden ist (vgl. § 179 Abs. 1 und Abs. 2,

§ 180 Abs. 1 Nr. 2a, § 18 Abs. 1 Nr. 2 und § 182 Abs. 1 AO). Die Änderung ist jedoch nicht mehr zulässig, wenn die Festsetzungsfrist abgelaufen ist. Die vierjährige Festsetzungsfrist für die ESt 01 begann gem. § 170 Abs. 2 Nr. 1 AO mit Ablauf des Kj. 03 und endete mit Ablauf des Kj. 07. Da der Feststellungsbescheid am 11. 12. 07 bekannt gegeben worden ist, greift die zweijährige Ablaufhemmung des § 171 Abs. 10 AO, so dass die Änderung gem. § 175 Abs. 1 Nr. 1 AO im April 08 möglich ist.

Beachten Sie: Die in § 181 Abs. 5 Satz 1 am Ende AO angeordnete Nichtanwendung des § 171 Abs. 10 AO gilt nur für die Berechnung der Feststellungsfrist, nicht für die Berechnung der Festsetzungsfrist des Folgebescheids.

2.b) Berücksichtigung der 10.000 € bei Y: Bei Y begann die vierjährige Festsetzungsfrist für die ESt 01 gem. § 170 Abs. 2 Nr. 1 AO mit Ablauf des Kj. 02 und endete mit Ablauf des Kj. 06. Da der Feststellungsbescheid am 11. 12. 07, also nach Ablauf der Feststellungsfrist und nach Ablauf der Festsetzungsfrist für die ESt 01 des Y erlassen worden ist und den Hinweis nach § 181 Abs. 5 Satz 2 AO enthält, darf der ESt-Bescheid des Y nicht gem. § 175 Abs. 1 Nr. 1 AO geändert werden.

Fehlt der Hinweis nach § 181 Abs. 5 Satz 2 AO, ist der Feststellungsbescheid nach § 181 Abs. 5 AO rechtswidrig, aber nicht nichtig. Da er am 11. 12. 07 bekannt gegeben worden ist, greift auch hier die zweijährige Ablaufhemmung des § 171 Abs. 10 AO, so dass die ESt auch gegenüber Y gem. § 175 Abs. 1 Nr. 1 AO im April 08 zu ändern ist.

3.4 Behandlung in der Klausur

- Auf die Festsetzungsverjährung ist einzugehen, wenn der zu prüfende Bescheid erst erhebliche Zeit nach Ablauf des Kj. ergeht, in dem die Steuer entstanden ist (Beispiel: Der ESt-Bescheid 01 wird im Kj. 06 oder später erstmals erlassen oder geändert).
- Die Festsetzungsfrist ist i. d. R. im Zusammenhang mit Korrekturvorschriften zu erörtern. In solchen Fällen prüfen Sie zunächst die Korrekturvorschrift(en) und dann die Festsetzungsfrist.[66]
- Für die Formulierung der Fristenberechnung gilt: Fristen beginnen und enden immer „mit Ablauf" eines Zeitpunkts oder Zeitraums (z. B. mit Ablauf des Kj. 14).

Beispiel 31

BEISPIEL 31

An dem Gewinn der X-KG ist der Komplementär P zu 60 %, der Kommanditist W zu 40 % beteiligt. Die KG betreibt ihr Gewerbe in Kassel. Dort wohnen auch P und W.
Ihre ESt-Erklärungen 06 gaben P und W im Kj. 07 ab.
Die Erklärung zur gesonderten und einheitlichen Feststellung des Gewinns aus der KG für 06 ging am 13. 1. 08 beim FA ein. Der Feststellungsbescheid 06 (§ 164 AO) mit einem Gesamtgewinn von 250.000 € und der o. g. Gewinnverteilung ging am 2. 9. 08 zur Post.

Durch die vom 15. 5. bis 13. 6. 12 bei der KG ordnungsgemäß durchgeführte Außenprüfung wurde für 06 ein Gesamtgewinn i. H. von 289.000 € ermittelt. Die Schlussbesprechung fand am 30. 6. 12 statt. Im Prüfungsbericht wurde der Gesamtgewinn i. H. von 289.000 € zunächst zutreffend aufgeführt. Bei der Darstellung des Endergebnisses unterlief dem Prüfer jedoch ein Zahlendreher: Statt 289.000 € wurden 298.000 € angegeben. Von diesem Betrag wurden auf P 178.800 € (= 60 %) und auf W 119.200 € (= 40 %) verteilt.

Der aufgrund dieses Fehlers nach § 164 Abs. 2 AO erlassene geänderte Gewinnfeststellungsbescheid 06 ging am 10. 1. 13 zur Post. Im Bescheid wurde der Vorbehalt ausdrücklich aufgehoben. Weder P noch W legten Einspruch ein.

Die am 1. 12. 08 gegenüber P und am 3. 2. 09 gegenüber W ergangenen endgültigen ESt-Bescheide 06 wurden durch Bescheide jeweils vom 2. 3. 13 entsprechend geändert. In den Änderungsbescheiden wurde die ESt 06 gegenüber P auf 20.000 € und gegenüber W auf 30.000 € geändert.

Mit Schreiben vom 5. 1. 14, eingegangen beim FA Kassel am 7. 1. 14, erhoben P und W Einspruch gegen ihre ESt-Bescheide 06 und gegen den Gewinnfeststellungsbescheid 06 und beantragten die Korrektur aller Bescheide, weil ihnen erst jetzt aufgefallen sei, dass der Gewinn i. H. von 9.000 € durch ein grobes Verschulden des FA (Zahlendreher) zu hoch angesetzt worden sei.

Prüfen Sie in einem Gutachten, ob und ggf. inwieweit die beiden ESt-Bescheide 06 gegenüber P und W vom 02.03.13 im Februar 14 noch korrigiert werden können.

66 Siehe dazu Kap. IV.4.6, S. 29.

Hinweise: Alle angegebenen Daten sind fiktiv. Fristen laufen immer an einem Werktag ab. Der Steuersatz von P und W beträgt linear jeweils 30 %. Die Korrektur der ESt-Bescheide von P und W kann (ausnahmsweise) zusammen geprüft werden. Alle Bescheide enthalten ordnungsgemäße Rechtsbehelfsbelehrungen.

Lösung:

I. Korrektur der ESt-Bescheide 06 im Einspruchsverfahren

Die ESt-Bescheide 06 gegenüber P und W könnten im Einspruchsverfahren korrigiert werden (§ 367 Abs. 2 AO). Dazu müssten Einsprüche gegen diese Bescheide überhaupt zulässig sein.

Einsprüche unmittelbar gegen die ESt-Bescheide 06 scheitern bereits an § 351 Abs. 2 AO: Der Fehler betrifft den Gewinnfeststellungsbescheid 06. Entscheidungen in einem solchen Grundlagenbescheid (§ 171 Abs. 10 AO) können nur durch Anfechtung dieses Bescheids, nicht auch durch Anfechtung des Folgebescheids, angegriffen werden.

Im Übrigen ist auch die Einspruchsfrist (§ 355 AO) abgelaufen und eine Wiedereinsetzung in den vorigen Stand nicht möglich (vgl. unten II.1.).

II. Korrektur der ESt-Bescheide 06 gem. § 175 Abs. 1 Nr. 1 AO

Die ESt-Bescheide 06 könnten gem. § 175 Abs. 1 Nr. 1 AO korrigiert werden. Der Bescheid über die gesonderte und einheitliche Gewinnfeststellung 06 der KG gem. § 179 Abs. 2 Satz 2 und § 180 Abs. 1 Nr. 2a AO entfaltet Bindungswirkung für die ESt-Bescheide 06 von P und W (Zurechnung von Einkünften, § 15 Abs. 1 Nr. 2 EStG). Demzufolge sind die ESt-Bescheide 06 nach § 175 Abs. 1 Nr. 1 AO zu ändern, wenn der Gewinnfeststellungsbescheid 06 korrigiert wird.

1. Korrektur des Gewinnfeststellungsbescheids im Einspruchsverfahren

Der Gewinnfeststellungsbescheid 06 könnte im Einspruchsverfahren korrigiert werden (§ 367 Abs. 2 AO). Dazu müsste ein Einspruch überhaupt zulässig sein. Der Einspruch ist statthaft (§ 347 Abs. 1 Nr. 1 AO) und formgerecht (§ 357 Abs. 1 AO). P und W sind auch beschwert (§ 350 AO). Nach § 352 Abs. 1 Nr. 1 AO ist allein P befugt Einspruch einzulegen (vgl. § 161 Abs. 2, § 125 und § 170 HGB).

Da der (geänderte) Gewinnfeststellungsbescheid am 10. 1. 13 zur Post gegeben worden ist und der Einspruch von P erst am 7. 1. 14 eingegangen ist, ist die einmonatige Einspruchsfrist des § 355 AO abgelaufen. Wiedereinsetzung gem. § 110 AO kommt nicht in Betracht: P war nicht daran gehindert, rechtzeitig Einspruch einzulegen. Dass das FA den Zahlendreher verschuldet hat, ist ohne Bedeutung. Eine Änderung des Gewinnfeststellungsbescheids im Einspruchsverfahren ist daher ausgeschlossen.

2. Korrektur des Gewinnfeststellungsbescheids 06 aufgrund von Korrekturvorschriften

Der Gewinnfeststellungsbescheid vom 10. 1. 13 ist zu ändern, soweit eine Korrekturvorschrift eingreift und die Feststellungsfrist noch nicht abgelaufen ist.

a) § 172 Abs. 1 Nr. 2a AO: Eine Korrektur nach § 172 Abs. 1 Nr. 2a AO scheitert – trotz Antrags im Schreiben vom 5. 1. 14 – daran, dass P die Einspruchsfrist schuldhaft versäumt hat (siehe oben II.1.).

b) § 129 AO: Die Feststellung des Gesamtgewinns basiert auf einem Zahlendreher, also auf einem „Schreibfehler". Dieser Fehler ist auch „offenbar", da ihn die Beteiligten ohne großes Nachforschen erkennen können. Der Fehler unterlief dem Prüfer, mithin einem Bediensteten des FA vor der Bekanntgabe und wurde „beim Erlass" des Feststellungsbescheids übernommen. Nach § 129 Satz 2 AO ist daher zu berichtigen, weil P und W ein berechtigtes Interesse an einer Korrektur (zu ihren Gunsten) haben. Der Feststellungsbescheid ist daher gem. § 129 AO zu berichtigen.

c) Prüfung der Feststellungsfrist: Nach § 181 Abs. 1 Satz 1 i.V. mit § 169 Abs. 1 Satz 1 AO ist die Änderung eines Feststellungsbescheids nicht mehr zulässig, wenn die Festsetzungsfrist (= Feststellungsfrist) abgelaufen ist. Zwar kann der Schreibfehler nach § 129 Satz 1 AO „jederzeit" berichtigt werden. § 169 Abs. 1 Satz 2 AO stellt jedoch klar, dass auch hier §§ 169 ff. AO greifen.

Die Feststellungsfrist beträgt nach § 169 Abs. 2 Nr. 2 AO vier Jahre. Sie beginnt, gem. § 170 Abs. 2 Nr. 1, § 181 Abs. 1 Satz 2, § 181 Abs. 2 Nr. 1 AO mit Ablauf des Kj. 08 und endet mit Ablauf des Kj. 12 (§ 108 Abs. 1 AO i.V. mit § 187 Abs. 1, § 188 Abs. 2 BGB), wenn nicht eine Ablaufhemmung nach § 171 AO eingreift.

Im vorliegenden Fall kommt § 171 Abs. 4 Satz 1 AO in Betracht. Hier hat das FA mit der Außenprüfung (§§ 193 ff. AO) bei der KG am 15. 5. 12 begonnen, also vor Ablauf der regulären Feststellungsfrist. Die Feststellungsfrist endet daher mit der Unanfechtbarkeit des aufgrund der Außenprüfung erlassenen Feststellungsbescheids. Der am 10. 1. 13 zur Post gegebene Feststellungsbescheid wird nach Ablauf der einmonatigen Einspruchsfrist (§ 355 Abs. 1 AO) unanfechtbar. Die Frist beginnt gem. § 122 Abs. 2 Nr. 1 AO mit Ablauf des 13. 1. 13. Sie endet mit Ablauf des 13. 2. 13 (§ 108 Abs. 1 AO i.V. mit § 187 Abs. 1 und § 188 Abs. 2 BGB). Da P keinen zulässigen Einspruch eingelegt hat, ist die Unanfechtbarkeit eingetreten, d. h. die Feststellungsfrist endet gem. § 171 Abs. 4 Satz 1 AO mit Ablauf des 13. 2. 13.

Der geänderte Gewinnfeststellungsbescheid 06 enthält aber eine offenbare Unrichtigkeit gem. § 129 AO. Insoweit tritt die Ablaufhemmung nach § 171 Abs. 2 AO ein, wonach die Feststellungsfrist nicht vor Ablauf eines Jahres nach Bekanntgabe des Bescheids endet. Wie eben dargestellt, ist Bekanntgabezeitpunkt der 13. 1. 13. Demnach reicht die Ablaufhemmung des § 171 Abs. 2 AO bis zum Ablauf des 13. 1. 14 (§ 108 Abs. 1 AO i.V. mit § 187 Abs. 2, § 188 Abs. 2 BGB).

P und W haben zuvor, mit Schreiben vom 5. 1. 14, einen Antrag auf Korrektur des Zahlendrehers gestellt. Insoweit läuft die Festsetzungsfrist gem. § 171 Abs. 3 AO nicht ab, bevor über den Antrag unanfechtbar entschieden worden ist. Der Feststellungsbescheid 06 muss daher im Februar 14 (oder später) nach § 129 AO berichtigt werden. Die Festsetzungsfrist läuft erst mit der Unanfechtbarkeit der Entscheidung über den Korrekturantrag von P und W ab.

d) Ergebnis: Im Ergebnis ist der Gesamtgewinn 06 nach § 129 AO auf 289.000 € festzustellen. Auch die Feststellungen der Gewinnanteile von P und W beruhen auf dem Zahlendreher und sind aufgrund § 129 AO zu ändern:

Gewinnanteil des P:	289.000 € x 60 % = 173.400 €
Gewinnanteil der W:	289.000 € x 40 % = 115.600 €

3. Änderung der ESt-Bescheide 06

Da der Gewinnfeststellungsbescheid 06 geändert wird, sind die ESt-Bescheide 06 gegenüber P und W nach § 175 Abs. 1 Nr. 1 AO anzupassen. Eine Änderung ist jedoch nur möglich, wenn die Festsetzungsfrist nicht abgelaufen ist (§ 169 Abs. 1 Satz 1 AO). Die Festsetzungsfrist beträgt nach § 169 Abs. 2 Nr. 2 AO vier Jahre und beginnt gem. § 170 Abs. 2 Nr. 1 AO mit Ablauf des Kj. 07. Sie endet also mit Ablauf des Kj. 11, wenn nicht die Ablaufhemmung des § 171 Abs. 10 AO greift. Da der auf der Grundlage des § 129 AO korrigierte Gewinnfeststellungsbescheid 06 noch nicht ergangen ist, können die ESt-Bescheide 06 für P und W noch bis zwei Jahre nach dessen Bekanntgabe geändert werden. Eine Korrektur ist daher im Februar 14 (und auch später) möglich. Die ESt 06 ist folglich

gegenüber dem P i. H. von 20.000 € - 1.620 € (5.400 x 30 %) = 18.380 €,

gegenüber der W i. H. von 30.000 € - 1.080 € (3.600 x 30 %) = 28.920 €

festzusetzen.

VI. Die Nebengebiete in der Fallbearbeitung

Die nachfolgenden Prüfungsgebiete der AO werden hier als Nebengebiete bezeichnet, weil sie in letzten zehn Jahren nur einmal oder überhaupt nicht Gegenstand der Prüfungsklausuren waren.[67]

1. Vollstreckungsrecht

1.1 Bedeutung in der Prüfung

In den letzten 20 Jahren ist Vollstreckungsrecht nur in drei AO-Klausuren geprüft worden: 2000 konnten ca. 20 % der AO-Punkte dort erzielt werden, 2002 und 2007 jeweils ca. 50 %.

Gegenstand der Klausuren war in etwa folgende Fallgestaltung: Der Vollziehungsbeamte des FA erscheint beim Stpfl., der gegen ihn festgesetzte Steuern (USt, ESt) nicht bezahlt hat, und pfändet in dessen Wohnung bewegliche Gegenstände (z. B. TV-Anlage, Computer, wertvolle Standuhr). Einer der Gegenstände gehört nicht dem Stpfl., sondern einem Dritten. Sowohl der Stpfl. als auch der Dritte wollen sich gegen die Pfändungen wehren. Gefragt wird nach der etwaigen Rechtswidrigkeit der Pfändungen und ob Rechtsbehelfe Aussicht auf Erfolg haben.

1.2 Grundlagen und Überblick

In Vollstreckungsfällen geht es generell darum, dass das FA Steueransprüche (oder sonstige Geldforderungen gem. § 37 Abs. 1 AO), die durch Steuerbescheid (oder sonstige VA) festgesetzt wurden und die der Stpfl. nicht entrichtet hat, zwangsweise (durch Vollstreckung in das Vermögen des Stpfl.) durchsetzt.

Die wichtigsten Rechtsgrundlagen sind **§§ 249 ff. und §§ 259 ff. AO** (ggf. i. V. mit der ZPO) und die InsO.

In Klausuren bieten die **VollstrA** (Allgemeine Verwaltungsvorschriften über die Durchführung der Vollstreckung nach der AO, vgl. Beck'sche Steuererlasse Nr. 800a) und die **VollzA** (Allgemeine Verwaltungsvorschriften für Vollziehungsbeamte, vgl. Beck'sche Steuererlasse Nr. 800b) eine große Hilfe.

Die Vollstreckung wegen Geldforderungen wird durch die sog. **Vollstreckungsstelle** des FA (Innendienst) betrieben. Auf Anordnung des Innendiensts pfändet ein **Vollziehungsbeamter** (Außendienst) bewegliche Sachen beim Stpfl. (Standardfall in der Prüfung) und verwertet sie (vgl. Abschn. 24 und Abschn. 25 VollstrA und VollzA).

Der Stpfl., gegen den sich eine Vollstreckungsmaßnahme des FA richtet, heißt **Vollstreckungsschuldner,** § 253 AO. Nachfolgend wird er gleichwohl weiterhin als Stpfl. bezeichnet.

Übersicht: Vollstreckung wegen Geldforderungen
1. Allgemeine Voraussetzungen *(sehr klausurrelevant):* - **VA (Steuerbescheid)**, mit dem vom Stpfl. eine Geldleistung gefordert wird, § 249 Abs. 1 AO. - **Bekanntgabe des Leistungsgebots** (= Zahlungsaufforderung im Bescheid), § 254 AO. - **Fälligkeit der Leistung, Schonfrist**, § 254 AO. - **Mahnung** (§ 259 AO) „Soll-Vorschrift".
2. Vorbereitung der Vollstreckung durch die Vollstreckungsstelle - **Ermittlung** der Vermögensverhältnisse des Stpfl., §§ 249 Abs. 2 AO und 88 ff. AO. - **Entscheidung** über die unter 3. genannten Vollstreckungsmaßnahmen **nach pflichtgemäßen Ermessen** (§ 5 AO). Wichtigstes Kriterium ist die möglichst vollständige und schnelle Durchsetzung des Steueranspruchs. Zu beachten ist aber auch der Grundsatz der Verhältnismäßigkeit und des geringstmöglichen Eingriffs (§ 281 Abs. 2 AO und Abschn. 23 Abs. 3 VollstrA sowie Abschn. 41 VollzA).

67 Vgl. Kap. I.2., S. 1.

3. Vollstreckung in das Vermögen des Stpfl. nämlich
- in dessen bewegliches Vermögen (§§ 281–321 AO):
- in (einzelne) bewegliche Sachen (§§ 285–308), z. B. Pkw, Waren, Schmuck (*sehr klausurrelevant*);
- in (einzelne) Forderungen (§§ 309–320 AO), z. B. Zahlungsforderung gegenüber Geschäftsfreunden, Bankguthaben, vgl. auch § 312 und § 318 AO;
- in andere (einzelne) Vermögenswerte, z. B. Anteile an Gesellschaften, Grund- und Rentenschulden, § 321 AO.

Die Sachen oder Forderungen werden vom FA gepfändet (= VA) und verwertet (= Sachen werden versteigert, Forderungen werden eingezogen).

- in dessen unbewegliches Vermögen, § 322 und § 323 AO *(bislang nicht klausurrelevant)*, d. h. in (einzelne) Grundstücke einschließl. Grundstücksbestandteile und Grundstückszubehör, soweit es dem Grundstückseigentümer gehört (§ 322 AO, § 865 ZPO, § 1120 BGB). Hier erfolgt die Vollstreckung durch Eintragung einer Zwangs(Sicherungs-)hypothek (§ 867 ZPO) und durch Zwangsversteigerung (§§ 15 ff. ZVG) oder Zwangsverwaltung (§ 146 ZVG).

- in das Gesamtvermögen des Stpfl. gemäß der Insolvenzordnung (InsO, *bislang nicht klausurrelevant):* Das FA kann einen Antrag auf Eröffnung des Insolvenzverfahrens stellen bzw. Ansprüche aus dem Steuerschuldverhältnis in einem anhängigen Insolvenzverfahren anmelden (siehe ausführlich AEAO zu § 251).

1.3 Allgemeine Voraussetzungen der Vollstreckung

Gemäß § 249 Abs. 1, § 254 und § 259 AO dürfen Vollstreckungen (insbes. Pfändungen) nur vorgenommen werden, wenn die nachfolgenden Voraussetzungen gegeben sind. Dies ist in fast jeder Vollstreckungsklausur zu prüfen.

- **Vollstreckbarer VA, § 249 Abs. 1 AO:** Vollstreckbare VA sind Bescheide, mit denen eine Geldleistung festgesetzt wird, z. B. Steuerbescheide (§ 155 AO), Steueranmeldungen (§ 168 AO), Haftungsbescheide (§ 191 AO) etc. An der **Vollstreckbarkeit** solcher VA ändert sich nichts, wenn der Stpfl. Einspruch einlegt (§ 361 Abs. 1 AO). Soweit dem Stpfl. jedoch **AdV** gem. § 361 Abs. 2 AO oder § 69 Abs. 2–4 FGO gewährt worden ist, darf der VA nicht vollstreckt werden (§ 251 Abs. 1 AO).[68] Gemäß § 251 Abs. 2 AO können nach **Eröffnung eines Insolvenzverfahrens** bis zu diesem Zeitpunkt begründete Ansprüche des FA nur noch nach Maßgabe der InsO geltend gemacht werden.
- **Leistungsgebot und dessen Bekanntgabe, § 254 Abs. 1 Satz 1–4 AO:** Das Leistungsgebot ist die Zahlungsaufforderung (= VA) und wird (i. d. R.) mit dem zu vollstreckenden Steuerbescheid bekannt gegeben (vgl. § 254 Abs. 1 Satz 2, § 122 AO).
- **Fälligkeit der Leistung und Schonfrist, § 254 Abs. 1 Satz 1 AO:** Die Vollstreckung darf erst beginnen, wenn die Geldleistung fällig ist. Der Fälligkeitszeitpunkt ergibt sich aus dem Leistungsgebot im Bescheid („Bitte entrichten Sie den oben festgesetzten Betrag bis spätestens zum 3. 3. 01.“). Die einwöchige Schonfrist stellt kein Problem dar, weil die festgesetzten Steuern erst einen Monat nach Bekanntgabe fällig werden.
- **Mahnung, § 259 AO:** Die Mahnung ist keine zwingend vorgeschriebene Vollstreckungsvoraussetzung, muss aber i. d. R. nach pflichtgemäßem Ermessen erfolgen. Dies gilt auch für Vollstreckungsankündigungen und -androhungen, die häufig mit der Mahnung verbunden werden. Diese Maßnahmen stellen **keine VA dar.** Gegen sie ist folglich der Einspruch nicht zulässig.
- **Rechtswirkung von Verstößen gegen § 249 Abs. 1 und § 254 AO:** Fehlt eine der o. g. Vollstreckungsvoraussetzungen, sind nachfolgende Vollstreckungsakte (insbesondere Pfändungen) rechtswidrig, nicht aber gem. § 125 AO nichtig. Der Stpfl. kann/muss insoweit Einspruch gegen die Pfändungen einlegen (§ 347 Abs. 1 AO).

1.4 Die Pfändung und ihre Wirkung

Die Vollstreckung in bewegliches Vermögen, also in bewegliche Sachen (§§ 285–308 und § 312 AO) und in Forderungen (§§ 309–321 AO) erfolgt durch Pfändung (§ 281 Abs. 1 AO).

68 Siehe Beispiel 40, S. 71.

Jede Pfändung ist ein VA, der folgende Wirkungen entfaltet:

- **Pfandverstrickung** = Der gepfändete Gegenstand wird zugunsten des FA beschlagnahmt. Die Verfügungsmacht über den Gegenstand geht vom Stpfl. auf das FA über.
- **Pfändungspfandrecht** = Das FA erwirbt ein Pfandrecht am gepfändeten Gegenstand (§ 282 AO). Daraus folgt vor allem das Recht des FA, den gepfändeten Gegenstand zu verwerten, d. h. zu Geld zu machen. Gepfändete Sachen werden versteigert (§ 296 AO), gepfändete Geldforderungen des Stpfl. (gegenüber Dritten) werden eingezogen (§ 314 und § 315 AO).

1.5 Die Pfändung von beweglichen Sachen, §§ 285 ff. AO

In fast jeder Vollstreckungsklausur ging es bislang um dieses Gebiet. Die Vollstreckung in bewegliche Sachen führt der Vollziehungsbeamte (VB) aus (§ 285 AO, vgl. Abschn. 7 und Abschn. 8 VollzA). Dieser muss vor jeder Zwangsmaßnahme dem Stpfl. (oder einer anderen Person) Gelegenheit geben, freiwillig zu leisten (vgl. § 292 Abs. 1 AO und Abschn. 24 VollzA). Er hat über jede vorgenommene Vollstreckungshandlung eine Niederschrift (= Protokoll, kein VA) aufzunehmen (§ 291 Abs. 1 AO, Abschn. 20, 49, 55 VollzA).

Übersicht: Voraussetzungen einer Pfändung gem. § 286 AO *(sehr klausurrelevant)*
1. Sache Sachen sind alle körperlichen Gegenstände, die nicht Grundstücke sind (§ 90 BGB) und auch nicht der Vollstreckung in das unbewegliche Vermögen unterliegen: Nicht pfändbar sind z. B. Grundstücksbestandteile (vgl. Abschn. 39 VollzA) oder Grundstückszubehör, soweit dies dem Grundstückseigentümer gehört (Abschn. 40 VollzA). Es darf sich nicht um **unpfändbare Sachen** handeln (§ 295 AO i.V. mit §§ 811 ff. ZPO und Abschn. 33 VollzA). Sachen sind z. B. unpfändbar, soweit sie dem persönlichen Gebrauch oder Haushalt dienen, soweit sie der Stpfl. zu einer seiner Berufstätigkeit und Verschuldung angemessenen bescheidenen, nicht jedoch ärmlichen Lebens- und Haushaltsführung benötigt. Unpfändbar ist danach das Bett des Stpfl. oder sein einziges Fernsehgerät. Ggf. ist hier eine sog. **Austauschpfändung** (§ 295 AO i.V. mit § 811a ZPO und Abschn. 35 VollzA) oder **vorläufige Austauschpfändung** (§ 295 AO i.V. mit § 811b ZPO und Abschn. 36 VollzA) möglich.
2. Gewahrsam Die zu pfändende Sache muss sich im alleinigen Gewahrsam des Stpfl. befinden. Gewahrsam an einer Sache hat derjenige, der die **tatsächliche Gewalt über die Sache** innehat, also die rein tatsächliche Sachherrschaft ausübt. Ob Gewahrsam besteht, entscheidet sich nach den Umständen des Einzelfalls nach der Auffassung des täglichen Lebens. **Bei Mitgewahrsam** oder alleinigem Gewahrsam Dritter ist die Pfändung nur zulässig, wenn der Dritte zur Herausgabe der Sache bereit ist (§ 286 Abs. 4 AO). Ist er dies nicht, kann ggf. gem. § 321 AO der Herausgabeanspruch des Stpfl. gegen den Dritten gepfändet werden und Einziehung angeordnet werden. Ob der Stpfl. **Eigentum** an den in seinem Gewahrsam befindlichen Gegenständen hat, prüft der VB grds. nicht (vgl. Abschn. 43 Abs. 1 VollzA), weil dies keine Voraussetzung gem. § 286 AO ist. Eine Ausnahme gilt nur für Sachen, die ohne jeden Zweifel nicht dem Stpfl. gehören (vgl. Abschn. 43 Abs. 5 Satz 2 VollzA). Bei der **Vollstreckung gegen einen Ehegatten** gilt § 263 AO i.V. mit § 739 ZPO und § 1362 BGB.
3. Pfändungsakt (= VA) - **Wegnahme:** Der VB pfändet Geld, Kostbarkeiten und Wertpapiere indem er diese Sachen an sich nimmt (vgl. § 286 Abs. 1 AO und Abschn. 44 Abs. 2 VollzA). - **Anbringen eines Pfandzeichens:** Große Sachen werden gepfändet, indem der VB sie mit einem Pfandzeichen versieht (§ 286 Abs. 2 AO, Abschn. 44 Abs. 3 VollzA). Die **Pfändungsakte sind VA,** gegen die Einspruch eingelegt werden kann.

Die **Pfändung von Forderungen** und sonstigen Vermögensrechten (§§ 309–321 AO) sowie die **Vollstreckung in das unbewegliche Vermögen** (§§ 322, 323 AO i.V. mit §§ 864 ff. ZPO und dem Gesetz über die Zwangsversteigerung und Zwangsverwaltung) waren bislang nicht prüfungsrelevant.

1.6 Insolvenzverfahren

Das Insolvenzverfahren war **bislang nicht klausurrelevant,** ist aber gelegentlich Gegenstand der mündlichen Prüfung. Zum Insolvenzverfahren siehe ausführlich AEAO zu § 251.

Hier nur folgende ganz allgemeine Informationen:

Die Vollstreckung in das **gesamte Vermögen des Stpfl.** erfolgt aufgrund der **Insolvenzordnung** (InsO). In Insolvenzfällen müssen die Ansprüche aus dem Steuerschuldverhältnis i. d. R. nach

Maßgabe der InsO geltend gemacht werden. Insoweit gilt der Grundsatz: **Insolvenzrecht geht vor Steuerrecht** (vgl. § 251 Abs. 2 AO). Das heißt, dass das Insolvenzrecht das formelle Steuerrecht (AO) überlagert. Im Gegensatz zur (klausurrelevanten) Einzelzwangsvollstreckung (z. B. Pfändung von Sachen) führt das Insolvenzverfahren nicht zur Befriedigung **eines** Gläubigers, sondern zu einer **Gesamtbereinigung aller Schulden** durch **gleichmäßige Befriedigung aller** persönlichen **Gläubiger** aus dem Vermögen des Insolvenzschuldners (vgl. § 1 Satz 1 erster Halbsatz 1 InsO). Es gilt das Prinzip der gleichrangigen, quotalen Befriedigung aller Gläubiger.

1.7 Rechtsbehelfe und Abwehrmöglichkeiten

Dieses Gebiet ist sehr klausurrelevant.

1.7.1 Einspruch (§§ 347 ff. AO)

(1) Zulässigkeit: Pfändungen sind VA gegen die der Einspruch gegeben ist, § 347 Abs. 1 Nr. 1 AO. Sachpfändungen werden gem. § 119 Abs. 2 Satz 1 vierte Alt. AO nicht schriftlich, sondern „in anderer Weise" erlassen (durch Wegnahme oder Pfandzeichen). Deshalb ist der **Einspruch immer innerhalb eines Monats** einzulegen (§ 355 Abs. 1 AO). Trotz fehlender Rechtsbehelfsbelehrung gilt § 356 AO (mangels Schriftlichkeit) nicht.

AdV ist möglich (§ 361 Abs. 2 AO, vgl. insbesondere § 69 Abs. 3 und Abs. 4 Nr. 2 FGO).

Dagegen entfalten **Mahnung und Vollstreckungsankündigung** keine Regelungswirkung und sind deshalb **keine VA.** Der Antrag auf Eröffnung eines InsO-Verfahrens sowie die Anmeldung der Ansprüche des FA im InsO-Verfahren können nicht durch Einspruch angegriffen werden (keine VA, InsO geht vor). Werden vom FA geltend gemachte Ansprüche vom Insolvenzverwalter bestritten, gilt § 251 Abs. 2 AO.

(2) Begründetheit: Der Einspruch ist begründet, wenn die Pfändung rechtswidrig ist und der Stpfl. in seinen Rechten verletzt ist. Es ist zu untersuchen, ob die angegriffene Pfändung in formeller oder materieller Hinsicht fehlerhaft ist.

Beispiel 32

Das FA pfändet einen Traktor des Landwirts X wegen nicht bezahlter USt-Schulden.

X erhebt Einspruch mit der zutreffenden Begründung,

- der vollstreckte USt-Anspruch sei durch Zahlung vor Durchführung der Pfändung erloschen,
- bei dem Traktor handele es sich um eine unpfändbare Sache (vgl. § 811 Abs. 1 Nr. 5 ZPO und Abschn. 33 Nr. 4a und Nr. 5 VollzA),
- der Traktor sei Grundstückszubehör (, weil X zugleich Eigentümer des Grundstücks ist,) und dürfe nicht im Wege der Sachpfändung gepfändet werden (siehe Abschn. 40 VollzA), weil er von der Vollstreckung in das Grundstück mit umfasst werde.

Lösung:

Der Einspruch ist in jedem der o. g. Fälle begründet. Die Pfändung des Traktors ist gem. § 367 Abs. 2 Satz 3 i. V. mit § 130 Abs. 1 AO aufzuheben.

Der Einspruch gegen eine Pfändung darf grds. nicht mit Einwendungen gegen den zu vollstreckenden Steuerbescheid begründet werden (z. B. zu hohe Steuerfestsetzung). Insoweit muss der Stpfl. unmittelbar Einspruch gegen den zu vollstreckenden Bescheid erheben (vgl. § 256 AO und Abschn. 11 VollstrA).

Ist der zu vollstreckende Steuerbescheid jedoch unwirksam (z. B. nichtig oder nicht wirksam bekannt gegeben), liegt ein gravierender Verstoß gegen § 249 Abs. 1 AO vor (Vollstreckung ohne vollstreckbaren VA), der mittels Einspruch geltend gemacht werden kann. Ebenso kann der Stpfl. monieren, dass die Vollziehung des zu vollstreckenden Steuerbescheids ausgesetzt ist (vgl. § 251 Abs. 1 i. V. mit § 257 Abs. 1 Nr. 1 AO).[69]

69 Siehe Beispiel 40, S. 71.

1.7.2 Einstellung und Beschränkung der Vollstreckung gem. § 257 AO

Nach § 257 Abs. 1 AO ist die Vollstreckung einzustellen oder zu beschränken, sobald

- die Vollstreckbarkeitsvoraussetzungen des § 251 Abs. 1 AO weggefallen sind,
- der VA, aus dem vollstreckt wird, aufgehoben wird,
- der Anspruch auf die Leistung erloschen ist,
- die Leistung gestundet ist.

Siehe dazu ausführlich Abschn. 5 und Abschn. 6 VollstrA und Abschn. 11 VollzA.

Der Stpfl./StB kann einen Antrag gem. § 257 AO stellen. Gegen die Ablehnung des Antrags sind der Einspruch und ggf. die Verpflichtungsklage (!) statthaft.

Vorläufiger Rechtsschutz ist nur in Form der einstweiligen Anordnung gem. § 114 FGO möglich.

1.7.3 Antrag auf Einstellung oder Beschränkung der Vollstreckung gem. § 258 AO

Nach § 258 AO kann die Vollstreckungsbehörde die Vollstreckung einstweilen einstellen oder beschränken oder Vollstreckungsmaßnahmen aufheben, soweit im Einzelfall die Vollstreckung unbillig ist. Siehe dazu Abschn. 7 VollstrA.

Eine Unbilligkeit im Sinne dieser Vorschrift ist anzunehmen, wenn die Vollstreckung dem Stpfl. einen unangemessenen Nachteil bringen würde, der durch kurzfristiges Zuwarten oder durch eine andere Vollstreckungsmaßnahme vermieden werden könnte. Nachteile die üblicherweise mit der Vollstreckung oder einzelnen Vollstreckungsmaßnahmen verbunden sind, begründen keine Unbilligkeit (Abschn. 7 Abs. 2 VollstrA). Danach kann die Vollstreckung unbillig sein, wenn sie zur wirtschaftlichen Existenzvernichtung oder auch nur zur Existenzgefährdung führen würde **und** dies durch kurzfristiges Zuwarten vermieden werden könnte.

Wird ein Antrag auf Vollstreckungsaufschub gem. § 258 AO abgelehnt, ist der Einspruch und ggf. die Verpflichtungsklage (!) statthaft. Vorläufigen Rechtsschutz gewährt allein § 114 FGO.[70]

1.7.4 Einwendungen Dritter gegen Vollstreckungsmaßnahmen des FA

(1) Einspruch: Innerhalb des Vollstreckungsverfahrens haben auch Dritte die Möglichkeit, Einspruch einzulegen, soweit sie beschwert sind (§ 347 Abs. 1, § 350 AO). Damit können sie insbesondere die Art und Weise der Vollstreckung rügen. Der Einspruch kann dagegen nicht auf Einwendungen gestützt werden, die nach § 262 AO zu verfolgen sind.

Beispiel 33

BEISPIEL 33

Ein Dritter kann Einspruch gegen eine Pfändung einlegen mit der Begründung, die Pfändung sei unzulässig, weil in seinem Gewahrsam befindliche (z. B. von ihm gemietete) bewegliche Sachen gepfändet worden seien, zu deren Herausgabe er nicht bereit gewesen sei (§ 286 Abs. 4 AO, Abschn. 31 Abs. 4 Nr. 1, Abschn. 43 Abs. 3 VollzA). Solche Fälle sind selten.

(2) Widerspruch gem. § 262 AO (sehr prüfungsrelevant): Nach § 262 AO kann ein Dritter Widerspruch gegen die Vollstreckung einlegen mit der Begründung, er habe an dem beim Vollstreckungsschuldner gepfändeten Gegenstand „ein die Veräußerung hinderndes Recht". Darunter fällt insbesondere das Eigentum des Dritten an der gepfändeten Sache (auch in der Form von Mit- und Gesamthandseigentum, Vorbehaltseigentum gem. § 449 BGB oder Sicherungseigentum gem. § 930 BGB). Hilft das FA dem Widerspruch nicht ab (z. B. weil der Dritte sein Eigentum nicht nachweisen kann), ist gem. § 771 ZPO die Erhebung einer Drittwiderspruchsklage vor dem zuständigen ordentlichen Gericht (Amts- oder Landgericht) möglich.

70 Siehe Beispiel 40, S. 71.

Beispiel 34

BEISPIEL 34

Der Vollziehungsbeamte pfändet wegen nicht bezahlter USt eine Vase (Ming-Dynastie, Wert ca. 20.000 €) in der Wohnung des Stpfl. U.

Der Bruder B des U macht geltend, die Vase gehöre ihm. Was kann B unternehmen?

Lösungshinweis:

Ein Einspruch ist nicht statthaft: Macht ein Dritter sein Eigentum an der Sache geltend, verdrängt der Widerspruch gem. § 262 AO den Einspruch. Im Übrigen richtet sich die Pfändung (= VA) gegen U nicht gegen B. B muss beim FA also Widerspruch erheben. Dieser ist begründet, wenn B nachweist, dass die Vase wirklich ihm gehört. Dann ist die (formell rechtmäßige) Pfändung materiell rechtswidrig (wegen Vollstreckung in das Eigentum eines Dritten) und wird gem. § 130 Abs. 1 AO zurückgenommen. Lehnt das FA die Aufhebung der Pfändung ab, kann B gem. § 262 AO (aufgrund des Streitwerts) vor dem Landgericht Drittwiderspruchsklage erheben.

2. Haftungsrecht

2.1 Bedeutung in der Prüfung

Haftungsrecht war zum letzten Mal 2000 und 2001 Gegenstand der Steuerberaterprüfung. In beiden AO-Klausuren konnten ca. 50 % der Punkte auf diesem Gebiet erzielt werden.

2.2 Grundlagen

Die Haftung für Ansprüche aus dem Steuerschuldverhältnis ist geregelt in den §§ 69 ff., 191, 219 AO. Haftungsnormen finden sich aber auch in den Einzelsteuergesetzen (z. B. EStG, ErbStG) und im Privatrecht (z. B. HGB).

Haftung bedeutet im Steuerrecht das Einstehenmüssen mit dem eigenen Vermögen für eine fremde Steuerschuld.

Kommt es bei der Erhebung der Steuerschuld gegenüber dem Steuerschuldner (§ 43 AO) zu Schwierigkeiten (Zahlungsunwilligkeit oder -unfähigkeit), kann das FA einen Dritten (Haftungsschuldner) durch einen Haftungsbescheid (§ 191 AO) zur Begleichung der Steuerschuld heranziehen, soweit eine Haftungsnorm dies erlaubt.

Übersicht: Voraussetzungen für die Inanspruchnahme eines Dritten als Haftungsschuldner
1. Hauptschuld: Anspruch aus dem Steuerschuldverhältnis (§ 37 AO) gegenüber dem Steuerschuldner (§ 43 AO; z. B. USt-Anspruch gegen eine GmbH).

↓

Akzessorietät der Haftung

(= Der Haftungsanspruch hängt seinem Bestand und seiner Höhe nach grds. von der Hauptschuld ab, vgl. § 191 Abs. 5 AO.)

↓

2. Haftungsanspruch aufgrund Gesetzes (= Haftungstatbestand = Haftungsnorm): - **§§ 69 ff. AO** (sehr prüfungsrelevant sind §§ 69, 71, 74 und 75 AO); - **Einzelsteuergesetze,** z. B. § 42d Abs. 1 EStG, § 13c, § 25d UStG (bislang nicht prüfungsrelevant); - **sonstige Gesetze,** z. B. § 25 und § 128 HGB, der analog auch für die GbR gilt (prüfungsrelevant).
3. Geltendmachung durch Haftungsbescheid (§ 191 AO) Das FA setzt den Haftungsanspruch gegenüber dem Haftungsschuldner nach pflichtgemäßen Ermessen (§ 5 AO) durch Haftungsbescheid fest. Verbunden damit ist die Zahlungsaufforderung, für die § 219 Satz 1 AO gilt (Grundsatz der Subsidiarität der Haftung).

Greifen mehrere Haftungsansprüche ein (z. B. § 69 und § 71 AO bei Hinterziehung von USt durch den Geschäftsführer zugunsten der GmbH oder § 75 AO und § 25 HGB bei der Übernahme eines Unternehmens und der Firma), können diese vom FA nebeneinander geltend gemacht werden. In Klausuren sind alle ernsthaft in Betracht kommenden Haftungsnormen zu untersuchen.

2.3 Haftung des Vertreters, § 69 AO

§ 69 AO begründet eine Schadensersatzhaftung und findet häufig beim Zusammenbruch einer GmbH Anwendung: Führt deren Geschäftsführer vorsätzlich oder grob fahrlässig z. B. weder LSt noch USt ab, um die GmbH „zu retten", haftet er im Insolvenzfall gem. § 69 AO (sehr prüfungsrelevant).

Prüfungsschema zu § 69 AO

1. Voraussetzungen

a) Person i. S. der § 34 oder § 35 AO

Unter **§ 34 Abs. 1 AO** fallen insbesondere: Geschäftsführer einer GmbH (§ 35 Abs. 1 GmbHG), Vorstand eines eingetragenen Vereins (§ 26 BGB), vertretungsbefugte Mitglieder von Personengesellschaften. Verfügungsberechtigter gem. **§ 35 AO** ist eine Person, die in eigenem oder fremden Namen über fremde WG verfügen darf (z. B. Prokurist, §§ 48 ff. HGB) oder eine solche Verfügungsmacht tatsächlich innehat und nach außen so auftritt (z. B. der „faktische" Geschäftsführer einer GmbH).

b) Verletzung einer in § 34 oder § 35 AO genannten Pflicht

- **Pflicht i. S. des § 34 AO:** Vertreter i. S. des § 34 AO haben grds. alle steuerlichen Pflichten des vertretenen Stpfl.: Z. B. Einbehaltung und Abführung der LSt (§ 38 Abs. 3, § 41a Abs. 1 EStG), Entrichtung der USt (§ 18 Abs. 1 Satz 3 UStG, § 34 Abs. 1 Satz 2 AO). Verfügungsberechtigte (§ 35 AO) haben diese Pflichten nur, soweit sie zur Erfüllung rechtlich und tatsächlich in der Lage sind: Rechtsgeschäftliche Vertreter (§ 164 BGB, §§ 48, 54 HGB) nur, soweit ihnen steuerliche Pflichten übertragen worden sind oder sie nach außen dementsprechend aufgetreten sind.
- **Verletzung dieser Pflicht** = Nichterfüllung der Pflicht. Dies ist durch Tun (z. B. Abgabe falscher Erklärungen) oder Unterlassen (z. B. Nichtzahlung fälliger Steuern) möglich.
- **Umfang der Pflichtverletzung:** Eine Pflichtverletzung (und damit die Haftung) liegt nur insoweit vor, als ein pflichtgemäßes Handeln möglich und zumutbar ist. Beispiel: Sind nicht genügend Mittel zur Begleichung aller Schulden vorhanden, hat der Geschäftsführer einer GmbH die Pflicht, die Verbindlichkeiten (auch die Steuerschulden) anteilig zu tilgen (Grundsatz der anteiligen Tilgung). Allein Abzugsteuern (insbesondere LSt!) müssen nach ganz h. M. immer in vollem Umfang befriedigt werden.[71]

c) Die Pflichtverletzung muss vorsätzlich oder grob fahrlässig erfolgen

Vorsätzlich handelt, wer seine steuerlichen Pflichten gekannt und ihre Verletzung gewollt hat. Grob fahrlässig handelt, wer die ihm (subjektiv) zumutbare Sorgfalt in ungewöhnlich großen Maße verletzt. Das grobe Verschulden von Hilfspersonen oder Vertretern (z. B. StB) wird nicht zugerechnet.

d) Schaden des Steuergläubigers

Ein Schaden ist nach § 69 AO gegeben, wenn die Hauptschuld nicht oder nicht rechtzeitig festgesetzt oder erfüllt wird oder wenn Erstattungen oder Vergütungen ohne rechtlichen Grund gezahlt werden.

e) Kausalität zwischen Pflichtverletzung und Schaden

Der Schaden muss auf der Pflichtverletzung beruhen. Die Pflichtverletzung ist für den Schaden ursächlich, wenn der Schaden ohne die Pflichtverletzung nicht eingetreten wäre. Steht fest, dass der Steuerschuldner die Steuer auch ohne die Pflichtverletzung hätte nicht bezahlen können, ist eine Haftung mangels Kausalität zu verneinen.

2. Rechtsfolge

Die oben unter 1.a) genannte Person haftet für alle Ansprüche aus dem Steuerschuldverhältnis (§ 37 AO, auch für steuerliche Nebenleistungen), soweit die unter 1. genannten Voraussetzungen gegeben sind.

71 Zum Ganzen siehe ausführlich Beispiel 35, S. 58.

2.4 Haftung des Steuerhinterziehers, § 71 AO

Prüfungsschema zu § 71 AO
1. Voraussetzungen **a) Eine natürliche Person** **b) begeht zugunsten eines anderen Steuerschuldners eine Steuerhinterziehung gem. § 370 AO.**[72] Zu prüfen sind: - Objektiver Tatbestand des § 370 Abs. 1 AO, - subjektiver Tatbestand = Vorsatz, § 369 Abs. 2 AO i.V. mit § 15 StGB, - Rechtswidrigkeit und Schuld.
2. Rechtsfolge Haftung der Person unter 1.a) in Höhe der verkürzten Steuern bzw. der zu Unrecht gewährten Steuervorteile (§ 370 Abs. 1 und Abs. 4 AO) und für die Hinterziehungszinsen (§ 235 AO).

HINWEIS

- Die Person unter 1. kann § 370 AO als Täter (= derjenige, der die Tat selbst begeht, § 25 StGB) oder als Teilnehmer (Anstifter, § 26 StGB, oder Gehilfe, § 27 StGB) verwirklichen.[73]
- Für die Haftung gem. § 71 AO ist es unerheblich, ob es zu einem Strafverfahren oder zu einer strafrechtlichen Verurteilung kommt (vgl. AEAO zu § 71).
- § 71 AO ist eine Schadensersatzhaftung, keine Strafvorschrift. Der Steuerhinterzieher haftet (mangels Kausalität) deshalb nicht, wenn feststeht, dass die Steuern auch ohne die Hinterziehung (wegen fehlender Mittel) nicht hätten gezahlt werden können.
- Die Festsetzungsfrist beträgt zehn Jahre (§ 191 Abs. 3 Satz 2 letzter Halbsatz).
- Der Grundsatz der anteiligen Tilgung (vgl. § 69 AO) wird auch auf die Haftung gem. § 71 AO angewendet.
- Eine Selbstanzeige gem. § 371 AO schließt die Haftung nicht aus (vgl. AEAO zu § 71).

2.5 Haftung des Eigentümers von Gegenständen, § 74 AO

Hintergrund dieser Haftungsvorschrift ist, dass Gegenstände, die einem Unternehmen dienen, dem FA auch dann zu Vollstreckungszwecken zur Verfügung stehen sollen, wenn sie nicht dem Unternehmer gehören, wohl aber einer am Unternehmen wesentlich beteiligten Person.

Prüfungsschema zu § 74 AO
1. Voraussetzungen a) Eine **wesentlich beteiligte Person** (siehe § 74 Abs. 2 AO) b) muss einen **ihr** (privatrechtlich) **gehörenden Gegenstand** (bewegliche Sache oder Grundstück) c) **dem Unternehmen** (vgl. § 2 UStG), an dem sie beteiligt ist, **auf Dauer zur Nutzung überlassen.** d) Haftung **nur für „Betriebssteuern“,** also Steuern die ausschließlich bei dem Betrieb eines Unternehmens anfallen können (z. B. also USt, GewSt, nicht jedoch LSt, ESt oder KfzSt). e) Haftung **gem. § 74 Abs. 1 Satz 2 AO zeitlich** nur für Steuern, die während des Bestehens der wesentlichen Beteiligung (und während der Zeit der Überlassung des Gegenstands) entstanden sind. f) Haftung **nur „mit“ den überlassenen Gegenständen** oder den dafür erhaltenen Surrogaten. Die Gegenstände müssen im Bescheid genau bezeichnet werden. Ebenso muss angegeben werden, dass ggf. mit den Surrogaten gehaftet wird. Anderenfalls ist der Bescheid nicht hinreichend bestimmt (§ 119 Abs. 1 AO) und nichtig (§ 125 Abs. 1 AO).
2. Rechtsfolge Haftung der unter 1.a) genannten Person.

72 Einzelheiten siehe Kap. VI.3.2, S. 62.
73 Einzelheiten siehe Kap. VI.3.4, S. 63.

Ergeht der Haftungsbescheid, muss der Haftungsschuldner zahlen oder die Vollstreckung in den ihm gehörenden Gegenstand dulden. Erarbeiten Sie sich AEAO zu § 74.

2.6 Haftung des Betriebsübernehmers, § 75 AO

§ 75 AO hat folgenden Sinn und Zweck: Bei einem Unternehmen bietet das vorhandene Betriebsvermögen dem FA eine (materielle) Sicherheit für eventuelle Vollstreckungen wegen betrieblicher Steuerschulden. Diese Sicherheit soll dem FA nicht durch Übertragung in andere Hände verloren gehen.

§ 175 AO ist sehr gut im AEAO zu § 175 kommentiert. Erarbeiten Sie sich die Vorschrift anhand des nachfolgenden Prüfungsschemas in Verbindung mit den Verweisen auf den AEAO.

Prüfungsschema zu § 75 AO
1. Voraussetzungen **a) „Lebendes" Unternehmen** oder gesondert geführter Betrieb Unternehmen ist ein Unternehmen i. S. des § 2 Abs. 1 UStG. Dazu und zum gesondert geführten Betrieb siehe AEAO zu § 75 Tz. 3.1. Das Unternehmen (bzw. der Teilbetrieb) muss „leben", d. h. noch so betriebsfähig sein, dass es vom Erwerber ohne großen Aufwand fortgeführt werden kann (siehe AEAO zu § 75 Tz. 3.3). Keine Haftung im Falle des § 75 Abs. 2 AO (siehe AEAO zu § 75 Tz. 3.4).
b) Übereignung des Unternehmens = Übertragung des Unternehmens durch Rechtsgeschäft. Es reicht aus, dass der Erwerber wirtschaftlich in der Lage ist, das Unternehmen wie ein Eigentümer zu betreiben. Siehe AEAO zu § 75 Tz. 3.2.
c) Im Ganzen = alle wesentlichen Betriebsgrundlagen des Unternehmens müssen übernommen werden. Siehe AEAO zu § 75 Tz. 3.2.
d) Haftung nur für Betriebssteuern und Steuerabzugsbeträge Betriebssteuern sind Steuern die ausschließlich bei dem Betrieb eines Unternehmens anfallen können (z. B. USt, GewSt nicht jedoch ESt oder KfzSt). Steuerabzugsbetrag ist z. B. die LSt (AEAO zu § 75 Tz. 4.1).
e) Haftung nur zeitlich begrenzt gem. § 75 Abs. 1 Satz 1 letzter Halbsatz AO Siehe AEAO zu § 75 Tz. 4.2. Zu prüfen sind hier zwei Zeiträume: Der Erwerber haftet nur für Steuern, 1. die seit dem Beginn des vor der Übereignung liegenden Kj. entstanden sind, und zugleich 2. vor der Übereignung oder (spätestens) bis zum Ablauf von einem Jahr nach der Anmeldung des Betriebs durch den Erwerber (vgl. § 138 AO) festgesetzt oder angemeldet werden.
f) Haftung nur mit dem Bestand des übernommenen Vermögens (§ 75 Abs. 1 Satz 2 AO) = (gegenständliches) Aktivvermögen. Schulden sind nicht abzuziehen. Das FA kann in das übernommene Aktivvermögen bzw. in dessen Surrogate vollstrecken, wenn der Haftungsschuldner nicht freiwillig zahlt. Siehe AEAO zu § 75 Tz. 4.3.
2. Rechtsfolge Haftung des Erwerbers im o. g. Umfang.

In der Praxis und in Klausuren wird die Haftung des Erwerbers für Verbindlichkeiten (einschließlich Steuerschulden) des Betriebsveräußerers häufig ausgeschlossen. Dies ist gegenüber dem FA nicht wirksam. Begründung: Bei § 75 AO handelt es sich um einen öffentlich-rechtlichen Anspruch, der allein aufgrund Gesetzes entsteht und erlischt. Er kann deshalb nicht vertraglich abbedungen werden.

Führt der Erwerber zusätzlich die Firma (i. S. des § 17 HGB) des Unternehmens fort, haftet er auch gem. § 25 HGB. Bislang war die Vorschrift nicht prüfungsrelevant.

2.7 Haftung der Gesellschafter einer Personengesellschaft

Nach § 128 HGB haften die Gesellschafter einer OHG für die Verbindlichkeiten der Gesellschaft den Gläubigern als Gesamtschuldner persönlich. Sie haften für alle Ansprüche aus dem Steuerschuldverhältnis (also für die USt, LSt, GewSt, GrESt, KfzSt und für steuerliche Nebenleistungen der OHG), die bis zu ihrem Ausscheiden aus der Gesellschaft begründet waren.

§ 128 HGB gilt analog für die Gesellschafter einer BGB-Gesellschaft (§§ 705 ff. BGB) und gem. § 161 Abs. 2 HGB für die Komplementäre einer KG. Deren Kommanditisten haften allenfalls gem. §§ 171–176 HGB.

Die Partner einer Partnerschaftsgesellschaft haften gegenüber dem FA gem. § 8 Abs. 1 PartGG, der dem § 128 HGB nachgebildet ist.

HINWEIS

- Auch § 128 HGB und § 8 Abs. 1 PartGG sind Gesetze i. S. des § 191 Abs. 1 AO, die es dem FA erlauben, einen Haftungsbescheid zu erlassen.
- Ist die Haftung von (vertretungsbefugten) Personengesellschaftern gutachtlich zu prüfen, muss immer auch § 69 AO untersucht werden.

Beispiel 35

BEISPIEL 35

Die X-GmbH geriet zu Beginn des Jahres 04 erstmals in erhebliche Zahlungsschwierigkeiten. Geschäftsführer G zahlte deshalb die am 10. 1. 04 fällige USt i. H. von 200.000 € nicht. Auch die für Januar bis Mai 04 zwar ordnungsgemäß angemeldeten USt-Beträge i. H. von 600.000 € wurden nur i. H. von 100.000 € entrichtet. Darüber hinaus bestanden von Anfang 04 bis zur Eröffnung des Insolvenzverfahrens über das Vermögen der GmbH Ende Juni 04 Lohnsteuerschulden i. H. von 100.000 €, von denen nur 50.000 € beglichen worden sind.

Zu Beginn des Jahres 04 betrugen die sonstigen Verbindlichkeiten der GmbH 6 Mio. €. Bis zum Juni 04 kamen weitere 15 Mio. € sonstige Verbindlichkeiten hinzu. G beglich die sonstigen Verbindlichkeiten bis zur Eröffnung des Insolvenzverfahrens i. H. von 16 Mio. €.

1. Prüfen Sie, ob bzw. inwieweit G haftet.
2. Was wäre, wenn es sich nicht um eine GmbH handelte, sondern um eine OHG und X Gesellschafter wäre?

Lösung:

Zu 1.: G könnte nach § 69 AO haften.

Er ist gem. § 34 Abs. 1 AO i. V. mit § 35 GmbHG eine Person gem. § 69 AO.

G müsste die ihm auferlegten Plichten verletzt haben. Im vorliegenden Fall hatte G die Pflicht, die LSt und die USt zu entrichten (§ 41a Abs. 1 EStG, § 18 Abs. 1 Satz 4 UStG, § 34 Abs. 1 Satz 2 AO). Diese Pflichten hat er verletzt, da er die LSt. i. H. von 50.000 € und die USt i. H. von 700.000 € nicht bezahlt hat.

Die LSt musste er vorrangig vor allen übrigen Verbindlichkeiten tilgen. Begründung: Laut BFH besteht ein untrennbarer Zusammenhang zwischen Lohnzahlung und Abführung der LSt. Insoweit ist eine Pflichtverletzung i. H. von 50.000 € gegeben.

Da nicht genügend Mittel zur Tilgung aller Verbindlichkeiten vorhanden waren, gilt für die USt der Grundsatz der anteiligen Tilgung. Als ordentlichem Geschäftsführer war G verpflichtet, alle Ansprüche (auch die des FA) gleichmäßig (= anteilig) zu befriedigen. G haftet daher nur, soweit er die Tilgungsquote für die USt unterschritten hat. Bei der Berechnung der Tilgungsquote ist auf einen Haftungszeitraum abzustellen. Dieser beginnt mit der ersten Steuersäumigkeit (hier Anfang 04) und endet mit der totalen Zahlungsunfähigkeit der GmbH (hier Ende Juni 04).

Berechnung der Quote:

1. Ermittlung der Gesamtverbindlichkeiten:

Steuerschulden (ohne LSt):		
	Bestand Anfang 04	200.000 €
	Zugang im Haftungszeitraum	600.000 €
Sonstige Verbindlichkeiten:		
	Bestand Anfang 04	6.000.000 €
	Zugang im Haftungszeitraum	15.000.000 €
Summe der Gesamtverbindlichkeiten		21.800.000 €

2. Ermittlung der verfügbaren Zahlungsmittel:
Zu erfassen sind die Zahlungen im Haftungszeitraum auf die unter 1. genannten Verbindlichkeiten (ohne LSt-Zahlungen):

USt-Zahlungen	100.000 €
Sonstige Mittel	16.000.000 €
Summe der Zahlungsmittel	16.100.000 €

3. Ermittlung der Steuerverbindlichkeiten (ohne LSt):

USt	
Bestand Anfang 04	200.000 €
Zugang im Haftungszeitraum	600.000 €
Summe der Steuerverbindlichkeiten	800.000 €

4. Ermittlung der durchschnittlichen Tilgungsquote:
Die Gesamtverbindlichkeiten i. H. von 21.800.000 € wurden i. H. von 16.100.000 € beglichen also in Höhe einer Quote von 73,85 % (16.100.000 x 100 : 21.800.000). In Höhe dieser Quote hätte G auch die Steuerverbindlichkeiten gegenüber dem FA (ohne LSt) begleichen müssen.

5. Anwendung der Tilgungsquote auf die Steuerverbindlichkeiten:

800.000 € USt x 73,85 % =	590.800 €
6. Abzüglich der tatsächlich gezahlten USt:	**- 100.000 €**
7. Haftungsbetrag USt:	**490.800 €**

G hat seine Pflichten auch vorsätzlich verletzt: Er kannte alle Umstände. Indem er mit den vorhandenen Mitteln vorrangig andere Gläubiger befriedigt hat, hat er an das FA bewusst zu wenig LSt und USt bezahlt. Vertretbar ist auch die Annahme grob fahrlässigen Verhaltens.

Da auch die übrigen Voraussetzungen des § 69 AO gegeben sind, haftet G für die LSt i. H. von 50.000 € und für die USt i. H. von 490.800 €.

Zu 2.: Die Lösung zu 1. gilt entsprechend. Als „Geschäftsführer einer nichtrechtsfähigen Personenvereinigung" (OHG) ist X eine Person i. S. des § 34 Abs. 1 AO und haftet gem. § 69 AO wie oben.

Als Gesellschafter der OHG haftet er zusätzlich gem. § 128 HGB für die steuerlichen Verbindlichkeiten der OHG in vollem Umfang, also i. H. von 750.000 €. Der Grundsatz der anteiligen Tilgung gilt hier nicht.

2.8 Der Haftungsbescheid (§ 191 AO)

Für Haftungsbescheide gilt allgemein Folgendes:

- Haftungsbescheide können gem. § 191 AO erlassen werden. Soweit ein Haftungstatbestand (z. B. § 69 oder § 75 AO) erfüllt ist, ergehen solche Bescheide nicht zwingend, sondern aufgrund pflichtgemäßen Ermessens (Entschließungsermessen und Auswahlermessen).
- Ein Haftungsbescheid ist ein VA gem. § 118 ff. AO. Jeder einzelne im Bescheid aufgeführte Anspruch, für den gehaftet werden soll, ist ein selbständiger VA.
- Als ordentlicher Rechtsbehelf gegen einen Haftungsbescheid ist der Einspruch statthaft (§ 347 Abs. 1 Nr. 1 AO).
- Der Haftungsbescheid ist kein Steuerbescheid i. S. des § 155 AO und ist einem Steuerbescheid auch nicht gleichgestellt.
- Er kann ggf. gem. §§ 129, 130 oder § 131 AO korrigiert werden. §§ 172 ff. und §§ 164, 165 AO finden keine Anwendung.
- Bezüglich der Festsetzungsverjährung gelten § 191 Abs. 3 und Abs. 4 i.V. mit §§ 169 ff. AO (gem. Wortlaut nur für den erstmaligen „Erlass von Haftungsbescheiden").

2.9 Einspruch gegen Haftungsbescheide

Übersicht: Einspruch gegen einen Haftungsbescheid
1. Zulässigkeit Es gelten die allgemeinen Vorschriften (siehe Kap. III.4.). Der Einspruch ist gem. § 347 Abs. 1 Nr. 1 AO statthaft. § 351 AO gilt nicht.

2. Begründetheit

Es gilt das in Kap. III.5. Gesagte. Folgende Besonderheiten sind zu beachten:

a) Ein Haftungsbescheid ist gem. § 191 Abs. 1 Satz 1 AO nur rechtmäßig, wenn und soweit eine Haftungsnorm greift. Dies ist i. d. R. der Schwerpunkt der Prüfung. Prüfungsrelevant sind insbesondere: § 69, § 71, § 74 und § 75 AO aber auch § 128 HGB.

b) Ist der Steueranspruch im Haftungsbescheid genau bestimmt (nach Steuerschuldner, Steuerart, Erhebungszeitraum und Betrag)? Soweit dies nicht der Fall ist, ist der Bescheid gem. § 119 Abs. 1 i.V. mit § 125 Abs. 1 AO nichtig.

c) Ist der Haftungsanspruch ggf. verjährt (§ 191 Abs. 3 und Abs. 4 AO)?

d) Besteht die Steuerschuld (in voller Höhe)? Dass diese bestandskräftig festgesetzt ist, ist grds. ohne Belang. Beachte aber ggf. § 166 AO. Ist die Steuer ggf. verjährt, § 191 Abs. 5 AO?

e) Liegen Ermessensfehler des FA vor? („Ob", Höhe, wer); wichtig: § 121 AO.

f) Zuständigkeit des FA? Vgl. § 24 AO; bei Verstoß greift § 127 AO nicht, da § 191 Abs. 1 AO eine Ermessensvorschrift ist.

Hinweis: Auf die o. g. Punkte b–f ist nur einzugehen, soweit der Fall Anlass dazu bietet.

Beispiel 36

Gegen die X GmbH wird die USt 14 i. H. von 5.000 € endgültig festgesetzt. Deren Geschäftsführer G lässt den Bescheid bestandskräftig werden, zahlt die USt aber nicht, obwohl dies möglich und zumutbar war. Einige Zeit später fällt die GmbH in Insolvenz. Nachdem das FA G gegenüber einen Haftungsbescheid i. H. von 5.000 € erlässt, erhebt er form- und fristgerecht Einspruch und macht zutreffend (allein) geltend, die USt betrage nur 2.000 €.

Prüfen Sie, ob der Einspruch begründet ist.

Lösung:

Der Einspruch ist begründet, wenn der Haftungsbescheid rechtswidrig ist und der G dadurch in seinen Rechten verletzt ist. Gemäß § 191 Abs. 1 AO ist zunächst zu prüfen, ob die Voraussetzungen des § 69 AO gegeben sind. Dies ist hier zu bejahen.

Da die zutreffende USt-Schuld nur 2.000 € beträgt, durfte der Haftungsbescheid nur in Höhe dieses Betrags ergehen. Dass der USt-Bescheid bestandskräftig geworden ist, spielt grds. keine Rolle. Im Einspruchsverfahren gegen den Haftungsbescheid sind Einwendungen gegen die Steuerschuld grds. möglich. Im vorliegenden Fall greift jedoch § 166 AO: Dem G war es als gesetzlicher Vertreter der GmbH (§ 35 GmbHG und § 34 Abs. 1 AO) möglich, den USt-Bescheid anzufechten. Da er dies nicht getan hat, entfaltet die USt-Festsetzung ihm gegenüber gem. § 166 AO Drittwirkung. Das heißt, dass er im Einspruchsverfahren gegen den Haftungsbescheid Einwendungen gegen den USt-Bescheid nicht (mehr) geltend machen kann. Der Einspruch ist nicht begründet.

2.10 Korrektur von Haftungsbescheiden

Zur Korrektur von Haftungsbescheiden siehe allgemein Kap IV.5.10[74] und insbesondere AEAO zu § 191 Nr. 5.

Beispiel 37

Der Erwerber eines Unternehmens wird nach § 75 AO für die vom Veräußerer nicht gezahlte USt März 03 i. H. von 10.000 € zur Haftung herangezogen.

1. Nach Bekanntgabe des Haftungsbescheids wird dem FA aufgrund einer Außenprüfung erstmals bekannt, dass tatsächlich nur 5.000 € USt auf diesen Voranmeldungszeitraum entfallen.

2. Nach Bestandskraft des Haftungsbescheids stellt sich heraus, dass der Erwerber auch für die USt April 03 i. H. von 15.000 € in Anspruch genommen werden kann.

3. Nach Bekanntgabe des Haftungsbescheids wird dem FA aufgrund einer Außenprüfung erstmals bekannt, dass tatsächlich 30.000 € USt auf die USt März 03 entfallen.

Die USt-Festsetzungen werden nach § 164 Abs. 2 AO entsprechend geändert.

Prüfen Sie, ob der Haftungsbescheid korrigiert werden kann.

74 Seite 38.

Lösung:

1. Die Voraussetzungen des § 130 Abs. 1 AO sind zu bejahen: Der Haftungsbescheid war (von Anfang an) rechtswidrig, weil die ursprüngliche USt-Festsetzung über 10.000 € rechtswidrig war. Der Bescheid kann danach gem. § 130 Abs. 1 AO teilweise zurückgenommen werden.

Vertretbar ist auch, § 131 Abs. 1 AO (anstatt § 130 Abs. 1 AO) anzunehmen. Begründung: Der Haftungsbescheid war zum Zeitpunkt der Bekanntgabe rechtmäßig, da er der USt-Festsetzung entsprach. Durch die Minderung der USt ist er (nachträglich) rechtswidrig geworden.

Die Änderung gem. § 131 Abs. 1 bzw. § 130 Abs. 1 AO erfolgt allerdings nur nach pflichtgemäßen Ermessen. Grundsätzlich ist es ermessensfehlerfrei, nicht zu ändern, wenn die Einspruchsfrist abgelaufen ist. Grund: Würden rechtswidrige VA in jedem Fall geändert, würden diese nicht bestandskräftig. Im vorliegenden Fall jedoch konnte E gegen den gegenüber V ergangen USt-Bescheid keinen Einspruch einlegen. Es kann also insbesondere wegen des Grundsatzes der Akzessorietät Haftung (Abhängigkeit des Haftungsanspruchs vom Steueranspruch) – ausnahmsweise – nach pflichtgemäßem Ermessen geändert werden.

2. Hier kann das FA ohne Rücksicht auf eine Korrekturvorschrift einen zweiten Haftungsbescheid über 15.000 € erlassen. Begründung: Der zweite Bescheid umfasst einen anderen Sachverhalt (USt April 03), der nicht Regelungsinhalt des bereits ergangenen Haftungsbescheids war.

3. Hier hält der BFH den Erlass eines sog. ergänzenden Haftungsbescheids (ohne Rücksicht auf eine Korrekturvorschrift) i. H. von 20.000 € für möglich. Begründung: Der ursprüngliche Haftungsbescheid betrifft den Haftungsanspruch bezgl. der USt März 03 nur i. H. von 10.000 € und ist nur insoweit bestandskräftig geworden. Die später bekannt gewordenen weiteren USt-Schulden März 03 i. H. von 20.000 € werden von dem ursprünglichen Haftungsbescheid nicht erfasst. Zum Ganzen siehe AEAO zu § 191 Nr. 5.

3. Steuerstrafrecht

3.1 Bedeutung in der Prüfung

Aus dem Gebiet Steuerstrafrecht sind insbesondere prüfungsrelevant § 370 AO (Steuerhinterziehung), § 371 AO (Selbstanzeige) und § 378 AO (leichtfertige Steuerverkürzung) sowie (gem. § 369 Abs. 2 AO) § 15 StGB (Strafbarkeit grds. nur bei Vorsatz) und §§ 25–27 StGB (Täterschaft, Anstiftung und Beihilfe).

Das in den §§ 369–412 AO geregelte Steuerstraf- und Bußgeldrecht, gehört zum Strafrecht bzw. Bußgeldrecht, nicht zum Steuerrecht.

Sinn und Zweck des Strafrechts und des Bußgeldrechts ist es, besonders verwerfliche Taten zu sanktionieren, also mit einer Strafe (bzw. einem Bußgeld) zu belegen, um dadurch solche Taten in der Zukunft zu verhindern.

In der Steuerberaterprüfung kann die Aufgabenstellung allein das Steuerstrafrecht betreffen: „Prüfen Sie, ob bzw. inwieweit A, B und C sich wegen Steuerhinterziehung strafbar gemacht haben."

Häufiger sind die Auswirkungen steuerstrafrechtlichen Verhaltens auf das Steuerrecht (Besteuerungsverfahren) zu untersuchen.

Übersicht: Auswirkungen des Steuerstrafrechts auf das Besteuerungsverfahren
1. Hinterzogene Steuern werden nachträglich festgesetzt Die fehlerhaften Bescheide werden gem. § 164 Abs. 2 (in den Grenzen des Abs. 4) oder § 172 Abs. 1 Nr. 2c und § 173 Abs. 1 Nr. 1 (ggf. i.V. mit Nr. 2) AO geändert; sonstige VA werden gem. § 130 Abs. 2 Nr. 2–4 AO korrigiert.
2. Verlängerung der Festsetzungsfrist gem. § 169 Abs. 2 Satz 2 AO Die Festsetzungsfrist verlängert sich auf zehn Jahre bei § 370 AO und fünf Jahre bei § 378 AO. Ggf. greifen besondere Ablaufhemmungen ein: § 171 Abs. 5 und Abs. 9 AO (§ 171 Abs. 7 AO ist nicht prüfungsrelevant).
3. Hinterzogene Steuern sind zu verzinsen (§§ 235, 238, 239 AO) Die Zinsvorschriften (§§ 233 ff. AO) waren bislang nicht Gegenstand der Steuerberaterprüfung.

4. Haftung
Der Steuerhinterzieher (Täter oder Teilnehmer) haftet für (zugunsten eines anderen Stpfl.) hinterzogene Steuern gem. § 71 und § 191 AO. Die Festsetzungsfrist beträgt zehn Jahre (§ 191 Abs. 3 Satz 2 am Ende AO).

5. Selbstanzeige
Die Selbstanzeige (§ 371 AO) wirkt sich nur strafrechtlich (nämlich strafbefreiend) aus, nie jedoch auf das Besteuerungsverfahren, also nie auf die o. g. Punkte 1–4.

3.2 Steuerhinterziehung und leichtfertige Steuerverkürzung

Ob und inwieweit (= Höhe der Steuerverkürzung) Steuern gem. § 370 AO hinterzogen oder gem. § 378 AO verkürzt worden sind, wird anhand des nachfolgenden Schemas geprüft. § 370 und § 378 AO unterscheiden sich im Wesentlichen im subjektiven Tatbestand.

Prüfungsschema: Steuerhinterziehung (§ 370 AO) / leichtfertige Steuerverkürzung (§ 378 AO)

1. Objektiver Tatbestand (§ 370 und § 378 AO)

a) Tathandlung:
- § 370 Abs. 1 Nr. 1 AO: „Unrichtige oder unvollständige Angaben", z. B. unrichtige = unvollständige Tatsachenangaben in Steuererklärungen; unrichtige Angaben sind in jedem Steuerverfahren möglich,

oder
- § 370 Abs. 1 Nr. 2 AO: „Pflichtwidrig in Unkenntnis lassen". Der Täter gibt (überhaupt) keine Tatsachen gegenüber dem FA an, obwohl er dazu verpflichtet ist, z. B. Nichtabgabe von Steueranmeldungen und -erklärungen.

b) Taterfolg:
- Steuerverkürzung (§ 370 Abs. 1 letzter Halbsatz und Abs. 4 Satz 1 AO; beachten Sie ggf. das Saldierungsverbot des Satz 3) oder
- Erlangung nicht gerechtfertigter Steuervorteile (§ 370 Abs. 1 letzter Halbsatz und Abs. 4 Satz 2 und Satz 3 AO)

c) Kausalität: Der Taterfolg muss auf der Tathandlung beruhen.

2. Subjektiver Tatbestand

§ 370 AO: § 369 Abs. 2 AO i.V. mit § 15 StGB: Der objektive Tatbestand muss vorsätzlich verwirklicht werden. Vorsatz = Handeln mit Wissen und Wollen. Zumeist handelt der Täter absichtlich, d. h. es kommt ihm auf die Steuerhinterziehung an. Vorsatz ist aber bereits dann zu bejahen, wenn der Stpfl. die Steuerhinterziehung nur für möglich hält, aber „billigend in Kauf nimmt" (dolus eventualis).	**§ 378 AO:** Leichtfertigkeit = grobe Fahrlässigkeit = schwerwiegende, unentschuldbare Verletzung der subjektiv zumutbaren Sorgfaltspflichten.

3. Rechtswidrigkeit und Schuld
Die Tat ist rechtswidrig, wenn keine Rechtfertigungsgründe (z. B. Notwehr, § 32 StGB) greifen. Solche sind im Steuerstrafrecht nicht denkbar. Das Handeln ist schuldhaft, wenn keine Schuldausschließungsgründe (z. B. §§ 19 ff. oder § 35 StGB) greifen. Auch solche Gründe sind nicht prüfungsrelevant.
Formulierungsvorschlag für die Klausur: „Die Tat ist auch rechtswidrig und schuldhaft".

4. Strafbefreiende Selbstanzeige
Soweit der Fall Anlass dazu bietet, ist § 371 AO (oder § 378 Abs. 3 AO) zu prüfen.

3.3 Selbstanzeige, § 371 AO

Prüfungsschema: Selbstanzeige § 371 AO[75]

1. Voraussetzungen

a) Selbstanzeigehandlung (§ 371 Abs. 1 AO)

Inhalt: Die (grds. formlose) Selbstanzeige (= „Materiallieferung") muss der Wahrheit entsprechen, vollständig sein (bzgl. aller strafrechtlich nicht verjährten Steuerstraftaten einer Steuerart, mindestens der letzten zehn Kj.), durch eigenes Verhalten des Täters oder Teilnehmers (oder von ihm Beauftragten) erfolgen. Die Angaben müssen grds. so gehalten sein, dass das FA in die Lage versetzt wird, ohne langwierige SV-Ermittlungen die Steuer zutreffend festzusetzen.

b) Fristgerechte Nachzahlung der hinterzogenen Steuern und Zinsen (§ 371 Abs. 3 AO)

Innerhalb der (strafrechtlichen) Frist, Dauer nach Ermessen des FA (i. d. R. ein Monat). Die Pflicht zur Nachzahlung trifft nur den durch die Steuerhinterziehung Begünstigten.

c) Ausschluss der Straffreiheit gem. § 371 Abs. 2 AO

Nr. 1a: Nach Bekanntgabe der Prüfungsanordnung. Maßgeblich: Sachlicher und zeitlicher Umfang der Prüfungsanordnung (vgl. § 371 Abs. 2 Satz 2 AO);
Nr. 1b: nach Bekanntgabe der Einleitung des Straf- oder Bußgeldverfahrens;
Nr. 1c: nach Erscheinen eines Amtsträgers zur steuerlichen Prüfung oder
Nr. 1d: zur Ermittlung einer Steuerstraftat oder Steuerordnungswidrigkeit oder
Nr. 1e: zu einer Nachschau.
Nr. 2: Wenn eine der Steuerstraftaten bereits entdeckt war und der Täter dies wusste oder damit rechnen musste, Voraussetzungen:
(1) Das FA muss eine bestimmte Tat entdeckt haben = kennen,
(2) der Täter muss mit dieser Kenntnis rechnen können.
Nr. 3: Wenn die verkürzte Steuer (oder der nicht gerechtfertigte Steuervorteil) 25.000 € je Tat übersteigt. In diesem Fall wird gem. § 398a AO aber von der Strafverfolgung abgesehen, wenn der Täter die hinterzogenen Steuern und Zinsen (§ 235 AO) entrichtet und
- bei Hinterziehung bis 100 T€ zusätzlich 10 %,
- bei Hinterziehung bis 1 Mio. € zusätzlich 15 % und
- bei Hinterziehung von mehr als 1 Mio. € zusätzlich 20 %

„Strafgeld" zahlt.
Nr. 4: Wenn ein besonders schwerer Fall gem. § 370 Abs. 3 Nr. 2–5 AO vorliegt. Auch dann gilt § 398a AO.

2. Rechtsfolge

Straffreiheit (allein) des Selbstanzeigers. Der Unrechtsgehalt der Tat und die Schuld des Täters werden nicht beseitigt. D. h., steuerrechtlich bleibt es bei der Steuerhinterziehung: § 335, § 169 Abs. 2 Satz 2, § 71 AO etc. sind weiter anwendbar.

Bei der Abgabe nicht rechtzeitiger oder unzutreffender USt- oder LSt-Anmeldungen ist § 371 Abs. 2a AO zu beachten.

HINWEIS

3.4 Täterschaft und Teilnahme (§§ 25–27 StGB)

Gibt es im Sachverhalt nur eine Person, deren Strafbarkeit gem. § 370 AO zu untersuchen ist, erfolgt die Prüfung anhand des Prüfungsschemas Steuerhinterziehung.[76] Sind alle Voraussetzungen gegeben, ist die Strafbarkeit zu bejahen, anderenfalls zu verneinen.

Wirken mehrere Personen bei der Steuerhinterziehung mit, können diese wie folgt beteiligt sein.

75 In der ab 1. 1. 2015 geltenden Fassung.

76 Siehe S. 62.

Übersicht: Beteiligung an einer Steuerhinterziehung

1. Beteiligung als Täter (§ 25 StGB)
- Unmittelbarer Täter (§ 25 Abs. 1 StGB) = derjenige, der alle Voraussetzungen des § 370 AO selbst erfüllt (Normalfall).
- Mittelbarer Täter (§ 25 Abs. 1 StGB) = derjenige, der die Tat durch einen anderen (sein „Werkzeug“) begeht (selten).
- Mittäter (§ 25 Abs. 2 StGB) = diejenigen, die die Tat aufgrund eines gemeinsamen Tatentschlusses unter bewusstem und gewolltem Zusammenwirken (= gemeinschaftlich) begehen (häufiger).

2. Beteiligung als Teilnehmer (§ 26 und § 27 StGB) durch
- Anstiftung (§ 26 StGB): Anstifter ist, wer (vorsätzlich) den Tatentschluss beim Haupttäter auslöst.
- Beihilfe (§ 27 StGB): Gehilfe ist, wer (vorsätzlich) die Tat des Haupttäters (durch Rat oder Tat) fördert.

Hinweis: Die Teilnahme ist abhängig von der Haupttat (ohne Haupttat keine Teilnahme).

Ist problematisch, ob jemand Täter oder nur Teilnehmer (z. B. Mittäter oder nur Gehilfe) ist gilt Folgendes: Der Täter will die Tat als eigene. Er hat ein eigenes Interesse an der Tat. Er ist z. B. am Taterfolg (Steuerverkürzung) beteiligt. Der Teilnehmer will die Tat dagegen als fremde und hat kein unmittelbares eigenes Interesse an der Tat.

Regeln für den Aufbau der Klausurlösung:

- Bei mehreren Beteiligten ist zunächst derjenige zu prüfen, der als (unmittelbarer) Täter in Betracht kommt, der also alle Voraussetzungen des § 370 AO selbst verwirklicht hat.
- Täterschaft ist vor Teilnahme zu prüfen.
- Bei der Mittäterschaft werden die einzelnen Tatbeiträge der Mittäter den anderen zugerechnet.
- Wenn Täterschaft bei einer Person bejaht worden ist, ist Teilnahme nicht mehr zu prüfen.
- Wenn Anstiftung bejaht worden ist, ist Beihilfe nicht mehr zu prüfen.

Beispiel 38

Um Steuern zu sparen, erklärte Dr. X in seiner ESt-Erklärung 01 Teile seiner Einnahmen aus selbständiger Tätigkeit nicht (ESt + 11.000 €). Die insoweit angefallenen Betriebsausgaben gab er ebenfalls nicht an (ESt - 1.000 €). Bei seinen Einkünften aus V + V vergaß er (grob fahrlässig) Werbungskosten anzugeben (ESt - 3.000 €).

Vor Abgabe der ESt-Erklärung weihte X seine Ehefrau E in seinen Plan ein. Diese lehnte die Steuerbetrügerei zunächst vehement ab. Nachdem X jedoch versprach, die „gesparte“ ESt 01 für einen gemeinsamen Urlaub in Florida zu nutzen, stimmte E der Betrügerei freudig zu, bestärkte X in seinem Vorhaben und unterschrieb die gemeinsame ESt-Erklärung.

Prüfen Sie, ob und inwieweit X und E sich strafbar gemacht haben.

Lösung:

I. Strafbarkeit des X gem. § 370 Abs. 1 Nr. 1 AO

X könnte sich gem. § 370 Abs. 1 Nr. 1 AO strafbar gemacht haben.

1. Objektiver Tatbestand

X hat in der ESt-Erklärung 01 Einnahmen, Ausgaben und Werbungskosten nicht angegeben. Er hat insoweit gegenüber dem FA gem. § 370 Abs. 1 Nr. 1 AO unrichtige Angaben gemacht. Die dadurch verursachte ESt-Verkürzung (§ 370 Abs. 4 AO) beträgt 10.000 €: Die Betriebsausgaben aus der selbständiger Tätigkeit sind zu berücksichtigen: Sie stehen in sachlichem Zusammenhang mit den Einnahmen und sind daher keine anderen Gründe i. S. des § 370 Abs. 4 Satz 3 AO. Die Werbungskosten aus V + V haben dagegen mit der Steuerhinterziehung nichts zu tun und stellen einen – tatfremden – anderen Grund i. S. des § 370 Abs. 4 Satz 3 AO dar. Sie sind nicht abzuziehen.

2. Subjektiver Tatbestand

X handelte, um Steuern zu sparen, also mit Wissen und Wollen (absichtlich), d. h. gem. § 369 Abs. 2 AO i.V .mit § 15 StGB vorsätzlich.

3. Rechtswidrigkeit, Schuld und Ergebnis

Da die Tat auch rechtswidrig und schuldhaft ist, hat X eine Steuerhinterziehung i. H. von 10.000 € begangen.

II. Strafbarkeit der E gem. § 370 Abs. 1 Nr. 1 AO
Auch die E könnte § 370 Abs. 1 Nr. 1 AO verwirklicht haben.

1. Objektiver Tatbestand
Indem sie die unzutreffende ESt-Erklärung 01 unterschrieben hat, könnte sie unrichtige Angaben gem. § 370 Abs. 1 Nr. 1 AO (i.V. mit § 25 Abs. 1 erste Alt. StGB) gemacht haben. Allerdings bezieht sich die Unterschrift in der gemeinsamen ESt-Erklärung nur auf die eigene „Wissenssphäre", also auf die eigenen Einkünfte (nicht auf die des X) oder auf gemeinsame Besteuerungsmerkmale (z. B. Sonderausgaben, außergewöhnliche Belastungen). Danach wäre § 370 Abs. 1 Nr. 1 AO zu verneinen. Allerdings hat E hier die Tat unter bewusstem und gewolltem Zusammenwirken mit X, d. h. gemeinschaftlich gem. § 25 Abs. 2 StGB begangen: Sie hat X bei der Tat psychisch unterstützt und die gemeinsame Erklärung unterschrieben. Da die „ersparten" Steuern für einen gemeinsamen Urlaub genutzt werden sollten, hatte sie ein unmittelbares eigenes Interesse an der Tat. Sie wollte die Tat als eigene. Sie ist also Mittäterin. Insoweit wird ihr die Tathandlung des X (vgl. oben I.1.) zugerechnet.

2. Subjektiver Tatbestand, Rechtswidrigkeit, Schuld und Ergebnis
E handelte auch vorsätzlich. Die Ausführungen zu I.2. und I.3. gelten entsprechend. E hat als Mittäterin (§ 25 Abs. 2 AO) eine Steuerhinterziehung i. H. von 10.000 € begangen.

4. FGO

4.1 Bedeutung in der Prüfung

FGO war zuletzt Thema in den Steuerberaterprüfungen 1999, 2000 und 2002.

Der Klausuraufbau entspricht im Wesentlichen dem von Einspruchsfällen: I. d. R. ist zu prüfen, ob eine (nach Erlass einer Einspruchsentscheidung hin) erhobene (oder noch zu erhebende) Klage erfolgreich ist. Es ist also zu untersuchen, ob eine Klage 1. zulässig und 2. begründet ist. Prüfungsrelevant ist auch § 69 FGO (Antrag auf AdV beim FG), sehr selten § 114 FGO (Antrag auf Erlass einer einstweiligen Verfügung).

Das Verfahren vor dem FG (§§ 76 ff. FGO) und die Rechtsmittel (Revision, §§ 115 ff. FGO und Beschwerde, §§ 128 ff. FGO) waren bislang nicht klausurrelevant.

4.2 Das Klagesystem der FGO

Will der Stpfl. gerichtlichen Rechtsschutz in Anspruch nehmen, muss er Klage vor dem FG erheben. Die im Finanzprozess statthaften Klagearten sind in § 40 und § 41 FGO geregelt. Diese gewähren i. S. des Art. 19 Abs. 4 GG umfassenden finanzgerichtlichen Rechtsschutz.

Die Bestimmung der Klageart ist insbesondere aus folgenden Gründen bedeutsam:

- Die Zulässigkeitsvoraussetzungen der Klagearten unterscheiden sich.
- Die zu stellenden Anträge richten sich nach der Klageart.
- Die Begründetheitsprüfung und der Tenor des Urteils hängen von der Klageart ab (§§ 100 ff. FGO).
- Die Art des vorläufigen Rechtsschutzes hängt in fast allen Fällen von der Klageart ab.

Die Klageart richtet sich nach dem Begehren des Stpfl., d. h. nach dem Ziel, dass der Stpfl. mit seiner Klage erreichen will.

Übersicht: Klagearten (§ 40 und § 41 FGO)
1. Anfechtungsklage (§ 40 Abs. 1 erste und zweite Alt. FGO) Mit der Anfechtungsklage begehrt der Stpfl. a) die **Aufhebung des** angefochtenen **VA** (**Aufhebungsklage** gem. § 40 Abs. 1 erste Alt. FGO, *selten*) oder b) die **Änderung eines Geldbetrags** (**Abänderungsklage** gem. § 40 Abs. 1 zweite Alt. und § 100 Abs. 2 FGO, *bei weitem die häufigste Klageart*).[77] c) Ein *sehr seltener* Unterfall der Anfechtungsklage ist die sog. Fortsetzungsfeststellungsklage gem. § 100 Abs. 1 Satz 4 FGO.

77 Zum seltenen Fall der „isolierten" Anfechtungsklage siehe Beispiel 16, S. 22.

2. Verpflichtungsklage (§ 40 Abs. 1 dritte und vierte Alt. FGO)
Mit der Verpflichtungsklage begehrt der Stpfl.
a) die **Verurteilung** des FA **zum Erlass eines abgelehnten VA** (§ 40 Abs. 1 dritte Alt. FGO, *nicht häufig*); sie geht über die Anfechtungsklage hinaus und ist die richtige Klageart für Fälle, in denen der Kläger neben der Aufhebung (des ablehnenden VA) den Erlass eines bestimmten Bescheids als zusätzliche Leistung begehrt; sie korrespondiert mit § 101 FGO,
b) die **Verurteilung zum Erlass eines unterlassenen VA** (§ 40 Abs. 1 vierte Alt. FGO, *sehr selten*). Diese sog. Untätigkeitsklage ist nicht zu verwechseln mit § 46 FGO, der nur für § 44 Abs. 1 AO Bedeutung hat. Vorangehen muss grds. ein Untätigkeitseinspruch (§ 347 Abs. 1 Satz 2 AO).

3. Sonstige (allgemeine) Leistungsklage (§ 40 Abs. 1 fünfte Alt. FGO)
Die *sehr seltene* allgemeine Leistungsklage ist auf Verurteilung zu einer Leistung (Tun, Dulden oder Unterlassen) gerichtet, die nicht in einem VA besteht. Hier ist weder eine Klagefrist einzuhalten (§ 47 FGO) noch ein Vorverfahren (§ 44 Abs. 1 FGO) obligatorisch.

4. Feststellungsklage (§ 41 FGO)
Mit der *sehr seltenen* Feststellungsklage kann die Feststellung des Bestehens oder Nichtbestehens eines Rechtsverhältnisses oder der Nichtigkeit eines VA begehrt werden, wenn der Kläger ein berechtigtes Interesse hat (§ 41 Abs. 1 FGO). Die Feststellungsklage ist gem. § 41 Abs. 2 FGO fast immer ausgeschlossen. Sie ist an keine Klagefrist gebunden (§ 47 FGO) und erfordert kein Vorverfahren (§ 44 Abs. 1 FGO).

Prüfungsrelevant sind die Anfechtungsklage und die Verpflichtungsklage. Zur **Abgrenzung** beider Klagearten empfehle ich die nachfolgenden Regeln:

1. Vorrang der Anfechtungsklage: Wenn der Kläger sein Begehren mit der Anfechtungsklage durchsetzen kann, ist eine Verpflichtungsklage nicht gegeben.

2. Gesetzestext lesen: Die Verpflichtungsklage greift nur, wenn durch die Klage „die Verurteilung (des FA) zum Erlass eines abgelehnten oder unterlassenen VA begehrt werden".

3. Setzt das FA einen Geldbetrag fest (durch ursprünglichen Bescheid oder Änderungsbescheid) greift grds. die Anfechtungsklage (i. S. des § 100 Abs. 2 FGO).

4. Nur wenn (sehr selten) das FG bei der Festsetzung eines Geldbetrags nicht selbst entscheiden darf, muss das FA zum Erlass einer anderen Festsetzung des Geldbetrags verurteilt werden. Dann ist eine Verpflichtungsklage gegeben. Das ist der Fall bei (den Stpfl. begünstigenden) VA, die auf dem Ermessen des FA beruhen (z. B. §§ 222, 258 oder § 163 AO).

4.3 Erfolgsaussichten einer Klage

Eine Klage hat Aussicht auf Erfolg, wenn sie zulässig und begründet ist. Es gilt das zum Einspruch Gesagte entsprechend.

4.3.1 Zulässigkeit der Klage

Prüfungsschema: Zulässigkeitsvoraussetzungen eines Einspruchs

1. Zulässigkeit des Finanzrechtswegs
Der Finanzrechtsweg ist in den prüfungsrelevanten Fällen unproblematisch gem. § 33 Abs. 1 Nr. 1 FGO gegeben. Dieser entspricht § 347 Abs. 1 Nr. 1 AO (i.V. mit § 1 Abs. 1 AO). Seltene Ausnahme ist § 262 AO.[78]

2. Zuständigkeit des Gerichts
Die instanzielle Zuständigkeit ergibt sich aus §§ 35, 36 FGO: In erster Instanz ist immer ein FG zuständig.
Die örtliche Zuständigkeit des FG ergibt sich aus § 38 Abs. 1 FGO.

78 Siehe Beispiel 34, S. 54.

3. Beteiligten-, Prozess-, Postulationsfähigkeit
Wer Beteiligter am Finanzprozess ist, regelt § 57 FGO. Der Kläger ist **beteiligtenfähig** (= parteifähig), soweit er steuerrechtsfähig ist, also Träger von steuerlichen Rechten und Pflichten sein kann. Dies ist i. d. R. bei dem Adressat eines VA der Fall.

Prozessfähigkeit ist die Fähigkeit, alle Prozesshandlungen selbst vor- bzw. entgegenzunehmen (§ 58 FGO entspricht § 79 AO). Der Prozessfähige kann sich vertreten lassen (§ 62 Abs. 2 FGO entspricht § 80 AO).

Postulationsfähigkeit ist die Fähigkeit, vor Gericht selbst aufzutreten und Verfahrenshandlungen vorzunehmen. Jeder prozessfähige Beteiligte ist vor dem FG auch postulationsfähig (vgl. § 62 Abs. 1 FGO). Vor dem BFH muss er sich jedoch vertreten lassen. Postulationsfähig sind dort nur die in § 62 Abs. 4 FGO genannten Bevollmächtigten.

Diese Zulässigkeitsvoraussetzung ist i. d. R. unproblematisch und kann mit einem Satz abgehandelt werden.

4. Statthafte Klageart (§§ 40, 41 FGO)
Siehe dazu oben Kap. VI.4.2.[79] In Klausuren ist die richtige Klageart immer darzustellen.
Wird (in der Praxis) eine unrichtige Klage erhoben, wird diese nicht (sofort) als unzulässig abgewiesen. Es greifen vielmehr § 76 Abs. 2 und § 65 Abs. 2 FGO.

5. Erfolgloses Einspruchsverfahren (§ 44 Abs. 1 FGO)
Ein (erforderliches) Einspruchsverfahren muss ganz oder teilweise erfolglos geblieben sein.
Ausnahmen von § 44 Abs. 1 FGO sind die **Untätigkeitsklage gem. § 46 FGO** und die **Sprungklage gem. § 45 FGO**. Dabei handelt es sich nicht um Klagearten, sondern Klageformen, deren Rechtsfolge allein die Zulässigkeit einer Klage ohne (abgeschlossenes) Einspruchsverfahren ist.
Bei der allgemeinen Leistungsklage (§ 40 Abs. 1 fünfte Alt. FGO) und der Feststellungsklage (§ 41 FGO) gibt es kein Vorverfahren. Insoweit gilt § 44 Abs. 1 FGO nicht.

6. Klagebefugnis (§ 40 Abs. 2 FGO)
Die in § 40 Abs. 1 FGO genannten Klagen sind nur zulässig, wenn der Kläger geltend macht, durch den VA bzw. dessen Ablehnung oder Unterlassung in seinen Rechten verletzt zu sein (§ 40 Abs. 2 FGO).
Es gilt hier das zur Beschwer (§§ 350 ff. AO) Gesagte entsprechend.[80] § 42 FGO verweist auf § 351 AO. § 48 FGO hat denselben Inhalt wie § 352 AO.
Bei der Feststellungsklage (§ 41 FGO) greift § 40 Abs. 2 FGO nicht. Der Kläger muss hier jedoch ein berechtigtes Interesse an der baldigen Feststellung dartun. Anderenfalls ist die Klage als unzulässig abzuweisen.

7. Wahrung der Klagefrist (§ 47 FGO)
Bei Anfechtungs- und Verpflichtungsklagen beträgt die Klagefrist einen Monat (§ 47 Abs. 1 FGO). Die Frist wird (gem. § 54 und § 55 FGO und § 222 ZPO) **genauso** gem. § 187 Abs. 1 und § 188 Abs. 2 und Abs. 3 BGB **berechnet wie die Einspruchsfrist.**[81]
Nach § 47 Abs. 2 und Abs. 3 FGO ist die Frist auch gewahrt, wenn die Klage rechtzeitig bei den dort genannten FÄ angebracht wird.
Wird die Frist ohne Verschulden versäumt greift ggf. § 56 FGO (Wiedereinsetzung in den vorigen Stand). Hier gelten die Ausführungen zu § 110 AO entsprechend.[82] Allerdings beträgt die Antragsfrist gem. § 56 Abs. 2 FGO nur zwei Wochen.
Die sonstige (allgemeine) Leistungsklage und die Feststellungsklage sind nicht fristgebunden.

79 Seite 65 f.
80 Siehe Prüfungsschema: Zulässigkeit eines Einspruchs unter 6., S. 20, und auch die Verweise dort auf Kap. III.6., III.7. und III.8.
81 Vgl. Prüfungsschema: Zulässigkeit eines Einspruchs unter 5.a), S. 19 f.
82 Siehe Prüfungsschema: Zulässigkeit eines Einspruchs unter 5.b), S. 20.

8. Ordnungsgemäße Klageerhebung (§§ 63, 64 und § 65 FGO)
Schriftform gem. § 64 Abs. 1 FGO bedeutet, dass der Kläger oder sein Vertreter die Klageschrift eigenhändig mit seiner vollen Unterschrift unterzeichnen muss.
Die Übermittlung per Fax ist möglich. Eine elektronische Klage (per E-Mail) setzt gem. § 52a FGO (in Verbindung mit einer dort genannten Rechtsverordnung) eine qualifizierte elektronische Signatur voraus.
Der Inhalt der Klage bestimmt sich nach § 63 und § 65 FGO.

Danach ist **Mussinhalt**
- die **Bezeichnung des Klägers und Beklagten.** Beklagter ist das FA, vertreten durch den Vorsteher, § 63 Abs. 1 Nr. 1 FGO,
- die Bezeichnung des angegriffenen **VA** und der **Einspruchsentscheidung,**
- die **Bezeichnung des Streitgegenstands,** der Kläger muss angeben, was (welchen Gegenstand) er begehrt, § 65 Abs. 1 FGO.

Zum **Sollinhalt** gehören
- die **Stellung eines** bestimmten **Antrags** (§ 65 Abs. 1 Satz 2 FGO). Dieser richtet sich nach dem Begehren des Klägers (also nach der Klageart). Die Formulierung des Klageantrags kann aus § 100 Abs. 1, Abs. 2 oder § 101 FGO abgeleitet werden.
- Eine **Klagebegründung** (§ 65 Abs. 1 Satz 3 FGO): Der Kläger soll die zur Begründung dienenden Tatsachen und Beweismittel angeben.
- Beifügung der Kopie des angefochtenen VA und der Einspruchsentscheidung.

Bei Mängeln des Klageantrags vgl. § 65 Abs. 2 und § 76 Abs. 2 FGO.

9. Sonstige Zulässigkeitsvoraussetzungen
- **Rechtsschutzbedürfnis:** I. d. R. ist ein Rechtsschutzbedürfnis gegeben, wenn der Kläger klagebefugt ist (§ 40 Abs. 2 FGO). Kann er (ganz selten) das von ihm erstrebte Ziel einfacher, billiger oder ohnehin erreichen, ist die Klage mangels Rechtsschutzbedürfnisses unzulässig.
- **Kein Klageverzicht** (§ 50 FGO).
- **Keine Rücknahme der Klage** (§ 72 FGO).

4.3.2 Begründetheit der Klage

Eine Anfechtungsklage ist begründet, wenn der angegriffene Bescheid rechtswidrig ist, und der Kläger in seinen Rechten verletzt ist. Eine Verpflichtungsklage ist begründet, wenn der Kläger einen Anspruch auf Erlass des abgelehnten (oder unterlassenen) Bescheids hat.

Beachten Sie zwei wichtige Unterschiede zum Einspruchsverfahren:

1. Nach § 96 Abs. 1 Satz 2 FGO darf das FG über das Klagebegehren nicht hinausgehen. Begehrt der Kläger (in seiner Klage) die Herabsetzung der ESt um 3.000 €, darf das FG die ESt nicht um 4.000 € mindern.

2. Eine „Verböserung" zulasten des Klägers ist verboten. Das FG darf durch seine Entscheidung die Rechtsposition des Klägers nicht verschlechtern.

Beispiel 39

Das FA Wiesbaden stellte den Gewinn aus der Z GmbH & Co. KG endgültig durch Bescheid vom 3. 3. 03 gesondert und einheitlich fest und gab den Bescheid gem. § 183 Abs. 1 AO ordnungsgemäß der Komplementär-GmbH gegenüber bekannt. Mit form- und fristgerechtem Einspruch machte der Kommanditist K zutreffend Folgendes geltend:

1. Der Gesamtgewinn sei um 10.000 € zu hoch festgestellt. Dies wirke sich auf seinen Gewinnanteil i. H. von - 5.000 € aus.

2. Das FA habe bei ihm Sonderbetriebsausgaben nicht berücksichtigt, die sich um 3.000 € gewinnmindernd auswirken.

Das FA verwarf den Einspruch durch Einspruchsentscheidung vom 9. 9. 03 (Tag der Aufgabe zur Post) als unzulässig. Begründung: Der Gewinnfeststellungsbescheid richte sich gegen die Z GmbH & Co. KG. K sei als Kommanditist gem. § 79 Abs. 1 Nr. 3 AO i.V. mit § 170 HGB nicht vertretungsbefugt.

Am Mittwoch, den 12. 10. 03 warf K ein an das Hessische FG in Kassel gerichtetes und von ihm unterzeichnetes Schreiben in den Briefkasten des FA Wiesbaden, in dem er (mit derselben Begründung wie gegen den Einspruch) Klage erhob. Das FG erhielt das weitergeleitete Schreiben erst am 14.10.03. Prüfen Sie, ob die Klage Aussicht auf Erfolg hat.

Lösung:

Die Klage hat Aussicht auf Erfolg, wenn sie zulässig und begründet ist.

I. Zulässigkeit

1. Der Finanzrechtsweg ist gem. § 33 Abs. 1 Nr. 1 FGO eröffnet.

2. Das Hessische FG ist gem. § 35 und § 38 Abs. 1 FGO instanziell und örtlich zuständig.

3. K ist beteiligtenfähig und gem. § 58 Abs. 1 Nr. 1 FGO prozessfähig. Er kann den Prozess selbst führen (§ 62 Abs. 1 FGO).

4. Er begehrt die Minderung des festgestellten Gesamtgewinns um 10.000 € und die Minderung seines Gewinnanteils um 8.000 €. Statthafte Klageart ist daher die Anfechtungsklage in Form der Abänderungsklage (§ 40 Abs. 1 zweite Alt. FGO).

5. Gem. § 44 Abs. 1 FGO ist sein Einspruch ohne Erfolg geblieben.

6. Entgegen der Auffassung des FA richtet sich der Feststellungsbescheid nicht gegen die KG, sondern gegen die Gesellschafter als Feststellungsbeteiligte (§ 180 Abs. 1 Nr. 2a i.V. mit § 179 Abs. 2 Satz 1 und Satz 2 AO). K macht als Inhaltsadressat also gem. § 40 Abs. 2 FGO geltend, durch den Bescheid in seinen Rechten verletzt zu sein. Allerdings ist seine Klagebefugnis gem. § 48 Abs. 1 FGO eingeschränkt. Als nicht vertretungsbefugter Gesellschafter darf er hier nur gem. § 48 Abs. 1 Nr. 5 FGO Klage erheben, soweit die allein ihn persönlich betreffenden Sonderbetriebsausgaben nicht berücksichtigt wurden. Den Gesamtgewinn (und die daraus resultierende Minderung seines Gewinnanteils) darf er nicht angreifen. Dies darf allein die zur Vertretung berufene Komplementär-GmbH (gem. § 48 Abs. 1 Nr. 1 AO i.V. mit § 161 Abs. 2 und § 125 Abs. 1 HGB).

7. K müsste die Klagefrist gewahrt haben (§ 47 Abs. 1 FGO). Die Frist beginnt gem. § 122 Abs. 2 Nr. 1 AO mit Ablauf des 12.9.03 und endet mit Ablauf des 12.10.03 (§ 54 FGO und § 222 ZPO i.V. mit § 187 Abs. 1 und § 188 Abs. 2 BGB). Die Klage ist gem. § 47 Abs. 2 FGO am 12.10.03 rechtzeitig beim FA Wiesbaden eingegangen.

8. Die Schriftform des § 64 Abs. 1 AO ist aufgrund der Unterzeichnung der Klage gewahrt. Mangels anderslautenden Angaben im Sachverhalt ist davon auszugehen, dass die Mindestanforderung an eine Klage gem. § 65 Abs. 1 AO eingehalten worden sind. Insbesondere hat K den Streitgegenstand ausdrücklich angegeben.

Ergebnis: Die Klage ist also (nur) bzgl. der geltend gemachten Sonderbetriebsausgaben zulässig. Bezüglich der Gewinnminderung i. H. von 5.000 € ist sie unzulässig.

II. Begründetheit

Die Klage ist begründet, soweit der angegriffene Feststellungsbescheid rechtswidrig ist und K in seinen Rechten verletzt ist. Dabei wird gem. § 48 Abs. 1 FGO der Gesamtgewinn nicht überprüft. Da die Sonderbetriebsausgaben lt. Sachverhalt i. H. von 3.000 € zu berücksichtigen sind, ist die Klage insoweit begründet.

4.4 Der vorläufige Rechtsschutz

Der vorläufige Rechtsschutz wird im Einspruchs- und im Klageverfahren durch AdV (§ 361 Abs. 2 und Abs. 3 AO und § 69 Abs. 2, Abs. 3 und Abs. 4 FGO) oder (subsidiär) durch einstweilige Anordnung (§ 114 FGO) gewährt. Deren Prüfungsrelevanz war bislang gering. Auf den vorläufigen Rechtsschutz ist nur einzugehen, wenn sich dies aus der Aufgabenstellung ergibt. Das ist z. B. dann der Fall, wenn der Stpfl. einen entsprechenden Antrag gestellt hat (oder noch stellen will) oder wenn dem Stpfl. lt. Aufgabe „schnell" oder „sofort" geholfen werden soll.

4.4.1 Aussetzung der Vollziehung (§ 361 Abs. 2 und Abs. 3 AO und § 69 Abs. 2, Abs. 3 und Abs. 4 FGO)

(1) Überblick über die Grundlagen

- Durch Erhebung eines Einspruchs oder einer Klage wird die Vollziehung des angefochtenen Bescheids nicht gehemmt, insbesondere die Erhebung der festgesetzten Steuer nicht aufgehalten (§ 361 Abs. 1 AO, § 69 Abs. 1 FGO). Nach Maßgabe des § 361 Abs. 2 AO bzw. § 69 Abs. 3 und Abs. 4 FGO ist jedoch die Aussetzung der Vollziehung (AdV) möglich. Soweit AdV gewährt wird, wird die Fälligkeit der Steuerschulden hinausgeschoben.

- Hat der Ef bereits gezahlt, kann die Vollziehung sogar aufgehoben werden (§ 361 Abs. 2 Satz 3 und Satz 4 AO und § 69 Abs. 3 Satz 7 und Satz 8 FGO). Nach Maßgabe dieser Vorschriften werden bereits gezahlte Beträge dann (vorläufig) erstattet.
- Die AdV gewährt dem Ef einen schnellen aber nur vorläufigen Rechtsschutz, bis das Einspruchs- oder Klageverfahren entschieden worden ist.
- Wird AdV gewährt, der Einspruch oder die Klage aber dann doch zurück- bzw. abgewiesen, fallen Zinsen gem. § 237 AO an.
- Die AdV ist im AEAO zu § 361 ausführlich erläutert.

(2) Voraussetzungen der AdV

Prüfungsschema: Voraussetzungen der AdV
1. Angefochtener VA: Ohne Einspruch oder Klage keine AdV. Bei Folgebescheiden vgl. § 361 Abs. 3 AO.
2. Vollziehbarer VA: Der angefochtene VA muss einen vollziehbaren Inhalt haben. Dies ist der Fall bei allen VA, mit denen das FA vom Ef etwas fordert (z. B. Steuerbescheide). Grundlagenbescheide werden gem. § 361 Abs. 3 AO vollzogen. Nicht vollziehbar sind insbesondere VA, die einen Antrag des Stpfl. auf Erteilung eines begünstigenden VA ablehnen. Zum Ganzen siehe AEAO Nr. 2.3 zu § 361.
3. Ernstliche Zweifel an der Rechtmäßigkeit des angefochtenen VA liegen vor, wenn eine summarische (= kurze, überschlägige) Prüfung Folgendes ergibt: Neben die für die Rechtmäßigkeit sprechenden Umstände treten gewichtige gegen die Rechtmäßigkeit sprechende Gründe zutage. Hierbei ist auf den Einzelfall abzustellen. Siehe AEAO Nr. 2.5 zu § 361. In Klausuren ergibt sich dies i. d. R. deutlich aus dem Sachverhalt.
AdV kann auch bei einer **unbilligen Härte** gewährt werden. Diese liegt vor, wenn (ganz selten) von dem Betroffenen Irreparables oder Existenzbedrohendes verlangt wird (bislang nicht klausurrelevant). Siehe AEAO Nr. 2.6 zu § 361.

(3) Verfahren

- Stellt der Ef **im Einspruchsverfahren** einen Antrag auf AdV, wird das AdV-Verfahren selbständig neben dem Einspruchsverfahren durchgeführt.
- Der **Antrag** auf AdV ist gem. § 361 Abs. 2 Satz 1 AO **beim FA** zu stellen. Das FA gewährt die AdV durch einen VA. Darin werden insbesondere die Höhe der AdV (soweit „ernstliche Zweifel" gegeben sind) und deren Dauer (i. d. R. bis einen Monat nach Bekanntgabe der Einspruchsentscheidung) festgelegt. Auch die Ablehnung eines Antrags auf AdV erfolgt durch VA.
- Nach § 69 Abs. 3 Satz 2 und Abs. 4 FGO kann der **Antrag** (in seltenen Fällen) bereits im Einspruchsverfahren auch unmittelbar **beim FG** gestellt werden.
- Wird der Antrag vom FA ganz oder teilweise abgelehnt, kann der Ef (kumulativ)
  - Einspruch einlegen (§ 347 Abs. 1 Nr. 1 AO, vgl. aber § 361 Abs. 5 AO) und zugleich
  - einen AdV-Antrag beim FG stellen (§ 69 Abs. 3 und Abs. 4 Satz 1 FGO).
- Auch **im Finanzprozess** muss der Kläger den Antrag grds. beim FA stellen (§ 69 Abs. 2 FGO; Ausnahmen siehe § 69 Abs. 4 Satz 2 AO). Hat das FA den Antrag abgelehnt (im Prozess oder zuvor im Einspruchsverfahren), ist der Antrag beim FG zu stellen (§ 69 Abs. 3 und Abs. 4 Satz 1 FGO).
- Lehnt das FG den Antrag ab, ist Beschwerde vor dem BFH nur zulässig, wenn das FG diese ausdrücklich zugelassen hat (§ 128 Abs. 1 und Abs. 3 FGO).

4.4.2 Antrag auf einstweilige Anordnung, § 114 FGO

Soweit die Voraussetzungen des § 361 AO bzw. § 69 FGO nicht gegeben sind, kommt als vorläufiger Rechtsschutz für den Ef und Kläger (subsidiär) ein Antrag auf einstweilige Anordnung in Betracht (§ 114 Abs. 5 FGO). Dies ist dann der Fall, wenn kein vollziehbarer VA vorliegt. § 114 FGO war in den letzten 20 Jahren nur einmal Gegenstand der AO/FGO-Klausur.

Beispiel 40

Weil Unternehmer G keine USt-Erklärung 13 abgab, erließ das FA einen Schätzungsbescheid. G legte (ohne Begründung) Einspruch ein, zahlte die aus dem Bescheid resultierende Steuerforderung i. H. von 12.000 € jedoch nicht. Als das FA deswegen (ordnungsgemäß) sein Geschäftskonto pfändet, sucht G einen StB auf, der zum Ergebnis kommt, dass der USt-Anspruch nur i. H. von 4.000 € besteht.

Prüfen Sie, ob und inwieweit der G vorläufigen Rechtsschutz erlangen kann.

Lösung:

G könnte gem. § 361 Abs. 2 Satz 2 AO beim FA einen Antrag auf AdV des USt-Bescheids stellen. Der USt-Bescheid ist ein vollziehbarer VA. Wenn G seinen Einspruch durch Abgabe der USt-Erklärung 13 begründet, bestehen i. H. von 8.000 € ernstliche Zweifel an der Rechtmäßigkeit des Schätzungsbescheids. Das FA wird dann AdV i. H. von 8.000 € gewähren. Das FA muss die Vollstreckung dann auf 4.000 € beschränken (§ 257 Abs. 1 Nr. 1 AO i.V. mit § 251 Abs. 1 AO). Da die Vollstreckung bereits begonnen hat, kann G den Antrag (zusätzlich) auch gem. § 69 Abs. 3 und Abs. 4 Nr. 2 FGO beim FG stellen.

Denkbar wäre weiter, dass G Einspruch gegen die Pfändung einlegt und zugleich AdV der Pfändung beantragt. Dies wäre jedoch nicht erfolgreich, da die Pfändung ordnungsgemäß erfolgte (vgl. im Übrigen § 256 AO).

Bezüglich der verbleibenden 4.000 € könnte G einen Antrag gem. § 258 AO stellen.[83] Lehnt das FA diesen Antrag ab, kommt AdV nicht in Betracht, da die Ablehnung kein vollziehbarer VA ist. G kann dann nur einen Antrag auf Erlass einer einstweiligen Anordnung gem. § 114 FGO beim FG stellen. Dieser hat nur Aussicht auf Erfolg, wenn G einen Anordnungsanspruch und einen Anordnungsgrund glaubhaft machen kann. Er muss erstens glaubhaft machen, dass er einen Anspruch auf Aufhebung der Kontenpfändung hat, weil diese gem. § 258 AO unbillig sei (Anordnungsanspruch) und zweitens, dass ein außergewöhnlicher Grund vorliegt, dass das Ende des Hauptverfahrens (Einspruchsverfahrens) nicht abgewartet werden kann (Anordnungsgrund), z. B. Existenzvernichtung, wenn die Kontenpfändung nicht sofort aufgehoben wird. Im vorliegenden Sachverhalt ist weder ein Anordnungsanspruch noch ein Anordnungsgrund ersichtlich.

83 Siehe oben, Kap. VI.1.7.3, S. 53.

VII. AO/FGO-Prüfungsklausuren

Die nachfolgenden vier AO/FGO-Prüfungsklausuren haben den Schwierigkeitsgrad und den Umfang von Originalklausuren in der Steuerberaterprüfung. Sie sind wie Originalklausuren ausgepunktet (35 von 100 Punkten). Die Punkte werden immer **zu Beginn** am Außenrand des jeweiligen Absatzes orangefarben dargestellt. Die Bearbeitungszeit beträgt wie „im Ernstfall“ ca. 2 Stunden.[84] Die ausgewählten Fälle enthalten Aufgaben zu allen relevanten Prüfungsgebieten:[85]

Prüfungsschwerpunkte der AO/FGO-Klausuren	
1. Klausur: „Betriebsprüfung bei Manfred Mayer“	Korrekturvorschriften Festsetzungsfristen Feststellungsbescheid
2. Klausur: „Liebhaberei bei Schallhammers“	Korrekturvorschriften Einspruchsverfahren Bekanntgabe Feststellungsbescheid
3. Klausur: „Ofenkötters Haftung und Vollstreckung bei Bert Becker “	Einspruchsverfahren Haftungsrecht Wirksamkeit und Form eines Bescheids Vollstreckungsrecht
4. Klausur: „Betriebsprüfung bei Mario Bähr“	Steuerstrafrecht Korrekturvorschriften Einspruchsverfahren FGO

1. Klausur „Betriebsprüfung bei Manfred Mayer“

1.1 Sachverhalt

Manfred Mayer (M) ist ledig, wohnt in Fulda (Finanzamtsbezirk Fulda) und betreibt dort als Einzelunternehmer ein Unternehmen unter der Firma „Mayer Heizungsbau e.K.“. Er ermittelt seinen Gewinn durch Betriebsvermögensvergleich. Gewinnermittlungszeitraum ist das Kalenderjahr. Sein (fiktiver) ESt-Satz beträgt in allen Kalenderjahren linear 40 %. Seine ESt-Erklärungen gab M immer rechtzeitig ab.

Das FA Fulda erließ gegenüber M folgende Bescheide unter dem Vorbehalt der Nachprüfung (§ 164 AO):

ESt-Bescheid 07 vom 5. 8. 10 i. H. von 25.000 €,

ESt-Bescheid 08 vom 3. 9. 12 i. H. von 30.000 €,

ESt-Bescheid 09 vom 3. 9. 12 i. H. von 40.000 €.

Mit Bescheid vom 4. 4. 13 hob das FA Fulda den Vorbehalt der Nachprüfung im ESt-Bescheid 08 auf.

Unter dem 15. 11. 14 gab das FA Fulda dem M eine Prüfungsanordnung nach Maßgabe der § 196 und § 197 AO u. a. für die ESt 07–09 bekannt. Als Prüfungsbeginn wurde der 18. 12. 14. festgelegt. Da M zum Jahresende 14 die EDV-Anlage seines Unternehmens umstellte, beantragte er mit Schreiben vom 4. 12. 14 die Verschiebung der Betriebsprüfung auf Anfang 15. Diesem Antrag gab das FA statt. Die Prüfung erfolgte vom 3. 1. 15–15. 1. 15. Der Prüfer stellte Folgendes fest:

Nr. 1: M ist Kommanditist der X-KG in Hanau (Finanzamtsbezirk Hanau). Er gab in seinen ESt-Erklärungen 07–09 lediglich den Namen und die Steuernummer der X-KG an.

84 Zum Ganzen siehe Kap. I.1., S. 1.

85 Siehe Kap. I.2., S. 1.

Der Feststellungsbescheid 07 vom 5. 5. 10 des FA Hanau mit einem Gewinnanteil des M i. H. von 6.000 € wurde im ESt-Bescheid 07 berücksichtigt. Kurz vor Erlass des ESt-Bescheid 07 ging eine geänderte Gewinnfeststellung 07 des FA Hanau vom 3. 6. 10 beim FA Fulda ein, die allerdings nicht berücksichtigt wurde, sondern nur in der ESt-Akte abgeheftet wurde. Danach betrug der Gewinnanteil 01 des M 0 €. Hinter der geänderten Gewinnfeststellung 07 befand sich in der ESt-Akte folgendes von M unterzeichnetes Schreiben:

> An das
> Finanzamt Fulda
>
> Fulda, den 10.05.12
>
> Sehr geehrte Damen und Herren,
> hiermit darf ich Sie kurz darauf hinweisen, dass das Finanzamt Hanau bereits unter dem 03.06.10 einen Bescheid erlassen hat, aufgrund dessen mein Gewinnanteil an der X-KG i. H. von 0 € festgestellt worden ist und bitte um entsprechende Veranlassung.
>
> eingegangen am
> 12.05.12
> Finanzamt Fulda
>
> Hochachtungsvoll
>
> Manfred Mayer

Nr. 2: M hatte zahlreiche gewinnerhöhende Geschäftsvorfälle in seinen Aufzeichnungen nicht erfasst. (Unter Nr. 2/Tz. 1–34 folgt die Darstellung der einzelnen Geschäftsvorfälle). Im Ergebnis führt die zutreffende Berücksichtigung der Geschäftsvorfälle in 07, 08 und 09 zu einer Erhöhung des Gewinns von jeweils 10.000 €. Die Nichterfassung der Geschäftsvorfälle beruht durchweg auf grober Fahrlässigkeit des M.

Nr. 3: Für eine Anfang Januar 07 angeschaffte Maschine hat M den gezahlten Kaufpreis i. H. von 10.000 € (zzgl. USt) als Aufwand unter „geringwertige Wirtschaftsgüter" verbucht und abgezogen. Er räumte ein, dass er dies getan habe, um im Kj. 07 „Steuern zu sparen". Die Maschine veräußerte er am 3. 3. 11 für 1.500 € (zzgl. USt), ohne dies zu verbuchen. Die Nutzungsdauer der Maschine beträgt vier Jahre. Die AfA beträgt für die Kj. 07–10 jeweils 2.500 €.

Nr. 4: Die Gewinnfeststellungsbescheide der X-KG für 08 und 09 vom 8. 8. 11 waren an deren Komplementär Walter Weinbauer (W) „mit Wirkung für und gegen alle Feststellungsbeteiligten" bekannt gegeben worden, da der von den Gesellschaftern bestellte gemeinsame Empfangsbevollmächtigte Erwin Eymer (E) im Juli 11 verstorben war. Der Gewinnanteil des M für 08 betrug 3.200 €. Sein Verlustanteil für 09 betrug - 10.000 €. Bei den ESt-Veranlagungen wurden die beiden Mitteilungen vertauscht, so dass für 08 ein Verlustanteil von - 10.000 € und für 09 ein Gewinnanteil von 3.200 € angesetzt wurde.

Nr. 5: M wurde darauf hingewiesen, dass die straf- und bußgeldrechtliche Würdigung der Prüfungsfeststellungen (insbesondere zu Nr. 2 und Nr. 3) einem besonderen Verfahren vorbehalten bleibt (§ 201 Abs. 2 AO).

Die Schlussbesprechung fand am 20. 1. 15 statt. Der Prüfungsbericht des FA Fulda vom 1. 3. 15 mit den o. g. Feststellungen ging am 3. 3. 15 bei M ein.

Unter dem Datum vom 7. 7. 15 erließ das FA Fulda ESt-Änderungsbescheide gegenüber M, in denen es

die ESt 07 i. H. von 29.600 €,

die ESt 08 i. H. von 38.280 € und

die ESt 09 i. H. von 36.720 € festsetzte.

In den ESt-Bescheiden 07 und 09 hat das FA den Vorbehalt der Nachprüfung ausdrücklich aufgehoben. Das FA begründete die Änderungen in den Erläuterungen der Bescheide jeweils mit der Außenprüfung vom 3.1.15–15.1.15 und den Feststellungen im Prüfungsbericht vom 1.3.15.

Am 10.7.15 erscheint M (erstmals) bei Ihnen und bittet Sie um Überprüfung der ESt-Bescheide 07–09 vom 7.7.15. Er legt Ihnen ein Schreiben der Bußgeld- und Strafsachenstelle des FA Fulda vom 10.1.15 vor, in dem ihm mitgeteilt wird, dass am 8.1.15 ein Strafverfahren wegen Steuerhinterziehung gegen ihn eingeleitet worden ist. In dieser Sache hat M jedoch bislang weiter nichts vom FA gehört. Er erklärt, dass die Feststellungen im Prüfungsbericht zutreffen. Er könne jedoch die Höhe der geänderten ESt-Festsetzungen nicht nachvollziehen.

Aufgabe:

Prüfen Sie gutachtlich, wie und ob überhaupt gegen die ESt-Änderungsbescheide 07, 08 und 09 vom 7.7.09 erfolgreich vorgegangen werden kann.

AUFGABE

Bearbeitungshinweise:

- Bei den Kalenderdaten handelt es sich um fiktive Angaben.
- Fristen laufen immer an einem Werktag ab.
- Das Datum eines Bescheids ist immer der Tag, an dem der Bescheid zur Post aufgegeben worden ist.
- Die Zulässigkeit ist nicht zu erörtern.

1.2 Lösungshinweise

HINWEIS

Vorüberlegungen:
Den Sachverhalt verdeutlicht man sich am besten durch eine Fallskizze/Zeittabelle, die auf einem gesondert Blatt anzufertigen ist. Diese kann wie folgt aussehen:

M gab die ESt-Erklärungen rechtzeitig ab. ESt-Satz 40 %. ESt-Bescheide (§ 164 AO): 07 vom 5.8.10 i.H. von 25 T€, 08 vom 3.9.12 i.H. von 30 T€, 09 vom 3.9.12 i.H. von 40 T€.	
4.4.13:	FA hebt Vorbehalt 08 auf.
15.11.14:	Prüfungsanordnung: ESt 07–09. Beginn: 18.12.14; wird auf Antrag des M auf den 3.1.15–15.1.15 verschoben. Ergebnis:
Nr. 1:	KG-Gewinn 07 = 0 €, Feststellungsbescheid 07 vom 3.6.10 nicht berücksichtigt. Schreiben des M vom 10.5.12 in der Akte.
Nr. 2:	Gewinn 07, 08, und 09 jeweils + 10 T€ wegen grob fahrlässiger Nichterfassung gewinnerhöhender Geschäftsvorfälle.
Nr. 3:	10 T€ für (im Jan 07 angeschaffte) Maschine als GWG gebucht „um ESt zu sparen“. AfA jeweils 2,5 T€.
Nr. 4:	Feststellungsbescheide KG 08 (+ 3,2 T€) und 09 (- 10 T€) vom 8.8.11 bei ESt-Veranlagung 08 und 09 vertauscht. Problem: Bekanntgabe der Feststellungsbescheide.
20.1.15:	Schlussbesprechung.
3.3.15:	Eingang des Prüfungsberichts bei M.
7.7.15:	ESt-Änderungsbescheide: 07 = 29.600 €, 08 = 38.280 €, 09 = 36.720 €. Aufhebung des Vorbehalts 07 und 09. Begründung: Außenprüfung.
10.7.15:	M bittet um Überprüfung der Bescheide vom 7.7.15.

Aufgabe:	Prüfen Sie gutachtlich, wie und ob überhaupt gegen die ESt-Änderungsbescheide 07, 08 und 09 vom 7.7.09 erfolgreich vorgegangen werden kann.

Gegen die ESt-Bescheide vom 7.7.15 kann am 10.7.15 ohne weiteres mittels Einsprüchen vorgegangen werden. Deren Zulässigkeit ist nicht zu prüfen. Die Erhebung von Einsprüchen ist geboten, soweit diese begründet sind, d.h., zu niedrigeren ESt Festsetzungen führen. Die Einsprüche gegen die ESt-Bescheide 07–09 sind dabei einzeln zu untersuchen. Weil es um Änderungsbescheide geht, die geraume Zeit nach Entstehung der Steuern erlassen wurden, liegt es auf der Hand, dass Korrekturvorschriften und die Festsetzungsverjährung zu erörtern sind.

Die Lösung kann deshalb mit folgendem allgemeinen Obersatz begonnen werden:

Gegen die ESt-Bescheide 07, 08 und 09 vom 7.7.15 kann gem. § 347 ff. AO erfolgreich Einspruch eingelegt werden, wenn diese rechtswidrig sind und den M in seinen Rechten verletzen. Das FA durfte die ESt-Änderungsbescheide nur erlassen, soweit Korrekturvorschriften dies erlaubten und am 7.7.15 die Festsetzungsfrist noch nicht abgelaufen war.

I. Prüfung des ESt-Bescheids 07

Nr. 1: Berücksichtigung des geänderten Gewinnfeststellungsbescheids 07 i. H. von 0 €

1. § 164 Abs. 2 AO

[1] Aufgrund des geänderten Gewinnfeststellungsbescheids 07 i. H. von 0 € könnte die ESt 07 gem. § 164 Abs. 2 AO um 2.400 € herabzusetzen sein.

HINWEIS

Verminderung des ursprünglich festgestellten Gewinnanteils von 6.000 € auf 0 € = - 6.000 € x 40 % = - 2.400 €.

[1] Voraussetzung dazu ist, dass „der Vorbehalt wirksam ist". Der ESt-Bescheid 07 erging unter dem Vorbehalt der Nachprüfung (§ 164 Abs. 1 AO).

Der Vorbehalt ist auch erst durch den Bescheid vom 7.7.15 selbst (und nicht vorher) gem. § 164 Abs. 3 Satz 1 AO aufgehoben worden. Er könnte jedoch bereits zuvor gem. § 164 Abs. 4 AO durch Ablauf der Festsetzungsfrist entfallen sein.

Die Festsetzungsfrist beträgt gem. § 169 Abs. 2 Nr. 2 AO vier Jahre. Sie beginnt gem. § 170 Abs. 2 Nr. 1 AO mit Ablauf des Kj. 08, da M seine ESt-Erklärung rechtzeitig, also bis Ende Mai 08 (vgl. § 149 Abs. 2 Satz 1 AO) abgegeben hat, und endet gem. § 108 Abs. 1 AO i.V. mit § 187 Abs. 1 und § 188 Abs. 2 BGB mit Ablauf des Kj. 12, soweit keine Ablaufhemmung gegeben ist.

[1] § 171 Abs. 4 AO greift hier nicht, weil die Außenprüfung nicht vor Ablauf der regulären Festsetzungsfrist (also vor Ablauf des Kj. 12) begonnen hat, sondern erst im Jahre 15. Auch der Antrag des M auf Verschiebung ist ohne Bedeutung: Der Antrag wurde nach Ablauf der regulären Festsetzungsfrist gestellt.

§ 171 Abs. 10 AO ist schon durch § 164 Abs. 4 Satz 2 AO ausgeschlossen.

[2] Allerdings hat M in seinem Schreiben vom 10.5.12 darauf hingewiesen, dass sich sein Gewinnanteil auf 0 € reduziert habe und um „entsprechende Veranlassung" gebeten. Dies ist als Antrag auf Änderung der ESt 07 unter Ansatz des Gewinnanteils i. H. von 0 € auszulegen. Gemäß § 171 Abs. 3 AO läuft die Festsetzungsfrist insoweit nicht ab, bevor über diesen Antrag unanfechtbar entschieden ist. Das FA hat bis zum 7.7.15 nicht über den Antrag entschieden. D. h., dass die Festsetzungsfrist „insoweit" (also i. H. von - 2.400 € ESt 07) noch nicht abgelaufen und der Vorbehalt insoweit nicht gem. § 164 Abs. 4 AO entfallen ist. Die ESt 07 ist daher gem. § 164 Abs. 2 AO um 2.400 € zu mindern.

2. § 129 AO

[1] Die Korrektur kann zusätzlich auf § 129 AO gestützt werden: Das Übersehen der (geänderten) Gewinnfeststellungsmitteilung i. H. von 0 € in den ESt-Akten stellt einen unbewussten, mechanischen Fehler dar, der einem Schreib- oder Rechenfehler ähnlich ist. Dass der Veranlagungssachbearbeiter den geänderten Feststellungsbescheid aufgrund einer falschen steuerrechtlichen Überlegung (also aufgrund eines Denkfehlers) nicht ausgewertet hat, ist aus-

geschlossen. Die offenbare Unrichtigkeit ist dem Sachbearbeiter auch bei Erlass des ESt-Bescheids 07 unterlaufen.

HINWEIS

§ 129 AO ist auf jeden VA anwendbar. § 172 Abs. 1 Satz 1 zweiter Halbs. AO schließt bei Festsetzungen unter Vorbehalt nur die §§ 172 ff. AO aus.

Die Vorschriften über die Festsetzungsverjährung gelten auch für die Berichtigung von Steuerbescheiden gem. § 129 AO (vgl. § 169 Abs. 1 Satz 2 AO). Die reguläre Festsetzungsfrist endet mit Ablauf des Kj. 12 (s. o. unter 1.). Die speziell für § 129 AO geltende Ablaufhemmung des § 171 Abs. 2 AO läuft zwar leer: Der ESt-Bescheid 07 ist (gem. § 122 Abs. 2 Nr. 1 AO) bereits am 8. 8. 11 bekannt gegeben worden, also früher als ein Jahr vor Ablauf der regulären Festsetzungsfrist. Allerdings gilt die Ablaufhemmung des § 171 Abs. 3 AO auch (ausdrücklich) für einen Antrag auf Berichtigung gem. § 129 AO. Die ESt 07 ist danach auch gem. § 129 Satz 2 AO um 2.400 € zu mindern. [1]

Nr. 2: Gewinnerhöhende Geschäftsvorfälle

1. § 164 Abs. 2 AO

Eine Korrektur bzgl. der in der Außenprüfung aufgedeckten Geschäftsvorfälle (Gewinnerhöhung von 10.000 €) gem. § 164 Abs. 2 AO scheitert an dessen Abs. 4: Da die reguläre vierjährige Festsetzungsfrist mit Ablauf des Kj. 12 endet (vgl. oben Nr. 1 unter 1.) und § 171 Abs. 3 AO hier (mangels Änderungsantrags des M bzgl. der 10.000 €) nicht greift, ist der Vorbehalt insoweit gem. § 164 Abs. 4 AO mit Ablauf des Kj. 12 entfallen. [1]

HINWEIS

M hat hier grob fahrlässig = leichtfertig Steuern verkürzt (§ 378 Abs. 1 AO). Insoweit beträgt die Festsetzungsfrist gem. § 169 Abs. 2 Satz 2 zweite Alt. AO fünf Jahre. Für den Wegfall des Vorbehalts gem. § 164 Abs. 4 AO gilt jedoch immer die vierjährige Frist: Gemäß § 164 Abs. 4 Satz 2 AO ist § 169 Abs. 2 Satz 2 AO nicht anzuwenden.

2. § 173 Abs. 1 Nr. 1 AO

Die aufgedeckten Geschäftsvorfälle sind aber Tatsachen, die dem FA nachträglich (nach Erlass des ursprünglichen ESt-Bescheids 07 aufgrund der Außenprüfung) bekannt geworden sind. Die ESt 07 ist danach gem. § 173 Abs. 1 Nr. 1 AO i. H. von 4.000 € (10.000 € x 40 %) zu erhöhen. [2]

Auch hier könnte die Festsetzungsfrist abgelaufen sein. Es gilt das oben zu Nr. 1 unter 1. Gesagte entsprechend. Allerdings beträgt die Festsetzungsfrist aufgrund der grob fahrlässigen = leichtfertigen Steuerverkürzung (i. S. des § 378 AO) gem. § 169 Abs. 2 Satz 2 AO fünf Jahre. Sie endete daher regulär mit Ablauf des Kj. 13. § 171 Abs. 3 AO findet hier keine Anwendung (siehe oben Nr. 2 unter 1.). Danach scheidet eine Korrektur gem. § 173 Abs. 1 Nr. 1 AO aus. Da auch keine andere Änderungsvorschrift erfüllt ist, verbleibt ein materieller Fehler i. H. von + 4.000 €, der nur gem. § 177 AO berücksichtigt werden kann.

Nr. 3: Maschine

1. § 164 Abs. 2 AO

Eine Korrektur der unzutreffenden steuerlichen Berücksichtigung der Maschine gem. § 164 Abs. 2 AO scheidet aus. Siehe oben, Nr. 2.1.

2. § 173 Abs. 1 Nr. 1 und § 172 Abs. 1 Nr. 2 Buchst. c AO

Die ESt 01 könnte bzgl. der Maschine gem. § 173 Abs. 1 Nr. 1 AO zu ändern sein. Tatsache ist jeder Lebenssachverhalt, der den Tatbestand oder ein Tatbestandsmerkmal eines Steuergesetzes erfüllt. Tatsache ist hier die Anschaffung der Maschine im Januar 07. Dies hat zur Folge, dass die Aufwendungen nicht (wie geschehen) in voller Höhe abzuziehen sind, sondern gem. § 6 Abs. 1 Nr. 1 und § 7 Abs. 1 EStG nur i. H. der AfA (10.000 € / 4 Jahre = 2.500 €). Diese Tatsache ist dem FA erst während der Außenprüfung, also nach abschließender Zeichnung durch den zuständigen Beamten und damit nachträglich bekannt geworden. Sie führt zu einer um 3.000 € höheren ESt 07 (Rückgängigmachung des Abzugs als geringwertige WG i. H. von 10.000 € abzgl. 2.500 € AfA = 7.500 € x 40 % = 3.000 €). [2]

[1] Weil G das FA vorsätzlich = arglistig getäuscht hat, greift als (zusätzliche) Korrekturvorschrift § 172 Abs. 1 Nr. 2 Buchst. c AO.

[1] Die Änderung gem. § 173 Abs. 1 Nr. 1 und § 172 Abs. 1 Nr. 2 Buchst. c AO ist nicht gem. § 169 Abs. 1 Satz 1 AO ausgeschlossen: Da G insoweit vorsätzlich Steuern hinterzogen hat, beträgt die Festsetzungsfrist gem. § 169 Abs. 2 Satz 2 erste Alt. AO zehn Jahre. Sie beginnt mit Ablauf des Kj. 08 und endet mit Ablauf des Kj. 18. Im ESt-Bescheid 07 vom 7. 7. 15 ist die ESt also um 3.000 € zu erhöhen.

Ergebnis:

[1] Die ESt 07 ist aufgrund der Außenprüfung somit wie folgt zu ändern:

1. Bzgl. der Nr. 1 gem. § 164 Abs. 2 und § 129 Satz 2 AO	i. H. von - 2.400 €
2. Bzgl. der Nr. 3 gem. § 173 Abs. 1 Nr. 1 und § 172 Abs. 1 Nr. 2c AO	i. H. von + 3.000 €
3. Bzgl. der Nr. 2 ist ein materieller Fehler i. S. des § 177 Abs. 3 AO i. H. von + 4.000 € gegeben, der nach Maßgabe des § 177 Abs. 2 AO der Änderung zugunsten des M (gem. § 164 Abs. 2 AO, vgl. 1.) i. H. von 2.400 € (Änderungsrahmen) gegengerechnet werden muss:	+ 2.400 €
4. In der Summe war die ESt 07 daher zu erhöhen um:	+ 3.000 €

[1] Da die ESt 07 nach allem auf 28.000 € festzusetzen war, ist die Festsetzung vom 7. 7. 15 i. H. von 29.600 € (- 28.000 € =) um 1.600 € zulasten des M rechtswidrig. Gegen den ESt-Bescheid 07 vom 7. 7. 15 kann also erfolgreich Einspruch eingelegt werden.

II. Prüfung des ESt-Bescheids 08

Nr. 2: Gewinnerhöhende Geschäftsvorfälle

1. § 164 Abs. 2 AO

Eine Änderung nach § 164 Abs. 2 AO kommt generell nicht in Frage, da der Vorbehalt der Nachprüfung gem. § 164 Abs. 3 AO im April 13 aufgehoben wurde.

2. § 173 Abs. 1 Nr. 1 AO

[1] Die erst in der Außenprüfung aufgedeckten konkreten Geschäftsvorfälle, die (insgesamt) zu einer Gewinnerhöhung von 10.000 € führen, sind dem FA nachträglich bekannt gewordene Tatsachen. Die ESt 08 ist also gem. § 173 Abs. 1 Nr. 1 AO i. H. von 4.000 € (10.000 € x 40 %) zu erhöhen, wenn die Festsetzungsfrist noch nicht abgelaufen ist. Diese beträgt aufgrund der leichtfertigen Steuerverkürzung des M gem. § 169 Abs. 2 Satz 2 zweite Alt. AO fünf Jahre, beginnt gem. § 170 Abs. 2 Nr. 1 AO mit Ablauf des Kj. 09 und endet mit Ablauf des Kj. 14 soweit keine Ablaufhemmung gegeben ist.

[1] Hier findet § 171 Abs. 4 Satz 1 AO Anwendung: Zwar hat die Außenprüfung nicht vor Ablauf der Festsetzungsfrist (Ablauf des Kj. 14) begonnen. Sie erfolgte erst ab 3. 1. 15. Allerdings ist ihr Beginn auf Antrag des G hinausgeschoben worden (§ 171 Abs. 4 Satz 1 zweite Alt. AO). Damit läuft die Festsetzungsfrist nicht ab, bevor die aufgrund der Außenprüfung zu erlassenden Steuerbescheide unanfechtbar geworden sind. Das FA durfte und musste also die ESt 08 im Bescheid vom 7. 7. 15 gem. § 173 Abs. 1 Nr. 1 AO um 4.000 € erhöhen.

Nr. 3: Berücksichtigung der AfA für die Maschine

1. § 175 Abs. 1 Nr. 2 AO

[3] Nach h. M. (vgl. AEAO zu § 175 Nr. 2.4 zu § 4 Abs. 2 Satz 1 EStG) ist die ESt 08 bzgl. der AfA i. H. von 2.500 € gem. § 175 Abs. 1 Nr. 2 AO zu mindern.

„Ereignis" im Sinne der Vorschrift ist die Bilanzierung der Maschine i. H. von 10.000 € (- 2.500 € AfA) für das Kj. 07. Dieses Ereignis wirkt – aus Sicht nach der Außenprüfung im Kj. 15 – auf das Kj. 08 wie folgt zurück: Bei der Gewinnermittlung des Folgejahres (hier 08) ist von dem

Betriebsvermögen auszugehen, auf dem die Veranlagung des Vorjahres (hier 07) beruht. Die Maschine muss also in der Anfangsbilanz 08 mit 7.500 € aufgeführt werden. Sodann muss die AfA i. H. von 2.500 € berücksichtigt werden. Dies wirkt sich auf die ESt 08 i. H. von 1.000 € mindernd aus.

HINWEIS

Nach einer Mindermeinung findet § 173 Abs. 1 Nr. 2 AO Anwendung. Das grobe Verschulden des G (vorsätzliches Handeln) ist dann nach Satz 2 der Vorschrift unbeachtlich, weil es in unmittelbarem sachlichen Zusammenhang mit der Korrektur des ESt-Bescheids 07 gem. § 173 Abs. 1 Nr. 1 AO steht (siehe oben I. Nr. 3 unter 2.). Dies ist vertretbar.

Die Korrektur ist auch nicht durch § 169 Abs. 1 Satz 1 AO ausgeschlossen: Die Frist für eine Korrektur gem. § 175 Abs. 1 Nr. 2 AO beginnt mit Ablauf des Kalenderjahres in dem das (rückwirkende) Ereignis eintritt (§ 175 Abs. 1 Satz 2 AO), hier also mit Ablauf des Kj. 15. Die vierjährige Frist endet mit Ablauf des Kj. 19.

2. § 172 Abs. 1 Nr. 2 Buchst. c AO

Zwar hat M auch hier arglistig gehandelt: Er hat die AfA in 08 vorsätzlich nicht geltend gemacht, um in 07 Steuern „zu sparen“. § 172 Abs. 1 Nr. 2 Buchst. c AO will jedoch den getäuschtem FA ermöglichen, die Steuer höher festzusetzen. Die Norm will nicht den Täuschenden privilegieren. Folglich wird das FA die Vorschrift nach pflichtgemäßem Ermessen nicht anwenden. [1]

Nr. 4: Verwechslung der Gewinnfeststellungsbescheide 08 und 09

1. § 175 Abs. 1 Nr. 1 AO

Die Verwechslung der Gewinnfeststellungsbescheide könnte gem. § 175 Abs. 1 Nr. 1 AO zu korrigieren sein. [1]

Das setzt voraus, dass die Gewinnfeststellungsbescheide „erlassen“ worden sind, d. h. gem. § 122 und § 183 AO wirksam bekannt gegeben worden sind. Dies ist hier zu bejahen:

Beide Bescheide richteten sich gegen alle Feststellungsbeteiligte, also auch gegen M. Der Hinweis nach § 183 Abs. 1 Satz 5 AO ist erfolgt. Da ein Nachfolger des verstorbenen E nicht benannt war, greift § 183 Abs. 1 Satz 2 AO, wonach die Bekanntgabe an den vertretungsbefugten Komplementär W zu Recht erfolgt ist.

Da also die Voraussetzungen des § 175 Abs. 1 Nr. 1 AO gegeben sind, ist der Folgebescheid (hier der ESt-Bescheid 08) umfassend den Grundlagenbescheiden anzupassen. Auch (hier unterlaufene) „Anpassungsfehler“ sind solange gem. § 175 Abs. 1 Nr. 1 AO zu korrigieren, bis der Folgebescheid dem Grundlagenbescheid entspricht (vgl. AEAO zu § 175 Nr. 1.2). [2]

Danach ist gem. § 175 Abs. 1 Nr. 1 AO der fehlerhafte Ansatz von - 10.000 € zu streichen (ESt 08: + 4.000 €) und der zutreffende Gewinnanteil i. H. von + 3.200 € zu berücksichtigen (ESt 08: + 1.280 €), wenn nicht § 169 Abs. 1 Satz 1 AO dem entgegensteht.

Die reguläre vierjährige Festsetzungsfrist (§ 169 Abs. 2 Nr. 2 AO) endete mit Ablauf des Kj. 13 (vgl. oben II.Nr. 2 unter 2.). Die Ablaufhemmung des § 171 Abs. 10 Satz 1 AO greift nicht, da die Zweijahresfrist (vom 11. 8. 11–11. 8. 13) vor Ablauf der regulären Festsetzungsfrist endet. § 171 Abs. 4 AO gilt hier nicht unmittelbar, da sich die Außenprüfung nicht auf die Steuern erstreckt, die einheitlich und gesondert festgestellt werden. Diese werden durch das Feststellungs-FA geprüft (vgl. § 195, § 181 Abs. 1 und § 18 Abs. 1 Nr. 2 AO). [2]

§ 171 Abs. 10 Satz 3 i.V. mit § 171 Abs. 4 AO scheitert daran, dass die Außenprüfung nicht vor Ablauf der Festsetzungsfrist, also vor Ablauf des Kj. 13 begonnen hat. Folglich ist eine Änderung gem. § 175 Abs. 1 Nr. 1 AO zu verneinen.

2. § 129 AO

Die Voraussetzungen des § 129 AO liegen vor: Die Mitteilungen über die Gewinnfeststellung sind vertauscht bzw. verwechselt worden. Es handelt sich also um einen unbewussten, mechanischen Fehler i. S. des § 129 AO, der auch dem FA bei Erlass des Steuerbescheids unterlaufen ist. Insoweit kann der ESt-Bescheid 08 i. H. von 5.280 € gem. § 129 AO geändert werden. [1]

[1] Fraglich ist jedoch, ob die Berichtigung nicht wegen Ablaufs der Festsetzungsfrist ausgeschlossen ist. Die Festsetzungsfrist endet regulär mit Ablauf des Kj. 13 (vgl. II.Nr. 4 unter 1.). Die spezielle Ablaufhemmung des § 171 Abs. 2 AO läuft leer, da der zu korrigierende ESt-Bescheid 08 bereits am 6. 9. 12 als bekannt gegeben gilt (§ 122 Abs. 2 Nr. 1 AO).

Eine Berichtigung gem. § 129 AO scheitert also an § 169 Abs. 1 Satz 1 und Satz 2 AO.

Ergebnis:

[1] Die Verwechslung der Feststellungsbescheide (siehe oben Nr. 4) führt zu einem materiellen Fehler i. S. des § 177 Abs. 3 AO i. H. von + 5.280 €, der gem. § 177 Abs. 2 AO die ESt-Minderung gem. § 175 Abs. 1 Nr. 2 AO i. H. von 1.000 € (Änderungsrahmen) kompensiert.

[1] Die ESt 08 ist also aufgrund der Außenprüfung wie folgt zu ändern:

1. Bzgl. der Nr. 2 gem. § 173 Abs. 1 Nr. 1 AO	i. H. von + 4.000 €
2. Bzgl. der Nr. 3 gem. § 175 Abs. 1 Nr. 2 AO	i. H. von - 1.000 €
3. Bzgl. der Nr. 4 gem. § 177 Abs. 2 AO	i. H. von + 1.000 €
4. In der Summe war die ESt 08 daher zu erhöhen um:	+ 4.000 €

Da die ESt 08 danach auf 34.000 € festzusetzen war, ist die ESt-Festsetzung 08 vom 7. 7. 15 i. H. von 38.280 € (- 34.000 € =) um 4.280 € zulasten des M rechtswidrig. Gegen den ESt-Bescheid 08 vom 7. 7. 15 kann daher erfolgreich Einspruch eingelegt werden.

III. Prüfung des ESt-Bescheids 09

Nr. 2: Gewinnerhöhende Geschäftsvorfälle

[1] Da die ESt 09 unter dem Vorbehalt der Nachprüfung erlassen worden ist, kann sie gem. § 164 Abs. 2 AO korrigiert werden, solange der Vorbehalt wirksam ist. Der Vorbehalt entfällt, wenn die vierjährige Festsetzungsfrist abgelaufen ist (§ 164 Abs. 4 AO). Diese Frist beginnt gem. § 170 Abs. 2 Nr. 1 AO mit Ablauf des Kj. 10 und endet mit Ablauf des Kj. 14. Der Ablauf der Frist wird aber auch hier gem. § 171 Abs. 4 AO gehemmt (siehe oben II.Nr. 2. unter 2).

Danach ist die ESt 09 bzgl. der aufgedeckten Geschäftsvorfälle (i. H. von 10.000 €) gem. § 164 Abs. 2 AO um 4.000 € zu erhöhen.

Nr. 3: Berücksichtigung der AfA für die Maschine

[1] Die AfA bzgl. der Maschine muss gem. § 164 Abs. 2 AO i. H. von 2.500 € berücksichtigt werden. Die ESt 09 mindert sich dadurch um 1.000 €.

Nr. 4: Verwechslung der Gewinnfeststellungsbescheide 08 und 09

[1] Auch die Verwechslung der Gewinnfeststellungsbescheide ist gem. § 164 Abs. 2 AO zu korrigieren: Danach ist der fehlerhafte Ansatz der + 3.200 € zu streichen und der zutreffende Verlustanteil i. H. von 10.000 € zu berücksichtigen. Dies führt zu einer Minderung der ESt 09 i. H. von 5.280 € (13.200 € x 40 %).

HINWEIS

Die Änderung kann hier nicht auf § 175 Abs. 1 Nr. 1 AO gestützt werden, da die Vorschrift gem. § 172 Abs. 1 Satz 1 zweiter Halbs. AO durch § 164 AO ausgeschlossen ist.

Die Ausführung zu § 129 AO (vgl. oben II.Nr. 4 unter 2.) gelten hier entsprechend. Nach h. M. findet § 129 AO als allgemeine Berichtigungsvorschrift auch auf Vorbehaltsbescheide Anwendung (vgl. oben I.Nr. 1 unter 2.).

Ergebnis:

Die ESt 09 ist damit gem. § 164 Abs. 2 AO um 2.280 € (+ 4.000 € - 1.000 € - 5.280 €) zu mindern. Da sie also auf 37.720 € festzusetzen war, ist die ESt-Festsetzung 09 vom 7. 7. 15 i. H. von 36.720 € um 1.000 € (also zugunsten des M) zu niedrig. M ist also in seinen Rechten nicht verletzt. Ein Einspruch wäre nicht erfolgreich. Es ist nichts zu veranlassen. [1]

[35]

2. Klausur „Liebhaberei bei Schallhammers"

2.1 Sachverhalt

Die Eheleute Ernst (E) und Adele (A) Schallhammer wohnen in einer Mietwohnung im ersten Obergeschoß in Freising, Am Markt 119 (Zuständigkeitsbezirk des FA Freising, Bundesland Bayern). Ihr ESt-Satz beträgt linear 40 %.

Ihre gemeinsame ESt-Erklärung für 02 ging am 28. 3. 03 beim FA Freising mit dem Antrag auf Zusammenveranlagung ein. E erklärte darin (neben seinen Einkünften als angestellter Bankkaufmann) Vermietungseinkünfte: Im November 01 hatte er eine gebrauchte Wohnimmobilie in Freising, Wittelsbacherstraße 34, erworben. Die gesamten Aufwendungen für die Anschaffung betrugen 480.000 €. Davon entfiel ein Anteil von 360.000 € auf das Gebäude. Als Termin für den Übergang von Nutzen, Lasten und der Gefahr des zufälligen Untergangs war im notariellen Kaufvertrag der 1. 1. 02 vereinbart.

In der Steuererklärung 02 gab E an, dass er im Jahr 02 für die Modernisierung der Heizungsanlage 29.750 € brutto investiert hatte. Eine Vermietung sei beabsichtigt, konnte aber wegen der durchgeführten Renovierungsmaßnahmen noch nicht realisiert werden.

Das FA berücksichtigte die Vermietungseinkünfte von E mit einem Verlust i. H. von 61.550 €. Dabei übernahm es die folgenden Angaben aus der Anlage V der Steuererklärung:

- AfA, § 7 Abs. 4 Nr. 2a EStG:	7.200 €
- Erhaltungsaufwand für Renovierung:	29.750 €
- Schuldzinsen:	21.000 €
- Sonstige Werbungskosten:	3.600 €

A erklärte ausschließlich Einkünfte aus Gewerbebetrieb in Form eines Verlusts i. H. von 35.000 €. Sie ist eine regional bekannte Hobby-Turniersprungreiterin und betreibt einen Pferde- und Ponyhof mit Übernachtungspension. Diesen führt sie auf dem Gelände der von ihren Eltern geerbten und von ihr umgebauten Landwirtschaft in Erding (Ort der Geschäftsleitung i. S. des § 18 Abs. 1 Nr. 2 AO).

Im ESt-Bescheid 02 ist als „Art der Festsetzung" angegeben: „Teilweise vorläufig nach § 165 Abs. 1 Satz 1 AO". Die Begründung des Steuerbescheids enthält folgende Ausführungen:

„Der Bescheid ergeht bzgl. der Vermietungseinkünfte des E vorläufig, da die Einkunftserzielungsabsicht nicht aufgeklärt werden kann, insbesondere bestehen Zweifel, ob nicht eine Eigennutzung geplant ist.

Auch hinsichtlich der gewerblichen Einkünfte von A ergeht der Bescheid vorläufig, § 165 Abs. 1 Satz 1 AO. Die Feststellung erfolgt mit 0 €. Nach der derzeitigen Beweislage ist von Liebhaberei auszugehen, da aufgrund des erzielten Verlusts und der Nähe der Tätigkeit zum Hobby von A derzeit das Bestehen einer Gewinnerzielungsabsicht fraglich ist."

Die ESt 02 setzte das FA Freising wirksam durch Bescheid vom 12. 5. 03 gegenüber den Eheleuten i. H. von 30.000 € fest.

In einem Telefonat mit seinem Bearbeiter im FA Freising am 30. 4. 04 gestand E einen Fehler beim Ausfüllen der Anlage V der Steuererklärung 02. Beim Eintrag der Schuldzinsen im Zusammenhang mit seinen Vermietungseinkünften sei ihm aus Versehen einen Zahlendreher unterlaufen. Er habe statt 12.000 € den Betrag von 21.000 € eingetragen. Zu seiner Ehrenrettung sei aber auch festzustellen, dass der Finanzbeamte den Fehler leicht hätte erkennen können. Er hätte nur die der Steuererklärung beigefügte Zinsbescheinigung der Bank mit den Angaben in der Anlage V vergleichen müssen.

Das FA erhöhte daraufhin die ESt 02 nach § 172 Abs. 1 Satz 1 Nr. 2a AO um 3.600 € (9.000 € x 40 %) auf 33.600 € und gab den Bescheid am 21. 5. 04 zur Post. Der Bescheid enthielt zur Vorläufigkeit der Steuerfestsetzung keine Aussage. Die Begründung lautete nur *„Änderung nach § 172 Abs. 1 Nr. 2a AO, Ihrem Antrag wurde entsprochen."*

In der am 15. 5. 04 abgegebenen ESt-Erklärung 03 der Eheleute erklärte E bei den Vermietungseinkünften für das Grundstück, Freising, Wittelsbacherstraße 34, erneut Renovierungskosten (Wärmeisolierung der Dachhaut, Erneuerung der Fußböden und der Elektroinstallation i. H. von 59.300 € brutto) sowie 15.000 € Mieteinnahmen seit dem 1. 5. 03.

Dies veranlasste das FA Freising, den ESt-Bescheid 02 nach § 165 Abs. 2 AO zu ändern: Die Renovierungskosten der Jahre 02 und 03 wurden jetzt insgesamt als anschaffungsnaher Herstellungsaufwand, § 6 Abs. 1 Nr. 1a EStG, behandelt. Statt des bisherigen Erhaltungsaufwands i. H. von 29.750 € wurde für 02 nur die (aus dem auf diesen Veranlagungszeitraum entfallenden anschaffungsnahen Aufwand zusätzlich berechnete) Abschreibung für Abnutzung i. H. von 595 € (2 % von 29.750 €) zum Abzug als Werbungskosten zugelassen. Damit wurden die Vermietungseinkünfte von E nur noch mit einem Verlust i. H. von 23.395 € statt bisher 52.550 € angesetzt. Das zu versteuernde Einkommen erhöhte sich um 29.155 €.

Den entsprechend begründeten Änderungsbescheid, in dem die ESt 02 um 11.662 € (29.155 € x 40 %) auf 45.262 € erhöht wurde, gab das FA am 29. 6. 04 in einer Ausfertigung für E und A zur Post. Ein Vorläufigkeitsvermerk wie im Erstbescheid war nicht enthalten.

Am 24. 8. 04 rief E im FA Freising an und teilte mit, er könne sich eine Mahnung wegen der Rückstände aus dem ESt-Bescheid 02 vom 29. 6. 04 nicht erklären. Ein solcher Bescheid sei nie bei ihm und seiner Ehefrau angekommen. Daraufhin gab das FA Freising den Änderungsbescheid vom 29. 6. 04 erneut bekannt und wählte dazu die Zustellung durch die Post mit Zustellungsurkunde. Der Bearbeiter kopierte den Bescheid vom 29. 6. 04 und übergab am 26. 8. 04 eine Ausfertigung für E und eine für A der Post mit dem Auftrag, die Zustellung vorzunehmen und die Beurkundung der Zustellung an das FA zurückzusenden.

Als der Postbedienstete am 31. 8. 04 niemanden in der Wohnung der Schallhammers antraf, übergab er die beiden Briefe der im Parterre des gleichen Mehrfamilienhauses wohnenden Hauseigentümerin, da diese schon öfter Sendungen für die Schallhammers entgegengenommen hatte. Auf den Postzustellungsurkunden vermerkte er: *„Übergabe am 31. 8. 04 um 10.15 Uhr an Hauswirtin Frau Carola Schmidt.“*

Am 14. 10. 04 ging beim FA Freising um 16.00 Uhr folgendes (nicht unterschriebene) Telefax ein:

> *14. 10. 04*
>
> *Ernst und Adele Schallhammer*
> *Rosenstraße 9*
> *Freising*
>
> *Betrifft: Einkommensteuerbescheid 02*
>
> *Sehr geehrte Damen und Herren,*
> *wir sind mit Ihrem Bescheid nicht einverstanden, eine nachteilige Veränderung des Steuerbetrags halten wir für rechtswidrig, wir bitten um Aufhebung.*

Am 19. 10. 04 erhielt das FA Freising ein Schreiben von Steuerberater Feiger (F) vom 18. 10. 04. Darin erklärte F, er lege namens und im Auftrag der Eheleute Schallhammer Einspruch ein. Ihm sei heute fernmündlich Auftrag und Vollmacht erteilt worden, Einspruch einzulegen. Eine schriftliche Vollmacht sei ja nicht nötig. Die Unterlagen seien ihm per Boten überbracht worden. Er stelle den Antrag, die letzten Steuerbescheide 02 aufzuheben und die ESt 02 neu festzusetzen. Sein Einspruch sei rechtzeitig, da seine Mandanten erst am Sonntag, den 19. 9. 04 den Bescheid von Frau Schmidt erhalten hätten. Da ein vom FA eingesetzter Bote versagt habe, sei seinen Mandanten keine Pflichtverletzung hinsichtlich der Fristeinhaltung vorzuwerfen. Rein vorsorglich stelle er einen Antrag auf Wiedereinsetzung in den vorigen Stand.

Die Steuerbescheide seien allesamt rechtswidrig:

1. Die Kürzung des Erhaltungsaufwands bei den Vermietungseinkünften sei zwar materiell-rechtlich zutreffend. Allerdings bestünde keine Korrekturmöglichkeit. § 165 Abs. 2 AO sei unanwendbar: Erstens habe die ursprüngliche Vorläufigkeit nicht mehr bestanden. Zweitens habe sich diese auf die Annahme von Liebhaberei bezogen und nicht auf den Abzug von Erhaltungsaufwendungen. Andere Korrekturtatbestände seien auch nicht erfüllt gewesen.

2. Auch die Bescheidänderung nach § 172 Abs. 1 Satz 1 Nr. 2a AO wegen des Zahlendrehers bei den Schuldzinsen sei unzulässig gewesen. Das FA habe das Recht zur Änderung verwirkt, da es den Fehler ohne Weiteres aus den eingereichten Unterlagen hätte erkennen können. Es habe ein Ermittlungsverschulden vorgelegen. Ein Antrag sei darüber hinaus auch nicht gestellt worden.

3. Noch etwas sei zu berücksichtigen: A habe im Jahr 02 einen Arbeitsgerichtsprozess wegen Krankentagegeld aus dem zum 31. 12. 01 beendeten Arbeitsverhältnis geführt, der mit einem Vergleich beendet worden sei. Bisher seien nach der Rechtsprechung des BFH die dafür notwendigen Aufwendungen nicht als außergewöhnliche Belastung abziehbar gewesen. Im Juli 03 habe sich die Rechtsprechung geändert. Deshalb stelle er jetzt den Antrag, die von A zu übernehmenden Anwalts- und Gerichtskosten nach § 33 EStG abzuziehen.

HINWEIS

Unterstellen Sie, dass sich die ESt 02 aufgrund der Angaben des F und der neuen BFH-Rechtsprechung materiell-rechtlich um 1.500 € vermindert. In der ursprünglichen ESt-Erklärung 02 wurden die Kosten nicht geltend gemacht.

4. Zu guter Letzt sei der Ansatz der Einkünfte aus Gewerbebetrieb von A mit 0 € falsch. Bereits mit Gewinnfeststellungsbescheid des FA Erding, Bescheiddatum 1. 9. 03 (Postversand am gleichen Tag), bei A am 2. 9. 03 im Briefkasten, sei ihr Verlust aus Gewerbebetrieb 02 auf 30.000 € festgestellt worden. Aber auch diese Feststellung sei falsch, da der wahre Verlust 35.000 € betrage. Das Arbeitsverhältnis mit ihrem 30-jährigen Sohn Maximilian, ihrem einzigen Kind, sei nämlich zu Unrecht steuerlich nicht anerkannt worden. Die Betriebsausgaben daraus betrügen 5.000 €. Auf jeden Fall würde jetzt der Ansatz eines Verlusts i. H. von 35.000 € beantragt.

Das Schreiben war von F eigenhändig unterschrieben.

Am 2. 11. 04 ging beim FA Freising ein weiteres Schreiben von Steuerberater F ein: Der Beratungsvertrag mit E und A sei einvernehmlich mit sofortiger Wirkung beendet worden. Um Ordnung zu schaffen und alle offenen Verfahren zu beenden, nehme er seinen Einspruch vom 18. 9. 04 in der Sache Schallhammer zurück. Damit sei die Sache dann für ihn erledigt.

Bei Durchsicht der Akten stellt der Bearbeiter in der Rechtsbehelfsstelle des FA Freising Folgendes fest:

1. Die ESt-Veranlagungsakte enthält eine Feststellungsmitteilung des FA Erding über den Verlust aus Gewerbebetrieb 02 von A i. H. von 30.000 € (Eingangsstempel 7. 9. 03). Der Verlustfeststellungsbescheid erging ohne Nebenbestimmungen.

2. Eine Vollmachtsurkunde ist von Steuerberater F nicht übersandt worden.

Bearbeitervermerk:

1. Die vorgebrachten und die ermittelten Tatsachen treffen zu. Alle VA enthalten eine ordnungsgemäße Rechtsbehelfsbelehrung.

2. Das Arbeitsverhältnis zwischen A und Maximilian ist steuerlich anzuerkennen, alle für diese Beurteilung notwendigen Fakten waren dem FA Erding bei der Entscheidung über den Gewinnfeststellungsbescheid 02 bekannt.

3. E hatte bereits im Jahr 02 Vermietungsabsicht für das Grundstück in Freising.

4. Der Fall ereignete sich in den fiktiven Jahren 01–04. Soweit nicht abweichend angegeben, enden alle Fristen an einem Werktag.

Aufgabe 1:

Teil 1: Untersuchen Sie in einem Gutachten, ob und ggf. wie viele Einsprüche sich gegen welche Maßnahmen (Einspruchsgegenstand) der Finanzbehörden aus den Schreiben vom 14.10.04 und vom 18.10.04 ergeben können.

Teil 2: Prüfen Sie, ob die in Teil 1 ermittelten Einsprüche zum jetzigen Zeitpunkt die Zulässigkeitsvoraussetzungen erfüllen.

Aufgabe 2:

Prüfen Sie in einem Gutachten die Erfolgsaussichten der in Aufgabe 1 ermittelten Einsprüche. Setzen Sie sich dabei mit dem Vorbringen in den oben genannten Schreiben unter Einbeziehung der Feststellungen des Bearbeiters in der Rechtsbehelfsstelle auseinander. Gehen Sie dabei auf alle aufgeworfenen Rechtsfragen ein, und begründen Sie Ihre Lösung ausführlich unter Angabe der Gesetzes- und Verwaltungsvorschriften.

Anlage zum Klausurtext:

Zivilprozessordnung

§ 178 Ersatzzustellung in der Wohnung, in Geschäftsräumen und Einrichtungen

(1) Wird die Person, der zugestellt werden soll, in ihrer Wohnung, in dem Geschäftsraum oder in einer Gemeinschaftseinrichtung, in der sie wohnt, nicht angetroffen, kann das Schriftstück zugestellt werden

1. in der Wohnung einem erwachsenen Familienangehörigen, einer in der Familie beschäftigten Person oder einem erwachsenen ständigen Mitbewohner,

2. in Geschäftsräumen einer dort beschäftigten Person,

3. in Gemeinschaftseinrichtungen dem Leiter der Einrichtung oder einem dazu ermächtigten Vertreter.

(2) Die Zustellung an eine der in Absatz 1 bezeichneten Personen ist unwirksam, wenn diese an dem Rechtsstreit als Gegner der Person, der zugestellt werden soll, beteiligt ist.

2.2 Lösungshinweise

Vorüberlegungen:
Die Fallskizze/Zeittabelle kann wie folgt aussehen:

28.3.03:	Abgabe der ESt-Erklärung 02 durch die Eheleute E und A.
12.5.03:	ESt-Bescheid 02: ESt 30 T€; V + V des E: - 61.550 € (§ 165 AO); Pferde-Pension in Erding 0 € (§ 165 AO).
30.4.04:	Telefonat des E: Zahlendreher > Zinsen statt 21 T€ nur 12 T€ (Bescheinigung lag vor).
21.5.04:	ESt-Änderungsbescheid 02 zur Post: ESt + 3.600 € (§ 172 Abs. 1 Nr. 2a AO).
15.5.04:	Abgabe der ESt-Erklärung 03: Vermietung seit 1.5.03 (weitere Renovierungskosten in 03).
29.6.04:	ESt-Änderungsbescheid 02 zur Post. Korrektur gem. § 165 Abs. 2 AO: Erhaltungsaufwand von 29.750 € = nunmehr anschaffungsnaher Aufwand (Afa = 592 €). Verlust aus V + V = nur 23.395 €; ESt + 11.662 €
24.8.04:	Telefonat des E: ESt-Bescheid vom 29.6.04 nicht erhalten.
31.8.04:	Zustellung (PZU) des ESt-Bescheids vom 29.6.04: Übergabe an Hauswirtin S.
14.10.04:	Eingang Telefax von E und A (ohne Unterschrift): Bitte um Aufhebung des ESt-Bescheids 02.

19.10.04:	Eingang des schriftlichen Einspruchs von StB F. F hat Unterlagen am 19.10. erhalten. E und A haben den Bescheid am 19.9. von S bekommen (ggf. § 110 AO). 1. Kurzung des Erhaltungsaufwands materiell ok, aber § 165 Abs. 2 AO und andere Vorschriften greifen nicht. 2. Korrektur des Zahlendrehers gem. § 172 Abs. 1 Nr. 2a AO = rechtswidrig. 3. Verminderung der ESt um 1.500 € wegen Anwalts- und Gerichtskosten (Änderung der Rechtsprechung). 4. Ansatz der Einkünfte aus Pferde-Pension mit 0 € ist falsch: Feststellungs-Bescheid vom FA Erding vom 1.9.03: Verlust: 30 T€ (in der ESt-Akte enthalten ab 7.9.03). Auch diese Feststellung ist rechtswidrig: Verlust beträgt tatsächlich 35 T€.
2.11.04:	StB F nimmt seinen Einspruch zurück, da der Beratungsvertrag zuvor einvernehmlich mit sofortiger Wirkung beendet worden sei.

Aufgabe 1:

Teil 1: Untersuchen Sie, ob und ggf. wie viele Einsprüche sich aus den Schreiben vom 14.10.2012 und vom 18.10.2012 ergeben können.

Teil 2: Prüfen Sie, ob die ermittelten Einsprüche zum jetzigen Zeitpunkt zulässig sind.

Aufgabe 2:

Prüfen Sie die Erfolgsaussichten der in Aufgabe 1 ermittelten Einsprüche.

Aus der Anlage ergibt sich, dass die Zustellung an E und A problematisch sein könnte.

Die Aufgabenstellung ist eindeutig: Es geht darum, wie viele Einsprüche gegen welche Bescheide eingelegt worden sind und ob diese Einsprüche zulässig und begründet sind.

Aufgabe 1:

Teil 1:

I. Fax der Eheleute Schallhammer vom 14.10.04

[3] E und A bitten in ihrem Fax vom 14.10.04 um Aufhebung des ESt-Bescheids 02. Fraglich ist, ob dies als Einspruch oder als Aufhebungsantrag i.S. des § 172 Abs. 1 Satz 1 Nr. 2 Buchst. a AO oder zu werten ist. Zwar fehlt die Bezeichnung der Eingabe als Einspruch. Diese ist jedoch nicht zwingend erforderlich (vgl. § 357 Abs. 1 Satz 4 AO). In Zweifelsfällen ist das Begehren eines Stpfl. als Einspruch auszulegen, da dieser seine Rechte umfassender wahrt als ein Korrekturantrag und zur Vollüberprüfung des Bescheids führt (§ 367 Abs. 2 AO, vgl. AEAO vor § 347 Nr. 1 letzter Satz).

Die Eheleute wenden sich gegen den „ESt-Bescheid 02". Da sie zusammen veranlagt wurden, schulden sowohl E als auch A die festgesetzte ESt 02 einzeln in voller Höhe als Gesamtschuldner (§ 44 Abs. 1 AO und § 26 EStG). Es ergingen ihnen gegenüber gem. § 155 Abs. 3 AO zusammengefasste Steuerbescheide, die ihnen in einer Ausfertigung an ihre gemeinsame Anschrift übermittelt wurden (§ 122 Abs. 7 Satz 1 AO). Es handelt es sich also um zwei ESt-Bescheide 02 und deshalb auch um zwei Einsprüche: Einen des E und einen der A.

HINWEIS

Der Text des Faxes kann nicht dahingehend ausgelegt werden, dass sich die Eheleute gegen die Änderungsbescheide vom 21.5.04 wenden: Diese Auslegung würde zu offensichtlich unzulässigen Einsprüchen führen, da die Einspruchsfrist (§ 355 Abs. 1 AO) insoweit seit langem abgelaufen war. Im Übrigen wirken diese Bescheide nicht mehr, da sie durch die Bescheide vom 29.6.04 geändert wurden.

II. Schreiben des StB F vom 18. 10. 04

In seinem Schreiben hat F ausdrücklich „Einspruch“ eingelegt. Dieser richtet sich gegen die „letzten Steuerbescheide 02“. Begehrt wird die Neufestsetzung der „ESt 02“. Es ist also von zwei weiteren Einsprüchen gegen die zusammengefassten ESt-Bescheide 02 vom 29. 6. 04 auszugehen. [1]

Schließlich wendet sich F gegen den Gewinnfeststellungsbescheid des FA Erding (unter Nr. 4 seines Schreibens), mit dem der Verlust aus Gewerbebetrieb der A festgestellt wurde (§ 180 Abs. 1 Nr. 2 Buchst. b AO). Es ist daher auch ein Einspruch gegen den Gewinnfeststellungsbescheid vom 1. 9. 03 gegeben. Da allein A der Adressat des Bescheids ist, liegt insoweit ein Einspruch der A vor. [2]

Teil 2:

I. Zulässigkeit der Einsprüche vom 14.10.04 gegen die ESt-Bescheide 02 vom 29.06.04

1. Statthaftigkeit

Die Einsprüche richten sich gegen die ESt-Bescheide 02 gegenüber E und A, mithin gegen VA (§ 118 AO) in Abgabenangelegenheiten (§ 1 Abs. 1 AO). Die Einsprüche sind daher statthaft (§ 347 Abs. 1 Satz 1 Nr. 1 AO). [1]

2. Form

Die gem. § 357 Abs. 1 Satz 1 AO erforderliche Schriftform wurde durch die Übersendung per Fax gewahrt (vgl. AEAO Nr. 1 zu § 357). Die fehlende Bezeichnung als Einspruch ist gem. § 357 Abs. 1 Satz 4 AO unschädlich. Auch die fehlenden Unterschriften schaden nicht, da aus der Absenderangabe klar hervorgeht, dass die Eheleute die Einsprüche einlegt haben (§ 357 Abs. 1 Satz 2 AO). Durch die Übersendung an das FA Freising wurden die Einsprüche bei der richtigen Behörde angebracht (§ 357 Abs. 2 AO). [1]

3. Einspruchsfrist

Die Einsprüche mussten innerhalb eines Monats nach „Bekanntgabe“ der Bescheide eingelegt worden sein (§ 355 Abs. 1 AO). Da die Eheleute bestreiten, die am 29. 6. 04 zur Post gegebenen Bescheide erhalten zu haben und das FA deren Zugang nicht nachweisen kann, liegt keine Bekanntgabe vor (§ 122 Abs. 2 am Ende AO). [1]

Die zweite Ausfertigung der Bescheide wurde der Hauseigentümerin am 31. 8. 04 übergeben. Die (förmliche) Zustellung des Steuerbescheids mit Zustellungsurkunde war zulässig (§ 122 Abs. 5 AO). Dabei ist zu beachten, dass eine gemeinsame Zustellung an die Ehegatten nicht möglich ist, sondern der Steuerbescheid jedem Ehegatten gesondert zuzustellen ist (vgl. AEAO Nr. 3.1.1.3, 3.2 und 3.4 zu § 122). Dies wurde berücksichtigt. [1]

Gemäß § 122 Abs. 5 Satz 2 AO i.V. mit § 3 Abs. 2 VwZG i.V. mit § 178 Abs. 1 ZPO konnte die Zustellung jedoch nicht an die Hauseigentümerin erfolgen, da sie nicht zum Personenkreis des § 178 Abs. 1 ZPO gehört. Die Verletzung der Zustellungsvorschriften wurde aber durch die Übergabe des Schriftstücks am 19. 9. 04 geheilt (vgl. § 8 VwZG), sodass die Bescheide am 19. 9. 04 wirksam geworden sind. § 108 Abs. 3 AO greift bei der Bekanntgabe durch Zustellung nicht. [1]

Die Einspruchsfrist beginnt daher mit Ablauf des 19. 9. 04 (§ 108 Abs. 1 AO i.V. mit § 187 Abs. 1 BGB) und endet nach einem Monat mit Ablauf des 19. 10. 04 (§ 108 Abs. 1 AO i.V. mit § 188 Abs. 2 BGB). Die per Fax übermittelten Einsprüche gingen somit fristgerecht ein. [1]

4. Beschwer

Durch die Steuerfestsetzungen sind die Eheleute als Adressaten der ESt-Bescheide auch beschwert (§ 350 AO). Eine Beschwer ist auch insoweit gegeben, als die Einkünfte des jeweils anderen Ehegatten betroffen sind, da die ESt nach dem gemeinsamen zu versteuernden Einkommen berechnet wird. [1]

5. Rücknahme der Einsprüche durch F

[1] Die Rücknahme hat den Verlust des eingelegten Einspruchs zur Folge (§ 362 Abs. 2 AO). Die Rücknahme durch F wirkt gegenüber den Eheleuten jedoch nur dann, wenn F Vollmacht hatte. Gemäß § 365 Abs. 1, § 80 Abs. 1 Satz 1 und Satz 2 AO haben die Eheleute F telefonisch bevollmächtigt. Dass dieser keine schriftliche Vollmacht vorgelegt hat, schadet nicht. Nach § 80 Abs. 1 Satz 3 AO hat der Bevollmächtigte nur auf Verlangen der Behörde die Vollmacht nachzuweisen.

[1] Nach Angaben des F am 2. 11. 04 wurde der Beratungsvertrag jedoch „mit sofortiger Wirkung beendet“, sodass auch die erteilte Vollmacht erloschen ist (vgl. § 168 Satz 1 BGB). Diese Mitteilung an das FA bewirkte das Erlöschen der Vollmacht gegenüber dem FA (vgl. § 80 Abs. 1 Satz 4 AO). F konnte somit keine Erklärungen für die Eheleute mehr abgeben. Die Rücknahme der Einsprüche durch F war damit unwirksam.

Die Einsprüche der Eheleute gegen die ESt-Bescheide 02 vom 29. 6. 04 sind also zulässig.

II. Zulässigkeit der Einsprüche vom 18. 10. 04 gegen die ESt-Bescheide 02 vom 29. 6. 04

[1] Die Einsprüche des F sind nicht zulässig. Gegen Bescheide, gegen die bereits zulässig Einspruch eingelegt worden ist, kann denknotwendig nicht nochmals Einspruch erhoben werden. Im Übrigen fehlt es bei den „zweiten“ Einsprüchen am Rechtsschutzbedürfnis.

Das Schreiben des F ist vielmehr als zusätzliche Begründung der Einsprüche vom 14. 10. 04 zu sehen.

III. Zulässigkeit des Einspruchs vom 18. 9. 04 gegen den Gewinnfeststellungsbescheid vom 1. 9. 03

[1] Der Einspruch gegen den Feststellungsbescheid ist gem. § 347 Abs. 1 Satz 1 Nr. 1 AO statthaft. Durch die Festsetzung eines zu geringen Verlusts ist A auch gem. § 350 AO beschwert (vgl. auch § 351 Abs. 2 AO). Die Schriftform des § 357 Abs. 1 AO ist gewahrt. Die Einlegung des Einspruchs beim FA Freising ist (ausnahmsweise) gem. § 357 Abs. 2 Satz 2 AO möglich. Allerdings ist die einmonatige Einspruchsfrist des § 355 Abs. 1 AO am 18. 9. 04 schon seit langem abgelaufen. Da Gründe für eine Wiedereinsetzung in den vorigen Stand (§ 110 AO) nicht ersichtlich sind, ist der Einspruch gegen den Feststellungsbescheid als unzulässig zu verwerfen.

Aufgabe 2:

Erfolgsaussichten der Einsprüche

[1] Die zulässigen Einsprüche haben Aussicht auf Erfolg, wenn sie begründet sind. Die Einsprüche sind begründet, wenn die angegriffenen ESt-Bescheide 02 vom 29. 6. 04 rechtswidrig sind. Grundsätzlich führt ein Einspruch zur erneuten vollumfänglichen Prüfung der Sache (§ 367 Abs. 2 Satz 1 AO). Da es sich hier aber um Änderungsbescheide handelt, können diese gem. § 351 Abs. 1 AO nur eingeschränkt angegriffen werden.

I. Renovierungskosten

Das FA hat die Aufwendungen für die Renovierungskosten zutreffend als anschaffungsnahe Herstellungskosten behandelt, da die Kosten von ca. 75.000 € ohne USt 15 % der Anschaffungskosten des Gebäudes übersteigen (§ 6 Abs. 1 Nr. 1a EStG). Die Änderung ist jedoch nur rechtmäßig, soweit eine Korrekturvorschrift eingreift.

§ 165 Abs. 2 AO

[1] Eine Änderung gem. § 165 Abs. 2 AO ist nur möglich, soweit das FA die Steuer vorläufig festgesetzt hat. Das FA hat den ESt-Bescheid vom 12. 5. 03 „bzgl. der Vermietungseinkünfte“ vorläufig nach § 165 Abs. 1 Satz 1 AO erlassen.

Der Vorläufigkeitsvermerk ist auch nicht entfallen, da er in den geänderten Bescheiden zwar nicht wieder aufgenommen, aber auch nicht eingeschränkt oder für erledigt erklärt wurde (vgl. AEAO zu § 165 Nr. 9 Satz 2). [1]

Eine Änderung gem. § 165 Abs. 2 Satz 1 oder Satz 2 AO ist grds. nur aus Gründen zulässig, die mit der Ungewissheit (hier mit der Einkünfteerzielungsabsicht) zusammenhängen. Dies ist bzgl. der Renovierungskosten unmittelbar nicht der Fall. [2]

Da sich das FA jedoch ausdrücklich auf § 165 Abs. 2 AO berufen hat, kann davon ausgegangen werden, dass es (angesichts der Vermietung des Grundstücks ab 1. 5. 03) die Einkünfteerzielungsabsicht offensichtlich bejaht hat. In solchen Fällen ist es vertretbar, bzgl. nachrangiger Fragen (hier bzgl. der Höhe der Verluste aus der Vermietung) gem. § 165 Abs. 2 AO zu ändern. Das FA hat die ESt danach zu Recht um 11.662 € erhöht.

HINWEIS

Vertretbar ist auch, § 165 Abs. 2 AO abzulehnen, weil hier nicht aufgrund der Aufklärung der Ungewissheit geändert wurde, sondern allein aufgrund der Renovierungskosten aus dem Jahr 03. In diesem Fall stellen die im Kj. 03 entstandenen Renovierungskosten Ereignisse dar, die auf die ESt 02 Rückwirkung entfalten. Als Korrekturgrundlage greift insoweit § 175 Abs. 1 Nr. 2 AO. Vgl. AEAO Nr. 2.4 (- § 6 Abs. 1 Nr. 1a EStG) zu § 175.

Beachten Sie: Gem. § 172 Abs. 1 Satz 1 zweiter Halbs. AO geht § 165 Abs. 2 AO den §§ 172 ff. AO vor. Wird jedoch eine Änderung gem. § 165 Abs. 2 AO verneint, finden §§ 172 ff. AO Anwendung.

II. Zahlendreher bei den Schuldzinsen

Die Schuldzinsen wurden in materiell richtiger Höhe angesetzt. Diese Änderung ist aber nur dann rechtmäßig, wenn sie durch eine Korrekturvorschrift erlaubt ist.

1. § 165 Abs. 2 AO

Zwar betrifft die Korrektur ebenfalls die vorläufig festgesetzten Vermietungseinkünfte. Die Änderung (durch Bescheid vom 21. 5. 04) erfolgte aber nicht aus Anlass des Wegfalls der Ungewissheit, sondern allein zur Beseitigung des Zahlendrehers. Insoweit ist eine Korrektur gem. § 165 Abs. 2 Satz 1 und Satz 2 AO zu verneinen. [1]

2. § 172 Abs. 1 Nr. 2 Buchst. a AO

Das FA stützte seine Änderung auf § 172 Abs. 1 Nr. 2 Buchst. a AO. E hat in seinem Telefonat vom 30. 4. 04 allerdings lediglich die gem. § 153 Abs. 1 Satz 1 Nr. 1 AO vorgeschriebene Berichtigung seiner Erklärung vorgenommen. Dies kann nicht zusätzlich als Antrag i. S. des § 172 Abs. 1 Nr. 2 Buchst. a AO (zu seinen Lasten!) ausgelegt werden (vgl. AEAO Nr. 3 Satz 2 zu § 172 AO). Insoweit trifft die von F im Sachverhalt unter Nr. 2 geäußerte Rechtsauffassung zu. [1]

3. § 173 Abs. 1 Nr. 1 AO

Eine Änderung könnte nach § 173 Abs. 1 Nr. 1 AO erfolgen, wenn nachträglich Tatsachen bekannt werden, die zu einer höheren Steuer führen. Da E alle Unterlagen beigefügt hat, aus denen sich die korrekte Höhe der Zinsen ergibt, kann § 173 Abs. 1 Nr. 1 AO mangels nachträglichen Bekanntwerdens verneint werden. Vertretbar ist auch, die Korrektur nach Treu und Glauben abzulehnen, weil der Sachbearbeiter die ihm obliegende Ermittlungspflicht verletzt hat (vgl. AEAO Nr. 4.1 zu § 173). [1]

4. § 129 AO

Eine Änderung könnte nach § 129 AO möglich sein. Ein Zahlendreher ist ein Schreibfehler i. S. des § 129 AO, der berichtigt werden kann, wenn er beim Erlass des VA unterlaufen ist. Vorliegend ist der Schreibfehler zwar nicht dem FA, sondern dem E unterlaufen. Da aber der Fehler aus den beigefügten Unterlagen für das FA erkennbar war, handelt es sich um einen (offenkundigen) Übernahmefehler. Das FA hat sich also den Fehler des E beim Erlass des Bescheids zu eigen gemacht. Der Zahlendreher konnte daher nach § 129 AO korrigiert werden. [1]

HINWEIS

Die Angabe einer falschen Korrekturnorm (hier des § 172 Abs. 1 Nr. 2 Buchst. a AO) stellt einen Begründungsmangel dar, der im Rahmen des Einspruchsverfahrens geheilt werden kann (§ 126 Abs. 1 Nr. 2 AO), bzw. gem. § 127 AO ohne Bedeutung ist.
[1 Zusatzpunkt]

III. Außergewöhnliche Belastungen

[1] Die außergewöhnlichen Belastungen können im Rahmen der Vollüberprüfung (gem. § 367 Abs. 2 AO) i. H. von 1.500 € berücksichtigt werden. Durch die Anfechtung eines Änderungsbescheids ist § 351 Abs. 1 AO zu beachten (s. o.). Eine Änderung ist dann uneingeschränkt möglich, wenn eine Änderungsnorm greift.

1. § 173 Abs. 1 Nr. 2 AO

[1] Die Voraussetzungen des § 173 Abs. 1 Nr. 2 AO sind grds. gegeben: Die Anwalts- und Gerichtskosten stellen nachträglich bekannt gewordene Tatsachen dar, die zu einer ESt-Minderung führen. Die A trifft auch kein grobes Verschulden, da für sie nach Maßgabe der ursprünglichen Rechtslage kein Grund bestand, die (damals nicht abziehbaren) Kosten anzugeben.

[1] Eine Änderung nach § 173 Abs. 1 Nr. 2 AO scheidet jedoch aus, da es an der Rechtserheblichkeit der Tatsachen fehlt. Rechtserheblich wären Tatsachen nur dann, wenn das FA bei deren rechtzeitiger Kenntnis schon bei der ursprünglichen Veranlagung am 12. 5. 03 zu einer niedrigeren Steuer gelangt wäre (vgl. AEAO Nr. 3.1 zu § 173). Die frühere Rechtslage ließ aber einen Abzug der Kosten nicht zu.

HINWEIS

Die (ungeschriebene) Voraussetzung der steuerrechtlichen Erheblichkeit wird wie folgt gerechtfertigt: Ein Bescheid soll nur dann nach § 173 Abs. 1 AO geändert werden, wenn sich dies allein aus dem nachträglichen Bekanntwerden einer Tatsache ergibt. Hier kommt neben dem nachträglichen Bekanntwerden der außergewöhnlichen Belastungen noch die (nachträgliche) Änderung der BFH-Rechtsprechung hinzu. Dies ist nach der h. M. kein Fall, in dem nach § 173 Abs. 1 AO korrigiert werden kann.

2. § 175 Abs. 1 Nr. 2 AO

[1] Eine Änderung nach § 175 Abs. 1 Satz 1 Nr. 2 AO scheidet ebenfalls aus, da die Anwalts- und Gerichtskosten nachträglich bekanntgewordene Tatsachen sind und nicht etwa erst nach Erlass des ESt-Bescheids 02 angefallen sind. Im Übrigen stellen weder die Änderung der Rechtsprechung noch der nunmehr gestellte Antrag nach § 33 Abs. 1 EStG ein Ereignis mit rückwirkendem Charakter dar.

HINWEIS

Bezüglich der außergewöhnlichen Belastungen greift also keine eigenständige Korrekturnorm. Allerdings wird eine solche nur benötigt, wenn die Änderung den zulässigen Rahmen gem. § 351 Abs. 1 erste Alt. AO überschreitet. Ist dies nicht der Fall, ist der Ansatz der außergewöhnlichen Belastungen über § 367 Abs. 2 Satz 1 AO möglich.

IV. Verlust aus Gewerbebetrieb

[1] Da der am 5. 9. 03 (§ 122 Abs. 2 Nr. 1, § 108 Abs. 3 AO) bekannt gegebene Feststellungsbescheid einen Grundlagenbescheid mit Bindungswirkung für den Steuerbescheid darstellt (vgl. § 182 Abs. 1 AO), ist die Änderung nach § 175 Abs. 1 Nr. 1 AO vorzunehmen.

HINWEIS

Vertretbar ist auch eine (zusätzliche) Korrektur nach § 129 AO, wenn davon ausgegangen wird, dass die Feststellungsmitteilung des FA Erding vom Sachbearbeiter in der Veranlagungsakte übersehen wurde. Das Übersehen, das beim Erlass des Steuerbescheids unterlaufen ist, stellt einen unbewussten, mechanischen Fehler dar.

Des Weiteren ist auch eine Änderung nach § 165 Abs. 2 AO denkbar, wenn argumentiert wird, dass die Ungewissheit durch die Bindungswirkung des Feststellungsbescheids beseitigt ist. § 165 Abs. 2 AO schlösse dann § 175 Abs. 1 Nr. 1 AO aus.
[1–2 Zusatzpunkte]

[1] Dass der materiell-rechtlich zutreffende Verlust 35.000 € beträgt, ist ohne Belang. Der (rechtswidrige) Feststellungsbescheids kann im Einspruchsverfahren gegen den Folgebescheid nicht angefochten werden (§ 351 Abs. 2 AO).

Das FA Freising ist gem. § 182 Abs. 1 Satz 1 AO zwingend an die Feststellung gebunden. Es muss daher den festgestellten Verlust i. H. von 30.000 € übernehmen. Die ESt 02 wird also gem. § 175 Abs. 1 Nr. 1 AO um 12.000 € gemindert (30.000 € x 40 %). [1]

V. Ergebnis

Die ESt-Festsetzung 02 vom 29. 6. 04 i. H. von 45.262 € ist somit wie folgt zu ändern: [2]

Berechnung der materiell-rechtlich zutreffenden Steuerfestsetzung (§ 367 Abs. 2 Satz 1 AO):

Bestandskräftige ESt-Festsetzung vom 21. 5. 04:	33.600 €
I. Renovierungskosten	+ 11.662 €
II. Zahlendreher (bereits in der Festsetzung vom 21. 5. 04 enthalten)	0 €
III. Verlust aus Gewerbebetrieb	- 12.000 €
IV. Außergewöhnliche Belastungen	- 1.500 €
Summe:	**31.762 €**

Da der materiell-rechtlich zutreffende Betrag die bestandskräftige Festsetzung vom 21. 5. 04 unterschreitet, gilt gem. § 351 Abs. 1 AO Folgendes:

1. Soweit die Änderung der ESt-Bescheide vom 29. 6. 04 reicht, also i. H. von 11.662 € (45.262 € - 33.600 €), ist gem. § 351 Abs. 1 erste Alt. AO ohne weiteres zugunsten der Eheleute zu ändern.

2. Die weitere Minderung unter den (bestandskräftig) festgesetzten Betrag von 33.600 € auf (die materiell-rechtlich zutreffenden) 31.762 €, also i. H. von 1.838 €, setzt gem. § 351 Abs. 1 zweite Alt. AO voraus, dass insoweit eine Korrekturnorm eingreift. Dies ist hier der Fall: Wie oben unter III. dargestellt, erlaubt § 175 Abs. 1 Nr. 1 AO eine Minderung (sogar) i. H. von 12.000 €.

Die Einsprüche sind also begründet, soweit die ESt 02 auf 31.762 € festzusetzen ist.

[35]

3. Klausur „Ofenkötters Haftung und Vollstreckung bei Bert Becker“

3.1 Sachverhalt „Ofenkötters Haftung“

Am 11. 10. 16 erscheint in Ihrer Praxis als neuer Mandant Otto Ofenkötter (O) und schildert Ihnen folgenden, in tatsächlicher Hinsicht zutreffenden Sachverhalt:

O ist Diplom-Ingenieur und Computerfachmann. Er gründete zusammen mit dem Kaufmann Albert Alpmann (A) im Kj. 11 eine Gesellschaft bürgerlichen Rechts (GbR), die in Hamm einen Computerfachmarkt betrieb. O und A waren an der GbR je zur Hälfte beteiligt. Die GbR firmierte unter dem Geschäftsnamen „Alpmann und Ofenkötter Computer GbR“. Im Gesellschaftsvertrag wurde vereinbart, dass A für den kaufmännischen und steuerlichen Bereich der GbR und O als gleichberechtigter Mitgeschäftsführer für den technischen Bereich zuständig war. Jeder der Gesellschafter hatte zudem Alleinvertretungsbefugnis.

Mit Wirkung vom 1. 7. 15 verlegte die GbR ihre Geschäftsräume in ein im Eigentum des O stehendes Gebäude. Dieses war für Zwecke der GbR umgebaut worden und enthielt neben neu gestalteten Verkaufsräumen eine Servicewerkstatt für den Zusammenbau und die Reparatur von Computern und anderer elektronischer Bauteile. Das Gebäude wurde ausschließlich von der GbR genutzt. Sie zahlte an O eine angemessene Miete. Das Gebäude veräußerte O mit Wirkung zum 1. 8. 16 zum Preis von 950.000 €. Nutzen und Lasten gingen mit sofortiger Wirkung auf den Erwerber über.

Wegen Zahlungsunfähigkeit stellte die GbR am 31. 5. 16 ihre Geschäftstätigkeit ein und wurde mit Wirkung zu diesem Zeitpunkt aufgelöst. In der zu diesem Stichtag erstellten Schlussbilanz wurden ein erheblicher Verlust sowie eine Überschuldung ausgewiesen. Neben anderen Verbindlichkeiten hatte die GbR am 31. 5. 16 nicht unerhebliche Steuerrückstände bei der Lohn- und Umsatzsteuer für die Jahre 14 bis 16.

Der Gesellschafter A erlitt am 15. 8. 16 einen tödlichen Motorradunfall. Sein Nachlass ist überschuldet.

Das für die GbR und O zuständige FA Hamm (FA) übersandte dem O einen an ihn ordnungsgemäß adressierten Haftungsbescheid vom 24. 8. 16 (= Tag der Aufgabe zur Post). Der Haftungsbescheid enthielt eine ordnungsgemäße Rechtsbehelfsbelehrung und ist auszugsweise nachfolgend wiedergegeben:

...

...

Haftungsbescheid

Die „Alpmann und Ofenkötter Computer GbR“ in 59062 Hamm, Weststraße 100, schuldet dem Land Nordrhein-Westfalen, vertreten durch das FA Hamm, die nachfolgenden Steuern und Abgaben:

1. Umsatzsteuer 14 lt. Jahreserklärung vom 21. 4. 16	24.300 €
2. Umsatzsteuer Oktober bis Dezember 15 und Januar 16 lt. Voranmeldungen sowie Februar bis Mai 16 lt. Schätzungsbescheiden	23.150 €
3. Säumniszuschläge zur Umsatzsteuer 14 und zu den Umsatzsteuer-Voranmeldungszeiträumen 15 bis Mai 16	1.600 €
4. Verspätungszuschlag zur Umsatzsteuer Februar bis Mai 16	600 €
5. Lohnsteuer Februar bis Mai 16 lt. Anmeldungen	8.400 €
6. Säumniszuschläge zur Lohnsteuer Februar bis Mai 16	500 €
7. Einkommensteuer und Solidaritätszuschlag 15 des A lt. Festsetzung vom 1. 8. 16	4.280 €
Gesamtsumme	62.830 €

Für diese Rückstände haften Sie als ehemaliger Geschäftsführer der GbR nach §§ 191, 69 AO.

Die Besteuerungsmerkmale bitte ich den von der GbR jeweils eingereichten USt-Voranmeldungen und LSt-Anmeldungen bzw. den vorliegenden Schätzungsbescheiden, den Festsetzungen der Verspätungszuschläge und den Anforderungen über die Säumniszuschläge zu entnehmen. Sämtliche Unterlagen sind in der Anlage beigefügt. Hinsichtlich der Einkommensteuer 14 des ehemaligen Gesellschafters A ist eine Kopie der Festsetzung vom 1. 8. 16 beigefügt.

Zahlungsaufforderung

Sie werden gebeten, den o. g. Betrag bis zum 27. 9. 16 auf eines der angegebenen Bankkonten der Finanzkasse einzuzahlen.

Rechtsgrund des Haftungsanspruchs

Für die o. g. Rückstände der am 31. 5. 16 aufgelösten GbR haften Sie als ehemaliger Gesellschafter. Eine Mitte Mai 16 durchgeführte Vollstreckung in das bewegliche Vermögen der GbR blieb erfolglos. Daher ist Ihre Inanspruchnahme als Haftungsschuldner ermessensgerecht, da andere Haftungsschuldner – wie Ihnen bekannt ist – nicht vorhanden sind.

...

...

Am 27. 9. 16 fertigte O ein Schreiben an das FA und wollte es auf dem Abendspaziergang in den Briefkasten des FA einwerfen. Auf dem Wege dorthin erlitt er einen Herzanfall und wurde vom Notarzt zur Beobachtung in ein nahe gelegenes Krankenhaus eingeliefert. Am nächsten Tag wurde er wieder aus der Klinik entlassen. Das am Vortag gefertigte Schreiben sowie eine ärztliche Bescheinigung über den Krankenhausaufenthalt gab er persönlich am 28. 9. 16 beim FA ab. Das Schreiben ist nachfolgend auszugsweise wiedergegeben. Die Sachverhaltsangaben sind zutreffend.

Sehr geehrte Damen und Herren!

Ich bin mit dem Haftungsbescheid nicht einverstanden.

Für die im Haftungsbescheid angeführten Steuern und Abgaben brauche ich nicht einzustehen. Nach dem auch dem FA vorliegenden Gesellschaftsvertrag war allein der tödlich verunglückte Mitgesellschafter A für die kaufmännischen und steuerlichen Angelegenheiten der GbR zuständig. Er hat die Steuererklärungen gefertigt und unterschrieben, wozu er als alleinvertretungsberechtigter Geschäftsführer auch berechtigt war. Zudem hat er den gesamten Zahlungsverkehr mit den Kunden und auch mit dem FA abgewickelt. Ich hatte seit der Gründung der GbR auch keine Veranlassung, die Geschäfts- und Steuerunterlagen zu überprüfen, da die GbR in der Vergangenheit immer Gewinne abwarf. Mir oblagen lediglich die technische Geschäftsführung sowie die Aufsicht über die Servicewerkstatt. Deshalb bin ich über den ohne Vorwarnung ergangenen Haftungsbescheid umso überraschter.

Erst durch den Vollstreckungsversuch des FA am 21. 05. dieses Jahres habe ich – für mich völlig überraschend – von den Steuerrückständen erfahren. Vorher bin ich seitens des FA nie über derartige Rückstände weder direkt noch indirekt informiert worden. Auch sonst hatte ich keine Hinweise auf die schlechte finanzielle Lage der GbR, die Anlass für ein Eingreifen meinerseits gewesen wäre.

Nachdem der Vollziehungsbeamte die Geschäftsräume der GbR erfolglos verlassen hatte, habe ich A zur Rede gestellt. Der hat mich dann zerknirscht über die finanzielle Situation und die seit 15. 5. 16 bestehende Zahlungsunfähigkeit der GbR informiert. Ich habe sofort alle Geschäftsunterlagen einschließlich aller betrieblichen Steuerunterlagen überprüft. Dabei habe ich festgestellt, dass A seit Entstehung der Steuerrückstände Verbindlichkeiten gegenüber Lieferanten vorrangig beglichen hat, um den Geschäftsbetrieb aufrechtzuerhalten. Das FA wollte A später bezahlen, hat dies aber wegen erheblicher Umsatzrückgänge und mehr und mehr entstehender Zahlungsschwierigkeiten nicht gekonnt.

In Kenntnis aller Umstände habe ich sofort die umgehende Auflösung der GbR betrieben und die Schlussbilanz zum 31. 5. 16 auf eigene Kosten erstellen lassen. Nachdem sich mir die Zahlungsunfähigkeit der GbR bestätigt hatte, habe ich zudem unverzüglich beim zuständigen Amtsgericht die Einleitung des Insolvenzverfahrens gegenüber der GbR beantragt, über das bis heute noch nicht entschieden worden ist.

In Bezug auf die Umsatzsteuer habe ich zusätzlich festgestellt, dass die Schätzungsbescheide für Februar bis Mai 16 wegen der von der GbR nicht mehr abgegebenen USt-Voranmeldungen erheblich zu hoch sind, und zwar um insgesamt 5.450 €. Dies kann das FA aus den beiliegenden, von mir zutreffend erklärten Voranmeldungen für diese Monate entnehmen.

Mit freundlichen Grüßen
Otto Ofenkötter

Aufgabe:

AUFGABE

O möchte von Ihnen wissen, ob sein Rechtsbehelf Aussicht auf Erfolg hat. Prüfen Sie unabhängig davon, ob, in welchem Umfang und nach welchen gesetzlichen Bestimmungen möglicherweise ein Haftungsanspruch gegen ihn besteht.

Bearbeitungshinweise:

- Sollten Sie den Rechtsbehelf für unzulässig halten, unterstellen Sie die Zulässigkeit und nehmen Sie gleichwohl materiell-rechtlich Stellung. Gehen Sie dabei auch auf das Vorbringen im Schreiben des O ein.

  Sollten Sie eine Voraussetzung einer Norm für nicht gegeben halten, sind gleichwohl alle Voraussetzungen im Einzelnen zu prüfen.
- Hinsichtlich der GbR liegen die Voraussetzungen einer OHG nach HGB nicht vor.
- Bei allen Kalenderdaten handelt es sich um fiktive Angaben.

Kalenderauszug:

August 16						
MO	DI	MI	DO	FR	SA	SO
						1
2	3	4	5	6	7	8
9	10	11	12	13	14	15
16	17	18	19	20	21	22
23	24	25	26	27	28	29
30	31					

September 16						
MO	DI	MI	DO	FR	SA	SO
		1	2	3	4	5
6	7	8	9	10	11	12
13	14	15	16	17	18	19
20	21	22	23	24	25	26
27	28	29	30			

3.2 Sachverhalt „Vollstreckung bei Bert Becker“

Am 8. 10. 16 erscheint der bisher steuerlich nicht beratene, ledige und konfessionslose Bert Becker (B) mit seiner Freundin Daisy Dollar (D) in Ihrer Steuerberaterkanzlei und bittet Sie um Beratung.

B war bis zum 31. 8. 16 Angestellter in einer Zoohandlung in Neustadt und erzielte Einkünfte aus nichtselbständiger Tätigkeit. Nunmehr ist er arbeitslos. Daneben ist er als selbständiger Schriftsteller tätig. B schildert Ihnen den nachfolgenden, in tatsächlicher Hinsicht zutreffenden Sachverhalt und legt Ihnen die dort genannten Schriftstücke vor:

B ist seit 04 als äußerst produktiver, aber erfolgloser Schriftsteller tätig. Seit Beginn der schriftstellerischen Tätigkeit bis heute hat er trotz Verkaufs einiger Manuskripte an verschiedene kleine Verlage Verluste von jährlich ca. 10.000 € erzielt. Bis einschließlich 12 wurden diese Verluste auch stets steuerlich anerkannt. Die ESt-Bescheide 13 und 14 ergingen bzgl. der Verluste aus der schriftstellerischen Tätigkeit vorläufig nach § 165 AO mit dem weiteren Hinweis, dass im Rahmen der Veranlagung 15 die Frage der steuerlich schädlichen Liebhaberei geprüft werden soll. In der im April 16 eingereichten ESt-Erklärung 15 erklärte B wiederum einen Verlust aus schriftstellerischer Tätigkeit i. H. von 10.000 €.

Das FA erkannte den für das Jahr 15 erklärten neuerlichen Verlust aus der schriftstellerischen Tätigkeit wegen Liebhaberei nicht an. Zudem änderte das FA die vorläufigen ESt-Bescheide 13 und 14 durch Streichung der bisher anerkannten Verluste.

Die geänderten ESt-Bescheide 13 und 14, gestützt auf § 165 AO, sowie der Erstbescheid für 15 gingen am 13. 6. 16 mit einfachem Brief zur Post. Die ESt Bescheide 13 bis 15 enthielten als Begründung den Vermerk:

„Die Verluste aus der schriftstellerischen Tätigkeit werden wegen Liebhaberei nicht mehr anerkannt. Auf die rechtlichen Hinweise in der Vergangenheit in dieser Angelegenheit wird hingewiesen.“

Während der ESt-Bescheid 15 weder eine Erstattung noch eine Nachzahlung ergab, wiesen die geänderten ESt-Bescheide für 13 einen Betrag von 4.900 € und 14 von 4.250 € auf, die jeweils für ESt, Zinsen und Solidaritätszuschlag einzeln in den Bescheiden angegeben waren. Die Steuerbescheide forderten die Nachzahlung der entsprechenden Beträge mit Leistungsgebot zum 16. 7. 16.

B legte mit Schreiben vom 5. 7. 16 Einspruch ein. Er wies die Liebhaberei weit von sich und pochte auf die Ernsthaftigkeit seiner schriftstellerischen Tätigkeit. Letztlich habe es nicht an ihm gelegen, wenn die Mehrzahl der Verlage seine Manuskripte nicht angenommen habe. Die Nachzahlungen lehnte er deshalb ab und zahlte bei Fälligkeit nicht. Über die Einsprüche hat das FA bis zum heutigen Tage noch nicht entschieden. Einen Antrag auf Aussetzung der Vollziehung hat B nicht gestellt.

Mit Schreiben vom 16. 8. 16 erhielt B eine Mahnung des FA über die geforderten Beträge einschließlich Säumniszuschlägen mit einer Zahlungsfrist von einer Woche. Am 30. 8. 16 wurde von der Vollstreckungsstelle des FA eine Vollstreckungsankündigung abgeschickt. Auf keines der Schreiben reagierte B.

Am 10. 9. 16 erschien der Vollziehungsbeamte des FA Rainer Ramb (R) bei B und verlangte unter Vorlage des Vollstreckungsauftrags die Zahlung der Rückstände sowie der Vollstreckungskosten. B ließ den Vollziehungsbeamten nach Belehrung in seine Wohnung, um vor neugierigen Nachbarn sicher zu sein. B erklärte dem R, er möge sich einen Moment gedulden, da er noch den Schlusssatz seines neuen Manuskripts schreiben müsse. In der Zwischenzeit könne sich R in der Wohnung umsehen. Dabei entdeckte R im Arbeitszimmer einen neuen PC mit Drucker und Tastatur sowie eine alte Regalwand mit Büchern. Gegen den Protest des B, er müsse am PC ein neues Manuskript schreiben, pfändete R durch Anbringen von Pfandsiegeln den PC nebst Drucker und Tastatur.

Im Wohnzimmer entdeckte R eine hochwertige Stereoanlage der Marke „Bung & Ulofsen“ mit einem geschätzten Verkehrswert von 3.500 €. Auch diese pfändete R durch Anbringen von Pfandsiegeln. Hinsichtlich der Stereoanlage wies B den R darauf hin, dass diese nicht in seinem Eigentum stehe, sondern seiner Freundin D gehöre und daher eine Pfändung unzulässig sei.

Im Wohnzimmer fand R einen uralten Schwarzweißfernseher vor. Von einer Pfändung nahm er mangels Verwertbarkeit Abstand.

Nach Abschluss der Vollstreckungsmaßnahmen händigte R dem B ein Pfändungsprotokoll aus.

Am 20. 9. 16 wurden die gepfändeten Gegenstände (PC, Monitor, Tastatur und Stereoanlage) abgeholt, da das FA beabsichtigt, diese Mitte Oktober 16 zu versteigern.

Aufgabe:

B und D möchten von Ihnen wegen der drohenden Versteigerung der gepfändeten Sachen wissen, ob

1. die durch das FA vorgenommenen Pfändungen zulässig bzw. erfolgreich waren und
2. ein aufgrund der Einsprüche gegen die Änderungsbescheide jetzt noch zu stellender Antrag auf Aussetzung der Vollziehung die Vollstreckungsmaßnahmen außer Kraft setzen könne oder was sonst noch erforderlich sei, um die Vollstreckungsmaßnahmen gegenüber B und D zu verhindern.

AUFGABE

Bearbeitungshinweise:

- Der Fall ereignete sich in den fiktiven Kj. 04–16.
- Stichtag für Ihre Entscheidung ist der 8. 10. 16.
- Begründen Sie Ihre Antworten unter genauer Angabe der gesetzlichen Vorschriften.
- Beachten Sie den nachfolgenden Gesetzesauszug aus der ZPO:

§ 811 ZPO Unpfändbare Sachen

(1) Folgende Sachen sind der Pfändung nicht unterworfen:

1. die dem persönlichen Gebrauch oder dem Haushalt dienenden Sachen, insbesondere Kleidungsstücke, Wäsche, Betten, Haus- und Küchengerät, soweit der Schuldner ihrer zu einer seiner Berufstätigkeit und seiner Verschuldung angemessenen, bescheidenen Lebens- und Haushaltsführung bedarf; ferner Gartenhäuser, Wohnlauben und ähnliche Wohnzwecken dienende Einrichtungen, die der Zwangsvollstreckung in das bewegliche Vermögen unterliegen und deren der Schuldner oder seine Familie zur ständigen Unterkunft bedarf; ...

...

5. bei Personen, die aus ihrer körperlichen oder geistigen Arbeit oder sonstigen persönlichen Leistungen ihren Erwerb ziehen, die zur Fortsetzung dieser Erwerbstätigkeit erforderlichen Gegenstände;

...

3.2 Lösungshinweise „Ofenkötters Haftung“

HINWEIS

Vorüberlegungen:
Die Fallskizze/Zeittabelle kann wie folgt aussehen:

Kj 11:	O und A gründen GbR (Fachmarkt). Beide sind zu 50 % beteiligt und alleinvertretungsbefugte Geschäftsführer. A ist für den steuerlichen Bereich zuständig, O für den technischen.
1. 7. 15:	Verlegung der Geschäftsräume der GbR auf Grundstück des O (Mietvertrag). O veräußert das Grundstück am 1. 8. 16 an E.
31. 5. 16:	GbR ist zahlungsunfähig und wird eingestellt.
15. 8. 16:	A stirbt. Der Nachlass ist überschuldet.
24. 8. 16:	Haftungsbescheid gegenüber O zur Post. Haftung für Ansprüche aus dem Steuerschuldverhältnis (Tz. 1–7). Summe: 62.830 €.
27. 9. 16:	Schreiben des O an FA. Auf dem Weg zum Einwurf Herzanfall des O, deshalb Abgabe am 28. 9. 16. Inhalt: O wendet sich gegen den Bescheid. Er sei nur Techniker. Er habe erst am 21. 5. 16. von der schlechten Lage erfahren. Er habe sofort die Auflösung der GbR betrieben. USt-Schätzungsbescheide 02–05/16 sind um 5.450 € zu hoch.

Aufgabe:

O will wissen, ob sein Rechtsbehelf Aussicht auf Erfolg hat. Prüfen Sie, ob und inwieweit Haftungsansprüche gegen O bestehen.

Der Lösung ist die „klassische“ Einspruchsprüfung (I. Zulässigkeit, II. Begründetheit) zugrunde zu legen.

O könnte Einspruch gegen den Haftungsbescheid eingelegt haben. Dieser hat Aussicht auf Erfolg, wenn er zulässig und begründet ist.

I. Zulässigkeit des Einspruchs

1. Auslegung des Schreibens vom 27. 9. 16

[1] Das Schreiben des O vom 27. 9. 16 ist als Einspruch gem. §§ 347 ff. AO auszulegen, da O in dem Schreiben zu erkennen gab, dass er mit dem Haftungsbescheid nicht einverstanden ist und Nachprüfung begehrt (vgl. auch AEAO vor § 347 Nr. 1 am Ende).

2. Statthaftigkeit, Form und Beschwer

Nach § 347 Abs. 1 Nr. 1 AO ist der von O gegen den Haftungsbescheid eingelegte Einspruch [1]
statthaft. Die nach § 357 Abs. 1 Satz 1 AO erforderliche Schriftform ist gewahrt. Die fehlende Bezeichnung als Einspruch ist gem. § 357 Abs. 1 Satz 4 AO ohne Bedeutung. O ist als Adressat des ihn belastenden Haftungsbescheids auch gem. § 350 AO beschwert.

3. Einspruchsfrist

Fraglich ist, ob die Einspruchsfrist von einem Monat nach § 355 Abs. 1 Satz 1 AO gewahrt ist. [1]
Der am 24. 8. 16 mit einfachem Brief zur Post gegebene Bescheid gilt nach § 122 Abs. 2 Nr. 1 AO am 27. 8. 16 als bekannt gegeben. Die Einspruchsfrist endete daher mit Ablauf des 27. 9. 16 (§ 108 Abs. 1 AO i.V. mit § 188 Abs. 2 BGB). Das Einspruchsschreiben ging jedoch erst am 28. 9. 16 beim FA ein und war damit verspätet.

Dem O ist aber Wiedereinsetzung in den vorigen Stand zu gewähren, wenn er die Einspruchs- [2]
frist ohne (jedes) Verschulden (also ohne Vorsatz oder Fahrlässigkeit) versäumt hat (§ 110 Abs. 1 Satz 1 AO). Das Ausnutzen der Frist bis zum letzten Tag ist zulässig und ist ihm nicht vorzuwerfen. O hat die Frist aufgrund des am 27. 9. 16 erlittenen Herzanfalls und des anschließenden Krankenhausaufenthalts versäumt, also ohne sorgfaltswidriges = fahrlässiges Verhalten und damit ohne Verschulden.

Die Monatsfrist des § 110 Abs. 2 AO ist gewahrt. Das „Hindernis“ gem. § 110 Abs. 2 Satz 1 AO entfiel mit seiner der Entlassung aus dem Krankenhaus am 28. 9. 16. Die Monatsfrist endete daher mit Ablauf des 28. 10. 16. O hat aber bereits am 28. 9. 16 das Einspruchsschreiben und die ärztliche Bescheinigung über den Krankenhausaufenthalt beim FA eingereicht und sein mangelndes Verschulden dadurch glaubhaft gemacht. Ein ausdrücklicher Antrag auf Wiedereinsetzung ist nach § 110 Abs. 2 Satz 4 AO entbehrlich.

Der Einspruch ist somit zulässig.

II. Begründetheit des Einspruchs

Der Einspruch ist begründet, wenn der angegriffene Haftungsbescheid rechtswidrig ist und O in seinen Rechten verletzt ist. Nach § 367 Abs. 2 Satz 1 AO ist die Sache in vollem Umfang zu überprüfen.

Es ist – wie immer – auf alle (ernsthaft in Betracht kommenden) Fehler des angegriffenen Bescheids einzugehen.

HINWEIS

1. Inhaltliche Unbestimmtheit (§ 119 Abs. 1 AO und § 125 Abs. 1 AO)

Der Haftungsbescheid könnte bzgl. der Tz. 2–6 entgegen § 119 Abs. 1 AO inhaltlich nicht hinreichend bestimmt und deshalb nach § 125 Abs. 1 AO nichtig sein.

Die Haftung bezieht sich auf jeden einzelnen Anspruch aus dem Steuerschuldverhältnis. Je aufgeführtem Anspruch ist ein einzelner Haftungsbescheid gegeben. Diese Haftungsbescheide sind in einem Bescheid zusammengefasst (= Sammel-VA).

HINWEIS

Die Abgabenschulden der GbR sind in den Tz. 2–6 zwar nach Steuerart und Nebenleistungen, [1]
aber hinsichtlich der USt, LSt, Säumniszuschläge und Verspätungszuschläge nicht nach Besteuerungszeiträumen (Monaten) aufgegliedert worden. Das ist jedoch erforderlich, da der Haftungsschuldner für jeden einzelnen Anspruch aus dem Steuerschuldverhältnis haftet. Im vorliegenden Fall ergibt sich die genaue Aufgliederung auf die entsprechenden Monate aber aus den beigefügten Unterlagen (Voranmeldungen, Schätzungsbescheiden etc.). Für den O ist dadurch also klar erkennbar, für welche einzelnen Ansprüche aus dem Steuerschuldverhältnis er als Haftungsschuldner in Anspruch genommen wird. Der Haftungsbescheid ist also bzgl. der Tz. 2–6 hinreichend bestimmt und nicht nichtig.

2. Haftungstatbestände

[1] Nach § 191 Abs. 1 AO durfte O nur dann durch Haftungsbescheid in Anspruch genommen werden, wenn er „kraft Gesetzes“ für eine Steuer haftet.

a) Haftung nach § 69 AO

[1] O könnte gem. § 69 AO haften. O ist als Gesellschafter und vertretungsbefugter Mitgeschäftsführer der GbR eine Person i. S. von § 69 und § 34 Abs. 1 AO. Nach § 34 Abs. 1 AO hatte O grds. dafür zu sorgen, dass Steuererklärungen eingereicht werden und die Steuern aus den Mitteln entrichtet werden, die er verwaltet. Diesen Pflichten ist er hinsichtlich der fehlenden USt-Voranmeldungen Februar bis Mai 16 sowie den ausstehenden Rückständen der GbR nicht nachgekommen.

[2] Fraglich ist jedoch, ob O diese Pflichten grob schuldhaft verletzt hat. Vorsätzlich hat O nicht gehandelt. Grob fahrlässig handelt, wer die ihm (subjektiv) zumutbare Sorgfalt in ungewöhnlich großem Maße verletzt. Insoweit gilt hier Folgendes: Sind in einer Gesellschaft mehrere Geschäftsführer bestellt, trifft grds. jeden von ihnen die Verantwortung für die steuerlichen Pflichten der Gesellschaft. Diese Pflichten können – wie hier – durch interne schriftliche und eindeutige Aufgabenteilung eingeschränkt werden. Den O traf für die steuerlichen Belange nur eine Überwachungspflicht. Da O nach seinen zutreffenden Angaben von den Zahlungsschwierigkeiten der GbR keine Kenntnis hatte und für ihn auch kein Anlass bestand, den Zahlungsverkehr der GbR und das Verhalten des kaufmännischen Mitgeschäftsführers A zu kontrollieren, trifft ihn insoweit kein grobes Verschulden.

Als O Mitte Mai durch den Vollstreckungsversuch des FA von den finanziellen Problemen der GbR erfuhr, war die GbR bereits zahlungsunfähig. Daher war O ab diesem Zeitpunkt auch nicht in der Lage, die rückständigen Steuern und Abgaben aus Mitteln der GbR gem. § 34 Abs. 1 Satz 2 AO zu zahlen. Eine Haftung des O aus § 69 AO entfällt somit.

HINWEIS

Ein grobes Verschulden des O kann hier (ausnahmsweise) deshalb ausgeschlossen werden, weil im Sachverhalt vorgegeben war, dass die Sachverhaltsangaben im Schreiben des O vom 27. 9. 16 zutreffend sind.

In der Regel ist grobe Fahrlässigkeit anzunehmen, wenn nicht dargelegt wird, dass der generellen Überwachungspflicht nachgekommen wurde. Hätte O überhaupt (regelmäßig) kontrolliert, wären ihm die Steuerrückstände viel früher aufgefallen und ggf. entrichtet worden. In diesem Fall wäre eine Haftung gem. § 69 AO zu bejahen. Der als wahr zu unterstellende Sachverhalt schließt diese Lösung jedoch aus.

b) Haftung nach § 74 AO

[1] O könnte gem. § 74 AO haften. Er war an der GbR i. S. des § 74 Abs. 2 AO wesentlich beteiligt, nämlich mit 50 %. Das im früheren Eigentum von O stehende Grundstück wurde von der GbR vom 1. 7. 15 bis Ende Mai 16 aufgrund des Mietvertrags genutzt. Es diente damit längerfristig den Zwecken der GbR gem. § 74 Abs. 1 Satz 1 AO.

Die Haftung gem. § 74 AO ist jedoch in dreifacher Hinsicht eingeschränkt:

[1] Erstens erfasst sie nur die Steuern, bei denen sich die Steuerpflicht auf den Betrieb des Unternehmens gründet (sog. „Betriebssteuern“, die nur bei dem Betrieb eines Unternehmens anfallen; vgl. AEAO zu § 74 Nr. 2). Dazu gehört im vorliegenden Fall allein die USt, nicht aber die ESt und der Soli des A, die LSt (diese kann auch bei privaten Arbeitgebern anfallen) sowie die Säumniszuschläge und Verspätungszuschläge, die keine Steuern (§ 3 Abs. 1 AO), sondern steuerliche Nebenleistungen (§ 3 Abs. 4 AO) sind.

Zweitens haftet der Eigentümer der Gegenstände zeitlich nach § 74 Abs. 1 Satz 2 AO nur für diejenigen USt, die während der wesentlichen Beteiligung und während der Überlassung des Gegenstands entstanden sind. Erfasst werden somit die vom 1. 7. 15 bis zum 31. 5. 16 entstandenen USt. Damit entfällt die Haftung für die USt 14, da diese vor dem Haftungszeitraum, nämlich gem. § 13 Abs. 1 UStG bereits in 14 entstanden war. Danach ist eine Haftung für die rückständige USt Oktober bis Dezember 15 und die USt Januar bis Mai 16 i. H. von 23.150 € zu bejahen.

[1] Drittens haftet O als Eigentümer des Grundstücks gem. § 74 Abs. 1 Satz 1 AO nur „mit diesem“. Nach h. M. (vgl. AEAO zu § 74 Nr. 1) ist die Haftung gem. § 74 AO nicht beschränkt auf den (im Zeitpunkt der Haftungsinanspruchnahme noch) im Eigentum des Stpfl. stehenden Gegen-

stand, sondern umfasst auch ein dafür ggf. erhaltenes Surrogat (Veräußerungserlös, Schadenersatz, Tauschgegenstand etc.) mit, wenn der Gegenstand (wie hier) in dem Zeitraum der Steuerschuldentstehung dem Unternehmen gedient hat.

Danach haftet O (betragsmäßig i. H. von 950.000 €) für die USt Oktober bis Dezember 15 und USt Januar bis Mai 16 i. H. von 23.150 €.

Im Haftungsbescheid ist die gegenständliche Beschränkung der Haftung jedoch aufzuführen [2]
(hier also die Beschränkung auf das genau anzugebende Grundstück oder die dafür enthaltenen Surrogate). Da dies nicht geschehen ist, ist der Haftungsbescheid bzgl. einer Haftung gem. § 74 AO inhaltlich nicht hinreichend bestimmt. Danach kommt eine Haftung gem. § 74 AO nicht in Betracht (§ 119 Abs. 1 und § 125 Abs. 1 AO).

HINWEIS

Die gegenständliche Beschränkung kann das FA im Einspruchsverfahren nachholen (§ 367 Abs. 2 Satz 2 AO).

c) Haftung gem. § 128 HGB analog

O könnte als Gesellschafter gem. § 128 HGB analog haften. Nach dieser Vorschrift, die auf die [1]
GbR entsprechend anzuwenden ist, haften die Gesellschafter für Verbindlichkeiten der Gesellschaft (in vollem Umfang) persönlich. § 191 Abs. 1 AO gilt für jede Haftung „kraft Gesetzes" und damit auch für zivilrechtliche Haftungsnormen.

§ 128 HGB umfasst alle Abgabenruckstände der GbR, d. h. hier die USt 14, 15 und 16 sowie die [1]
LSt Februar bis Mai 16 und die mit diesen Steuern zusammenhängenden Verspätungs- und Säumniszuschläge.

Dagegen haftet O nicht für die ESt und den Solidaritätszuschlag des A. Bei diesen Steuern handelt es sich nicht um Rückstände der GbR, sondern um persönliche Schulden des A.

d) Minderung der Haftung für die USt Februar bis Mai 16 um 5.450 €

Die USt-Schätzungsbescheide für Februar bis Mai 16 sind lt. Sachverhalt um insgesamt 5.450 € [1]
zu hoch festgesetzt worden. Gemäß dem Grundsatz der Akzessorietät (= Abhängigkeit) des Haftungsanspruchs vom Steueranspruch kann dies der Haftungsschuldner prinzipiell geltend machen. O hatte jedoch Alleinvertretungsbefugnis bzgl. der GbR. Daher war er auch berechtigt, die gegenüber der GbR ergangenen USt-Schätzungsbescheide wirksam im Namen der GbR anzufechten. Deshalb muss er gem. § 166 AO die gegenüber der GbR „unanfechtbar festgesetzten Steuern" gegen sich gelten lassen. Die USt-Schätzungsbescheide sind zwar formell „unanfechtbar" geworden mit Ablauf der jeweiligen Einspruchsfrist. Sie stehen aber als Vorauszahlungsbescheide nach dem § 164 Abs. 1 Satz 2 AO kraft Gesetzes unter dem Vorbehalt der Nachprüfung und sind somit nach § 164 Abs. 2 AO jederzeit änderbar. O kann daher im Einspruchsverfahren gegen den Haftungsbescheid eine Minderung der USt-Schätzungsbescheide Februar bis Mai 16 um 5.450 € erreichen.

Die richtige Haftungssumme beträgt somit für die Voranmeldungszeiträume Februar bis Mai 16 nur 17.700 € (23.150 € / 5.450 €).

HINWEIS

Durch die Minderung der USt ergeben sich keine Auswirkungen auf die verwirkten Säumniszuschläge für die o. a. USt-Vorauszahlungsbescheide (§ 240 Abs. 1 Satz 4 AO).

e) Ergebnis

Der O haftet demnach gem. § 128 HGB analog für folgende Rückstände der GbR: [1]

USt 08	24.300 €
USt Februar bis Mai 16	17.700 €
Säumniszuschläge zur USt	1.600 €
Verspätungszuschläge zur USt	600 €
LSt Februar bis Mai 16	8.400 €
Säumniszuschläge zur LSt	500 €
Summe:	**53.100 €**

3. Ermessensausübung

[1] Das FA hat beim Erlass des Haftungsbescheids sein Ermessen nach § 191 Abs. 1 und § 5 AO zutreffend ausgeübt. Da die GbR als Erstschuldnerin nicht mehr existierte, war die Inanspruchnahme des O ermessensgerecht. Auch hinsichtlich des „Auswahlermessens" bei mehreren potenziellen Haftungsschuldnern hatte das FA hier keine andere Wahl, da der Mitgesellschafter A verstorben und sein Nachlass überschuldet war.

4. Formelle Mängel

Der Haftungsbescheid enthält die notwendigen Darlegungen zur Ermessensausübung. Im Haftungsbescheid wird als Haftungsnorm unzutreffend § 69 AO genannt, nicht aber die zutreffende Haftungsnorm des § 128 HGB. Allerdings wird auf die Haftung „als ehemaliger Gesellschafter" verwiesen. Die Richtigstellung der Paragrafenangabe kann im Einspruchsverfahren gem. § 126 Abs. 1 Nr. 2 AO nachgeholt werden. Geschieht dies nicht, ist der Begründungsfehler gem. § 127 AO ohne Belang. Die unterlassene vorherige Anhörung des O nach § 91 Abs. 1 AO wird durch das Einspruchsverfahren nach § 126 Abs. 1 Nr. 3 AO geheilt.

III. Gesamtergebnis

[1] Der Einspruch des O ist nach allem begründet und erfolgreich i. H. von 5.450 € bzgl. der USt-Schätzungsbescheide Februar bis Mai 16 und i. H. von 4.280 € bzgl. der ESt nebst Solidaritätszuschlag 15. Die Haftungsschuld ist daher durch Einspruchsentscheidung auf 53.100 € herabzusetzen und der Einspruch im Übrigen als unbegründet zurückzuweisen.

3.4 Lösungshinweise „Vollstreckung bei Bert Becker"

HINWEIS

Vorüberlegungen:
Die Fallskizze/Zeittabelle kann wie folgt aussehen:

Wegen langjährigen Verlusten aus Schriftstellerei ergingen die ESt-Bescheide 13 und 14 gegen B insoweit gem. § 165 AO.	
April 16:	B reicht ESt-Erklärung 15 ein: Verlust wieder 10 T€.
13. 6. 16:	Absendung der ESt-Änderungsbescheide 13 und 14: Streichung der Verluste gem. § 165 AO; Nachzahlung 13: 4.900 €, 14: 4.250 € bis 16. 7. 16.
5. 7. 16:	Einspruch des B: Liebhaberei sei nicht gegeben. Er zahlt nicht.
16. 8. 16:	Mahnung des B durch das FA.
30. 8. 16:	Vollstreckungsankündigung des FA.
10. 9. 16:	Vollziehungsbeamter R pfändet PC/Drucker und Stereoanlage (der D).
20. 9. 16:	Abholung der o. g. Gegenstände: Versteigerung Mitte Oktober 16 geplant.
Aufgabe:	
B und D am 8. 10. 16 möchten wissen, ob	
1. die Pfändungen erfolgreich waren oder aufzuheben sind,	
2. ein aufgrund der Einsprüche gegen die Änderungsbescheide zu stellender Antrag auf AdV oder sonstige Maßnahmen helfen können, die Vollstreckung zu verhindern.	

Jede einzelne Pfändung ist ein VA.
Nach Aufgabe 1 ist zu untersuchen, ob die gesetzlichen Voraussetzungen für die Pfändungen vorliegen und ob diese rechtmäßig sind.
Nach Aufgabe 2 ist zu prüfen, ob B und D mit einem Antrag auf AdV oder anderen Rechtsbehelfen die Vollstreckung ggf. verhindern können.

Aufgabe 1

Die Pfändungen des PC und Druckers und der Stereoanlage waren zulässig und erfolgreich, d. h. rechtmäßig, wenn die gesetzlichen Voraussetzungen der §§ 249 ff. AO beachtet wurden.

I. Allgemeine Voraussetzungen der Pfändungen

Zunächst sind die allgemeinen Voraussetzungen für eine wirksame Pfändung der Gegenstände am 10. 9. 16 zu prüfen.

1. Vollstreckbarer VA gem. § 249 Abs. 1 und § 251 Abs. 1 AO

Laut Sachverhalt hatte das FA gegen B geänderte ESt- und Solidaritätszuschlags-Bescheide 13 und 14 sowie entsprechende Zinsbescheide mit Nachzahlungsbeträgen erlassen. Diese bilden gem. § 249 Abs. 1 AO die Rechtsgrundlage für das Vollstreckungsverfahren. [1]

Die Bescheide sind auch nach § 251 Abs. 1 AO vollstreckbar, da ihre Vollziehung durch die bloße Einspruchseinlegung vom 5. 7. 16 nicht gehemmt wird (§ 361 Abs. 1 AO). AdV ist weder beantragt noch gewährt worden (§ 361 Abs. 2 AO).

2. Fälliger Anspruch mit Leistungsgebot nach § 254 Abs. 1 Satz 1 AO

Die geänderten Bescheide enthielten entsprechende Leistungsgebote i. H. von 4.900 € und 4.250 € mit Fälligkeit zum 16. 7. 16. [1]

3. Ablauf der Vollstreckungsschonfrist gem. § 254 Abs. 1 Satz 1 AO

Die Vollstreckungsschonfrist von einer Woche seit Bekanntgabe des Leistungsgebots ist im Zeitpunkt der Pfändungsmaßnahmen am 10. 9. 16 seit Langem abgelaufen. [1]

4. Mahnung nach § 259 AO

Mit Schreiben vom 16. 8. 16 erhielt B eine Mahnung sowie am 30. 8. 16 zusätzlich eine Vollstreckungsankündigung.

Somit lagen alle allgemeinen Voraussetzungen für die Vollstreckung am 10. 9. 16 vor.

II. Rechtmäßigkeit der Pfändungen im Einzelnen

Die Vollstreckung wegen Geldforderungen in bewegliche Sachen erfolgt nach § 281 Abs. 1, § 285 Abs. 1, § 286 Abs. 1 und Abs. 2 AO dadurch, dass der Vollziehungsbeamte die Sachen, die sich im (Allein-)Gewahrsam des Schuldners befinden, entweder in Besitz nimmt (wegnimmt) oder die Pfändungen durch Anlegen von Pfandsiegeln ersichtlich macht. [1]

Da die Pfändung einzelner Gegenstände jeweils einen selbständigen VA darstellt, ist im Folgenden die Rechtmäßigkeit der einzelnen Pfändungsmaßnahmen gem. §§ 281 ff. AO einzeln zu prüfen.

1. Pfändung der PC-Anlage (PC, Monitor und Tastatur)

Die aus drei Teilen bestehende PC-Anlage befand sich im Alleingewahrsam des Vollstreckungsschuldners B: B war alleiniger Wohnungsinhaber und hatte damit an allen dort befindlichen Gegenständen die tatsächliche Sachherrschaft. Durch das Anlegen von Pfandsiegeln an den einzelnen Teile der PC-Anlage hat der Vollziehungsbeamte R drei Pfändungen vorgenommen und damit diese Sachen nach § 286 Abs. 2 AO wirksam gepfändet. [1]

Zu beachten ist aber, dass die PC-Anlage dem B zur weiteren – wenn auch nebenberuflichen – Erwerbsausübung als Schriftsteller in geistiger Hinsicht dient und damit – als unpfändbar – dem Pfändungsschutz nach § 295 AO i.V. mit § 811 Abs. 1 Nr. 5 ZPO (= Abschn. 33 Abs. 1 Nr. 5 VollzA) unterfällt. Die Pfändungen der drei Einzelteile sind somit rechtswidrig und anfechtbar, aber nicht nichtig.

2. Pfändung der Stereoanlage

Die im Gewahrsam des B befindliche Stereoanlage ist nach § 286 Abs. 2 AO ebenfalls wirksam gepfändet worden. [2]

Der Hinweis, diese gehöre der D, ist ohne Bedeutung: Der Vollziehungsbeamte hat nach der ausdrücklichen Regelung des § 286 Abs. 1 AO allein zu prüfen, ob der Vollstreckungsschuldner Alleingewahrsam an der Sache hat (vgl. auch Abschn. 43 VollzA), nicht jedoch, wer Eigentümer ist. Eine Ausnahme besteht nur dann, wenn das Eigentum eines Dritten offensichtlich ist (vgl. Abschn. 43 Abs. 5 VollzA). Das ist aber hier nicht gegeben.

Die Anlage war ferner nicht unpfändbar gem. § 295 AO, § 811 Abs. 1 Nr. 1 ZPO, denn der B kann über das ihm verbliebene, nicht gepfändete Fernsehgerät in bescheidenem Umfang weiter am allgemeinen täglichen Informationsleben teilnehmen.

Die Pfändung der Stereoanlage war somit formell zulässig und wirksam.

HINWEIS

Da der Gegenstand eines Dritten gepfändet wurde, war die Pfändung allerdings materiell rechtswidrig. Siehe dazu Aufgabe 2 unter II.2.

Aufgabe 2

I. Antrag auf AdV der ESt-Bescheide 13 und 14

[1] Da B gegen die ESt-Änderungsbescheide 13 und 14 form- und fristgerecht Einsprüche eingelegt hat, über die bisher noch nicht entschieden worden ist, könnten insoweit noch Anträge auf AdV nach § 361 AO gestellt werden. Bei Gewährung einer AdV wäre die laufende Vollstreckung nach § 257 Abs. 1 Nr. 1 i.V. mit § 251 Abs. 1 AO einzustellen. Die gepfändeten Sachen dürften dann nicht versteigert werden.

HINWEIS

Eine Aufhebung der Pfändungen käme jedoch nach § 257 Abs. 2 Satz 1 AO nicht in Betracht, da diese Regelung den Abs. 1 Nr. 1 nicht erfasst.

Derartige Anträge versprechen hier aber keinen Erfolg. Laut Sachverhalt sind keine Anhaltspunkte erkennbar, die ernsthafte Zweifel an der Rechtmäßigkeit der angefochtenen ESt-Bescheide aufkommen lassen.

II. Weitere Maßnahmen gegen die Pfändungen

1. PC-Anlage

a) Einspruch

[1] Die Pfändung der drei Einzelteile der PC-Anlage war nach § 295 AO, § 811 Abs. 1 Nr. 5 ZPO rechtswidrig, aber nicht nichtig (s. o.).

Die Pfändungen sind VA, gegen die Einsprüche gem. § 347 Abs. 1 Nr. 1 AO form- und fristgerecht einzulegen sind.

[1] Da die Sachpfändungen am 10. 9. 16 durchgeführt wurden, sind die Einsprüche nach § 355 Abs. 1 AO innerhalb eines Monats nach Bekanntgabe der VA einzulegen. Die Bekanntgabe erfolgte hier durch Anlegen der Pfandsiegel (in „anderer Weise" gem. § 119 Abs. 2 Satz 1 vierte Alt. AO) in Anwesenheit des Schuldners. Obwohl die Pfandsiegel keine Rechtsbehelfsbelehrung enthalten, findet § 356 AO mangels Schriftform keine Anwendung. Die Einspruchsfrist endet also mit Ablauf des 10. 10. 16 (§ 108 Abs. 1 AO, § 188 Abs. 2 BGB). Am 8. 10. 16 können die Einsprüche somit noch fristgerecht eingelegt werden.

[1] Die Einsprüche wären nach § 350 AO mangels Beschwer nur dann unzulässig, wenn die Vollstreckungsmaßnahmen beendet sind. Das ist erst dann der Fall, wenn die Vollstreckung mit der Pfandverwertung (i. d. R. mit der Versteigerung) abgeschlossen ist. Die Verwertung steht im vorliegenden Fall aber noch aus. § 350 AO ist deshalb zu bejahen.

Wird Einspruch eingelegt, sind die o. g. Pfändungen im Rahmen des Einspruchsverfahrens aufzuheben (§ 367 Abs. 2 Satz 3 i.V. mit § 130 Abs. 1 AO) und die PC-Anlage an den B herauszugeben.

[1] Zur Vermeidung der anstehenden Versteigerung der gepfändeten Sachen ist zusätzlich AdV nach § 361 Abs. 2 AO zu beantragen. Deren Voraussetzungen sind erfüllt, da die Sachen unpfändbar sind und somit ernstliche Zweifel an der Rechtmäßigkeit der VA offenkundig sind.

b) Antrag gem. § 358 AO

Als weitere Möglichkeit käme ein Antrag auf Vollstreckungsaufschub nach § 258 AO in Betracht. Da es sich bei § 258 AO um eine Billigkeitsregelung handelt, ist sie (vorzugsweise) auf Fälle anwendbar, in denen die Vollstreckung (anders als hier) rechtmäßig ist, dem Vollstreckungsschuldner jedoch einen unangemessenen Nachteil (z. B. Bedrohung der wirtschaftlichen Existenz) bringen würde, der durch kurzfristiges Zuwarten vermieden werden könnte (vgl. Abschn. 7 VollstrA). Da diese Voraussetzung hier nicht gegeben ist, wäre ein solcher Antrag nicht erfolgreich. [1 Zusatzpunkt]

2. Stereoanlage

a) Einspruch

Ein Einspruch der D gegen die Pfändung ihrer Stereoanlage gem. §§ 347 ff. AO mit der Begründung, dass das FA ihr Eigentum gepfändet habe, ist nicht zulässig. Zum einen ist sie nicht Vollstreckungsschuldnerin und damit nicht Adressatin des VA. Zum anderen schließt der Drittwiderspruch gem. § 262 AO als spezieller Rechtsbehelf den Einspruch aus.

HINWEIS

In § 262 AO hat der Gesetzgeber entschieden, dass es sich bei der Berufung auf das Eigentum um eine privatrechtliche Frage handelt, für die im Streitfall nicht das FG, sondern die ordentlichen Gerichte sachlich zuständig sind.

b) Drittwiderspruch gem. § 262 AO

Das Eigentum an einer Sache ist „ein die Veräußerung hinderndes Recht“ gem. § 262 Abs. 1 AO. D muss also ihr Eigentum an der Stereoanlage dem FA gegenüber nach § 262 Abs. 1 AO durch „Drittwiderspruch“ geltend machen und durch Vorlage einer entsprechenden Urkunde, z. B. Rechnungsbeleg, nachweisen. Gelingt ihr dies, wird das FA die Pfändung aufheben (§ 130 Abs. 1 AO) und die Anlage herausgeben. [2]

HINWEIS

Sollte das FA die Herausgabe der Sache verweigern, muss D ihr Eigentum nach § 262 Abs. 1 Satz 1 AO „erforderlichenfalls“ durch Drittwiderspruchsklage vor dem Amtsgericht heraus verlangen, bevor die Sache versteigert wird. Durch die Drittwiderspruchsklage allein wird die Fortsetzung der Vollstreckung durch Verwertung (hier Versteigerung) nicht gehemmt. Hierzu ist vielmehr eine besondere Anordnung nach § 262 Abs. 2 AO i. V. mit §§ 769, 770 ZPO des Amtsgerichts auf Antrag der D erforderlich.

[35]

4. Klausur „Betriebsprüfung bei Mario Bähr“

4.1 Sachverhalt

Am 14.10.05 erscheinen in Ihrer Praxis als neue Mandanten die Eheleute Mario (M) und Eva (E) Bähr. M ist Bäckermeister und betreibt in Neustadt eine größere Bäckerei und Konditorei mit angeschlossenem Bistro und einigen Filialen. E ist bei ihrem Ehemann als Filialleiterin angestellt. Beide werden zusammen veranlagt und schildern den nachfolgenden, in tatsächlicher Hinsicht unstreitigen Sachverhalt. Zugleich legt M Ihnen die entsprechenden Unterlagen vor, die – soweit erforderlich – wiedergegeben sind.

Die ESt-Erklärungen für die Jahre 01, 02 und 03 reichten die Eheleute jeweils im Folgejahr ein. Das FA setzte die ESt daraufhin endgültig wie folgt fest:

Die ESt 01 i. H. von 40.000 € durch Bescheid vom 30. 9. 02.

Die ESt 02 i. H. von 50.000 € durch Bescheid vom 5. 11. 03.

Die ESt 03 i. H. von 45.000 € durch Bescheid vom 11. 12. 04. Dieser wurde am 11. 12. 04 wegen Ausfalls der EDV-Anlage manuell gefertigt, anschließend vom zuständigen Sachgebietsleiter gezeichnet und noch am gleichen Tage zur Post gegeben.

Ende Februar 05 führte das FA bei M eine Außenprüfung durch Diese erstreckte sich laut ordnungsgemäßer Prüfungsanordnung vom 5. 1. 05 u. a. auf die ESt 01–03. Aus dem Prüfungsbericht vom 30. 3. 05 ergeben sich die zutreffend wiedergegebenen Feststellungen:

„...

Einkommensteuer 01

Tz. 6: Der Stpfl. erwarb und veräußerte auf dem freien Markt größere Mengen Mehl dunkler Herkunft im eigenen Namen und für eigene Rechnung. Die Geschäftsvorfälle erfasste er steuerlich weder im Wareneingang noch im Warenausgang. Die Vorgänge wurden dem FA aufgrund einer anderweitigen Prüfung durch eine zu den Steuerakten des Stpfl. genommene Kontrollmitteilung Ende August 04 bekannt. Die Nettoaufwendungen bzw. -erlöse wurden mithilfe des Stpfl. wie folgt ermittelt: Warenerlöse in 01: 30.000 €; Wareneinkauf in 01: 15.000 €. Der Stpfl. wurde darauf hingewiesen, dass die straf- und bußgeldrechtliche Würdigung dieser Vorgänge einem besonderen Verfahren vorbehalten bleibt (§ 201 Abs. 1 AO).

Tz. 7: In 01 beabsichtigte der Stpfl. in der Nachbarstadt Altstadt eine weitere Filiale zu eröffnen. Seine konkreten Planungen stellten sich noch in 01 als wenig aussichtsreich heraus. Hierfür entstanden dem Stpfl. in 01 Aufwendungen von insgesamt 3.000 € (netto). Der Aufwand wurde wegen gröbster Fehler in der Buchführung des Stpfl. nicht berücksichtigt. Der Stpfl. verlangte während der Prüfung die Berücksichtigung als Betriebsausgaben.

Einkommensteuer 02

Tz. 8: Der Stpfl. war zusammen mit seiner Schwester Maria Bähr an der Bodensee Hotel KG beteiligt. Wegen der großen Namensähnlichkeit wurden die Feststellungsmitteilungen für 02 im FA vertauscht. Diese lauten richtig: Mario Bähr - 9.000 €; Maria Bähr - 8.000 €. Im ESt-Bescheid 02 wurde dagegen für den Stpfl. ein Verlust von nur 8.000 € berücksichtigt. Der Stpfl. verlangt eine entsprechende Korrektur durch die Außenprüfung.

Einkommensteuer 03

Tz. 7: Der Stpfl. hat im November 03 an den Tennisverein Rot-Weiß Neustadt e. V. eine zweckgebundene Spende i. H. von 1.000 € zur Errichtung einer Tennishalle für das Wintertraining in der gesetzlich vorgesehenen Weise geleistet. Dafür hat er eine ordnungsgemäße Spendenquittung erhalten und entsprechend steuerlich geltend gemacht. Weitere unbeschränkt abzugsfähige Sonderausgaben hat der Stpfl. nicht geltend gemacht.

Ende Oktober 04 hat der Stpfl. vom Tennisverein ein Schreiben erhalten, wonach die Halle aus baurechtlichen Gründen nicht errichtet werden darf und die Spende daher zurückgezahlt wird. Dem Schreiben war ein Scheck über 1.000 € beigefügt, den der Stpfl. im November 04 eingelöst hat.

Mit Schreiben vom 10.12.04, lt. Eingangsstempel am 11.12.04 beim FA eingegangen, teilte der Stpfl. die Rückzahlung der Spende mit. Trotz intensiver Befragung des zuständigen Sachgebietsleiters kann sich dieser nicht erinnern, ob er die eingegangene Post dieses Tages und damit auch das Schreiben des Stpfl. vor oder nach abschließender Zeichnung der ESt-Veranlagung 03 gesehen hat.

Tz. 9: Weitere Feststellungen wurden nicht getroffen.

Tz. 10: Der Stpfl. hat auf die Zusendung des Prüfungsberichts vor Auswertung verzichtet.

...“

Aufgrund der Außenprüfung erteilte das FA für die ESt 01 unter dem 29.4.05 einen Änderungsbescheid, der den Eheleuten am 30.4.05 zuging. Die ESt 01 wurde bei einem Steuersatz von 40 v. H. auf 52.000 € erhöht. In der Begründung hieß es: „Die Einkünfte aus Gewerbebetrieb (§ 15 EStG) wurden wegen der nicht erklärten Warenverkäufe nach § 173 Abs. 1 Nr. 1 AO um 30.000 € erhöht. Die Wareneinkäufe sowie die Aufwendungen für die Errichtung einer Filiale konnten wegen groben Verschuldens am nachträglichen Bekanntwerden dieser Tatsachen nicht berücksichtigt werden.“

M reagierte darauf mit Schreiben vom 30.4.05, das er am gleichen Tage persönlich beim FA abgab. Das von ihm unterzeichnete Schreiben ist vollinhaltlich wiedergegeben:

Neustadt, den 30.04.05
Finanzamt Neustadt
Neustadt
Betrifft: Steuernummer 022 871 44219

Finanzamt Neustadt
Eingangsstempel
30.04. 05

Gegen den berichtigten Einkommensteuerbescheid 01 legen wir

Rechtsbehelf

ein.

Die Nichtberücksichtigung meiner Aufwendungen halte ich nicht für zutreffend: Das FA sollte den Bescheid nochmals überprüfen. Die Mehrsteuern von 12.000 € habe ich wegen der Zahlungsaufforderung heute unter Vorbehalt an das FA überwiesen, um Vollstreckungsmaßnahmen zu vermeiden.

Mario Bähr

Mit Schreiben vom 15.6.05 teilte das FA dem M mit, dass der Rechtsbehelf wegen § 122 Abs. 2 Nr. 1 AO unzulässig sei, da am 30.4.05 der berichtigte ESt-Bescheid 01 noch nicht formell bekannt gegeben gewesen sei. Ein Rechtsbehelf gegen einen nicht vorhandenen VA sei nicht möglich. M wurde zur Stellungnahme und ggf. Rücknahme des Rechtsbehelfs bis zum 15.7.05 aufgefordert. Die Eheleute beantworteten das Schreiben nicht.

Daraufhin erließ das FA gegenüber den Eheleuten eine Rechtsbehelfsentscheidung, die am 14.9.05 zur Post gegeben und sowohl dem M als auch der E gegenüber am 15.9.05 mit Postzustellungsurkunde zugestellt wurde. Der Rechtsbehelf wurde mit der o. g. Begründung gem. § 358 AO als unzulässig verworfen.

Das FA lehnte ferner mit gesondertem Schreiben vom 14.9.05 die während der Außenprüfung beantragte Berichtigung des ESt-Bescheids 02 mit der Begründung ab, die Voraussetzungen des § 175 Abs. 1 Nr. 1 AO lägen nicht vor, da das FA die Folgerungen aus dem Feststellungsbescheid bereits gezogen habe.

Die ESt 03 wurde mit Bescheid vom 14. 9. 05 auf 45.400 € festgesetzt. In der Begründung des Bescheids heißt es: „Der Bescheid ist nach § 175 Abs. 1 Nr. 2 AO berichtigt worden. Wegen Rückzahlung der Spende wurden die unbeschränkt abzugsfähigen Sonderausgaben um 1.000 € gemindert."

Aufgabe:

M und E wollen von Ihnen steuerlich beraten werden und möchten am 14. 10. 05 folgende Fragen beantwortet haben:

1. Besteht die Möglichkeit, dass sich M und E wegen der nicht erfassten Warengeschäfte und deren einkommensteuerlicher Behandlung strafbar gemacht haben? Gehen Sie dabei davon aus, dass E die Schwarzgeschäfte kannte, diese nicht billigte, jedoch die gemeinsame ESt-Erklärung 01 mitunterschrieb.

2. Hat das FA den ESt-Bescheid 01 vom 30. 9. 02 zutreffend berichtigt? Gehen Sie dabei auch auf die Rechtsansicht des FA ein.

3. Hat das FA den Rechtsbehelf bzgl. der ESt 01 zu Recht aus dem genannten Grund als unzulässig verworfen? Gehen Sie dabei auch – soweit sich dies aufgrund des Sachverhalts aufdrängt – auf die übrigen Zulässigkeitsvoraussetzungen ein.

4. M und E möchten gegen die Rechtsbehelfsentscheidung vom 14. 9. 05 wegen der ESt 01 Klage beim zuständigen FG erheben. Nennen Sie alle Voraussetzungen für eine wirksame Klageerhebung. Gehen Sie auch auf die Sollvoraussetzungen einer Klage ein. Bis wann ist Klage zu erheben?

5. Unterstellt, das FA hätte einen form- und fristgerechten Einspruch der Eheleute gegen eine mit gesondertem Schreiben vom 15. 6. 05 abgelehnte Änderung des ESt-Bescheids 02 mit Einspruchsentscheidung vom 14. 9. 05 mit der bisherigen Rechtsauffassung als unbegründet abgewiesen.

   M und E möchten gegen die Einspruchsentscheidung beim FG klagen. Sie bitten Sie, die Erfolgsaussichten einer Klage zu prüfen, und möchten wissen, welche Klage bis wann zu erheben ist. Auf weitere Zulässigkeitsvoraussetzungen ist nicht einzugehen.

6. M und E möchten wissen, ob die Änderung des ESt-Bescheids 03 zu Recht erfolgt ist und was ggf. zu veranlassen ist.

Bearbeitungshinweise:

- Das Datum der Bescheide oder Schreiben ist immer der Tag, an dem diese zur Post aufgegeben worden ist.
- Bei den Kalenderdaten handelt es sich um fiktive Angaben. Die für die Fristberechnung maßgeblichen Tage sind Werktage.
- Sämtliche Bescheide sind mit ordnungsgemäßen Rechtsbehelfsbelehrungen versehen.
- Gehen Sie bei der steuerlichen Auswirkung von einem Steuersatz von 40 v. H. aus.

4.2 Lösungshinweise

Vorüberlegungen:
Die Fallskizze/Zeittabelle kann hier (zusammengefasst) wie folgt aussehen:

M betreibt Gewerbe. Seine Frau E ist angestellt. Zusammenveranlagung. ESt-Satz 40 %. ESt 01: Erklärung abgegeben in 02, Bescheid zur Post am 30. 9. 02, ESt: 40 T€. ESt 02: Erklärung abgegeben in 03, Bescheid zur Post am 5. 11. 03, ESt: 50 T€. ESt 03: Erklärung abgegeben in 04, Bescheid zur Post am 11. 12. 04, ESt: 45 T€ (manuell bearbeitet am 11. 12. 04).	
Februar 05:	Außenprüfung, Prüfungsanordnung am 5. 1. 05 zur Post. Feststellungen:
ESt 01:	Tz. 6: Schwarzverkäufe (30 T€) und -einkäufe (15 T€), bekannt seit August 04. Tz. 7: Aufwendungen für Filiale 3 T€, durch gröbste Fehler nicht berücksichtigt. M verlangt Berücksichtigung.
ESt 02:	Tz. 8: Verwechslung der Feststellungen von Schwester (richtig - 9 T€ anstatt - 8 T€. M verlangt Korrektur.
ESt 03:	Spende in 03 wird 11/04 zurückerstattet. Dies teilt M dem FA am 10./11. 12. 04 mit; genauer Zeitpunkt der Kenntnisnahme ist unklar.
29. 4. 05:	Absendung ESt-Änderungsbescheid 01, Zugang 30. 4. 05. ESt 01: 52 T€. Berücksichtigung nur der 30 T€ gem. § 173 Abs. 1 Nr. 1 AO.
30. 4. 05:	Eingang Rechtsbehelf gegen ESt 01.
15. 6. 05:	Schreiben des FA: Rechtsbehelf ist unzulässig, Stellungnahme bis 15. 7. 05.

15.9.05:	Zustellung der Rechtsbehelfsentscheidung mit PZU, Verwerfung als unzulässig.
14.9.05:	Ablehnung des Antrags auf Korrektur des ESt-Bescheids 02 zur Post.
14.9.05:	Absendung ESt-Änderungsbescheid 03, ESt 03: 45.400 €. Begründung: Korrektur nach § 175 Abs. 1 Nr. 2 AO bzgl. der Sonderausgaben.

Aufgabe

M und E wollen am 14.10.05 Folgendes wissen:

1. Strafbarkeit von M und E?
2. Hat das FA den ESt-Bescheid 01 vom 30.09.02 zutreffend berichtigt?
3. Hat das FA den Rechtsbehelf bzgl. der ESt 01 zu Recht verworfen?
4. M und E möchte wegen der ESt 01 Klage erheben. Nennen Sie alle Voraussetzungen. Bis wann ist Klage zu erheben?
5. Unterstellt, FA hätte einen Einspruch gegen eine mit gesondertem Schreiben vom 15.6.05 abgelehnte Berichtigung des ESt-Bescheids 02 mit Einspruchsentscheidung vom 14.9.05 abgewiesen. M und E bitten Sie, die Erfolgsaussichten einer Klage zu prüfen, und möchte wissen, welche Klage bis wann zu erheben ist.
6. Ist die Änderung des ESt-Bescheids 03 zu Recht erfolgt? Was ist ggf. zu veranlassen?

Es handelt sich um einen komplexen Sachverhalt. Er umfasst drei Veranlagungszeiträume (ESt 01, 02 und 03). Die (über den Sachverhalt „verstreuten“) Informationen sind bei der Beantwortung der (eindeutigen) Fragen dem jeweiligen Veranlagungszeitraum zuzuordnen.

Frage 1: Strafbarkeit von M und E wegen der nicht erfassten Warengeschäfte

I. Strafbarkeit des M gem. § 370 Abs. 1 Nr. 1 AO

M könnte sich nach § 370 Abs. 1 Nr. 1 AO strafbar gemacht haben.

1. Objektiver Tatbestand

Durch die steuerliche Nichterfassung des Ankaufs und Verkaufs der Waren „dunkler Herkunft“ hat M eine Hinterziehung der ESt 01 nach § 370 Abs. 1 Nr. 1 und Abs. 4 AO bewirkt: In der ESt-Erklärung 01 hat er unrichtige bzw. unvollständige Angaben i. S. des § 370 Abs. 1 Nr. 1 AO über die Höhe der gewerblichen Einkünfte gegenüber dem FA gemacht. [1]

Dadurch ist die ESt 01 nicht in voller Höhe festgesetzt worden. Es ist also ein Taterfolg in Form einer Steuerverkürzung gegeben. Die von M getätigten Betriebsausgaben (Wareneinkauf von 15.000 €) sind mindernd zu berücksichtigen. Es handelt sich hierbei nicht um tatfremde „andere Gründe“ i. S. von § 370 Abs. 4 Satz 3 AO, da ohne diese Aufwendungen die Warenerlöse von 30.000 € nicht hätten erzielt werden können. Die Höhe der ESt-Verkürzung 01 beträgt 6.000 € (30.000 € - 15.000 € = 15.000 € x 40 % ESt-Satz). [1]

HINWEIS

Die Aufwendungen aus der Tz. 7 mindern die Höhe der Steuerverkürzung dagegen nicht, weil sie mit der Straftat nichts zu tun haben, mithin „andere Gründe“ gem. § 370 Abs. 4 Satz 3 AO darstellen.

2. Subjektiver Tatbestand

M handelte auch vorsätzlich i. S. von § 15 StGB (§ 369 Abs. 2 AO): Er hat die Warengeschäfte mit Wissen und Wollen steuerlich nicht erfasst und deshalb bewusst falsche Angaben gemacht, um die ESt 01 zu verkürzen. [1]

3. Rechtswidrigkeit, Schuld und Ergebnis

Die Tat ist auch rechtswidrig und schuldhaft. M hat sich also wegen Hinterziehung der ESt 01 i. H. von 6.000 € gem. § 370 Abs. 1 Nr. 1 AO strafbar gemacht.

II. Strafbarkeit der E gem. § 370 Abs. 1 Nr. 1 AO

[3] E hat die ESt-Erklärung mitunterschrieben. Insoweit könnte auch sie gem. § 370 Abs. 1 Nr. 1 AO über steuerlich erhebliche Tatsachen unrichtige Angaben gemacht haben. Dafür spricht grds., dass derjenige die (unrichtige) Erklärung abgibt, der sie unterschreibt. Allerdings bezieht sich die Unterschrift in der gemeinsamen ESt-Erklärung nur auf die eigene „Wissenssphäre", also auf die eigenen Einkünfte (hier die Einkünfte aus nichtselbständiger Tätigkeit von E) oder auf gemeinsame Besteuerungsmerkmale (z. B. Sonderausgaben, außergewöhnliche Belastungen). Die Unterschrift der E allein begründet keine Mitverantwortung für die unrichtige Erklärung der Einkünfte durch den M. Danach hat die E keine Steuerhinterziehung begangen. Sie ist auch nicht Mittäterin (§ 25 Abs. 2 StGB), da die Eheleute die Tat nicht gemeinschaftlich (also unter bewusstem und gewolltem Zusammenwirken) begangen haben. Die bloße Unterschrift (, welche die E ja gem. § 25 Abs. 3 Satz 2 EStG leisten muss) stellt nach h. M. auch keine Beihilfehandlung gem. § 27 StGB dar.

HINWEIS

Etwas anderes gilt dann, wenn der Tatbeitrag über die bloße Unterschriftsleistung hinausgeht, z. B. bei aktiver (ggf. auch nur psychischer) Unterstützung der Tat des anderen Ehegatten. Dann sind die Eheleute i. d. R. Mittäter (§ 370 Abs. 1 Nr. 1 AO i.V. mit § 25 Abs. 2 StGB).

Frage 2: Berichtigung des ESt-Bescheids 01

Die Berichtigung des ESt-Bescheids 01 vom 30. 9. 02 war nur dann zutreffend, soweit die ESt 01 aufgrund von Korrekturvorschriften geändert werden konnte.

I. § 172 Abs. 1 Nr. 2 Buchst. c AO bzgl. der hinterzogenen ESt 01

[1] Die Änderung des Bescheids kann einmal wegen der von M begangenen ESt-Hinterziehung auf § 172 Abs. 1 Nr. 2 Buchst. c AO gestützt werden. M hatte durch die vorsätzliche (= arglistige) Täuschung insoweit eine zu niedrige ESt-Festsetzung von 6.000 € bewirkt (siehe oben Frage 1).

HINWEIS

Die fehlende Angabe dieser Korrekturnorm in der Begründung des Änderungsbescheids ist unschädlich. Zudem könnte das FA die Angabe der Vorschrift gem. § 126 Abs. 1 Nr. 2 i.V. mit Abs. 2 AO nachholen.

II. § 173 Abs. 1 Nr. 1 AO bzgl. der Betriebseinnahmen (Tz. 6)

[1] Zutreffend war der Ansatz der zusätzlichen Betriebseinnahmen von 30.000 € als nachträglich bekannt gewordene Tatsache im Wege der Änderung nach § 173 Abs. 1 Nr. 1 AO. Dies führt zu einer höheren ESt von 12.000 € (30.000 € x 40 %).

III. § 173 Abs. 1 Nr. 2 AO bzgl. der Betriebsausgaben (Tz. 6)

[1] Bei der Änderung nach § 173 Abs. 1 Nr. 1 AO hätte das FA jedoch die für den Wareneinkauf angefallenen Betriebsausgaben von 15.000 € und die daraus resultierende Mindersteuer von 6.000 € (15.000 € x 40 %) gem. § 173 Abs. 1 Nr. 2 Satz 2 AO berücksichtigen müssen. Zwar liegt ein grobes Verschulden des M vor, als er diese Betriebsausgaben vorsätzlich nicht erfasste. Dies ist jedoch unbeachtlich wegen des unmittelbaren sachlichen Zusammenhangs dieser Aufwendungen mit den Warenerlösen.

HINWEIS

Lesen Sie zur Wiederholung und Vertiefung AEAO zu § 173 Nr. 6.

IV. § 173 Abs. 1 Nr. 2 AO bzgl. der vergeblichen Aufwendungen (Tz. 7)

[1] Die vergeblichen Aufwendungen von 3.000 € für die beabsichtigte Errichtung der Filiale in Altstadt stellen eine steuermindernde neue Tatsache i. S. von § 173 Abs. 1 Nr. 2 AO dar.

Diese ist dem FA erst nach der abschließenden ESt-Festsetzung im Rahmen der Außenprüfung bekannt geworden. Nach dem Sachverhalt trifft den M aber ein grobes Verschulden am nachträglichen Bekanntwerden, da grobe Buchführungsmängel die Ursache hierfür waren.

HINWEIS

Lesen Sie zur Wiederholung und Vertiefung AEAO zu § 173 Nr. 5.

Die Ausnahmeregelung des § 173 Abs. 1 Nr. 2 Satz 2 AO greift nicht ein, weil hier der steuermindernde Vorgang nicht in einem inneren sachlichen Zusammenhang mit steuererhöhenden Tatsachen steht. Der bloße zeitliche Zusammenhang mit den o. a. Warenerlösen reicht nicht aus (vgl. AEAO zu § 173 Nr. 6.1 letzter Satz).

V. § 177 Abs. 1 AO der vergeblichen Aufwendungen (Tz. 7)

Diese Aufwendungen sind aber im Rahmen des § 177 Abs. 1 AO als materielle Fehler (vgl. § 177 Abs. 3 AO) gegenläufig zu § 172 Abs. 1 Nr. 2 Buchst. c bzw. zu § 173 Abs. 1 Nr. 1 AO zu berücksichtigen. Die ESt-Minderung beträgt insoweit 1.200 € (3.000 € x 40 %). [1]

VI. Ergebnis

Änderung nach § 172 Abs. 1 Nr. 2 Buchst. c AO und gem. § 173 Abs. 1 Nr. 1 und Nr. 2 AO	+ 6.000 €	[1]
Saldierung nach § 177 Abs. 1 AO (vergebliche BA)	- 1.200 €	
Summe:	**+ 4.800 €**	

Das FA hätte die ESt 01 nur um 4.800 € erhöhen und auf 44.800 € festsetzen dürfen. Der geänderte ESt-Bescheid vom 29. 4. 05 ist insoweit rechtswidrig.

HINWEIS

Die Festsetzungsverjährung nach §§ 169 ff. AO steht einer Änderung des ESt-Bescheids 01 unter dem 29. 4. 05 nicht entgegen: Die ESt 01 kann schon regulär nicht vor Ablauf des Kj. 06 verjähren (vgl. § 170 Abs. 2 Nr. 1 AO). Da hier eine Steuerhinterziehung gem. § 370 Abs. 1 Nr. 1 AO vorliegt, gilt zudem die zehnjährige Frist (§ 169 Abs. 2 Satz 2 AO).

Frage 3: Zulässigkeit des Einspruchs gegen den ESt-Bescheid 01

I. Statthaftigkeit

Statthafter Rechtsbehelf gegen den ESt-Bescheid 01 ist nach § 347 Abs. 1 Nr. 1 AO der Einspruch. Dieser kann nicht vor der Bekanntgabe eines Bescheids eingelegt werden. Dies war hier allerdings nicht der Fall: Die Bekanntgabe erfolgte gem. § 122 Abs. 1, § 124 Abs. 1 AO am 30. 4. 05 mit dem tatsächlichem Zugang bei den Inhaltsadressaten M und E. [1]

§ 122 Abs. 2 Nr. 1 AO hat – entgegen der Ansicht des FA – lediglich Bedeutung als gesetzliche Vermutung für eine vereinfachte Berechnung der Einspruchsfrist nach § 355 Abs. 1 AO. Für die Frage, ob ein anfechtbarer VA vorliegt, ist die tatsächliche Bekanntgabe des Bescheids am 30. 4. 05 allein entscheidend.

II. Form

Der Einspruch ist gem. § 357 Abs. 1 Satz 1 AO formgerecht, nämlich schriftlich eingelegt worden. Die fehlende Absenderangabe (Anschrift von M und E) und die fehlende Unterschrift der E sind gem. § 357 Abs. 1 Satz 2 AO unschädlich: Zum einen geht aus der angeführten Steuernummer und den Angaben zum Inhalt des ESt-Bescheids aus dem Schreiben klar hervor, dass M und E („wir“) den Einspruch (genauer zwei Einsprüche) eingelegt haben. Zum anderen ist davon auszugehen, dass M seine Frau vertreten hat. Nach § 357 Abs. 1 Satz 4 AO ist unerheblich, dass der Rechtsbehelf nicht ausdrücklich als „Einspruch“ bezeichnet wurde. [2]

III. Frist

Der Einspruch ist am 30. 4. 05, d. h. vor Ablauf der Einspruchsfrist des § 355 Abs. 1 AO eingelegt worden. Die Bekanntgabe erfolgte gem. § 122 Abs. 2 Nr. 1 AO am 2. 5. 05. Die Monatsfrist endete nach § 108 Abs. 1 AO i.V. mit § 188 Abs. 2 BGB mit Ablauf des 2. 6. 05. Dass der Einspruch vor dem formellen Beginn der Einspruchsfrist eingelegt worden ist, ist ohne Belang, weil er nach der tatsächlichen Bekanntgabe (nach dem tatsächlichen Zugang) des Bescheids erhoben wurde. [2]

IV. Beschwer

M und E machen auch geltend, durch die Nichtberücksichtigung der Aufwendungen beschwert zu sein (§ 350 AO).

V. Ergebnis

Da alle Zulässigkeitsvoraussetzungen vorliegen, hat das FA also den Einspruch in der Einspruchsentscheidung vom 14. 9. 05 zu Unrecht als unzulässig verworfen.

Frage 4: Zulässigkeit der Klage

[1] 1. Der Finanzrechtsweg ist gem. § 33 Abs. 1 Nr. 1 FGO eröffnet.

2. Die Klage ist grds. beim instanziell und örtlich zuständigen FG (vgl. § 35 und § 38 FGO) einzureichen.

3. Die Eheleute sind beteiligten-, prozess- und postulationsfähig (§ 57, § 58 Abs. 1 Nr. 1 und § 62 Abs. 1 FGO). Sie können sich vor dem FG gem. § 62 Abs. 2 FGO vertreten lassen (vgl. § 62 Abs. 6 FGO).

[1] 4. Statthafte Klageart ist die Anfechtungsklage nach § 40 Abs. 1 Satz 1 FGO in Form der Änderungsklage gem. § 100 Abs. 2 FGO. Sie ist gerichtet auf die hier begehrte Minderung der ESt 01.

[1] 5. Das nach § 44 Abs. 1 FGO erforderliche erfolglose Vorverfahren (nach §§ 347 ff. AO) ist durchgeführt.

6. Die Ehegatten machen gem. § 42 Abs. 2 AO auch geltend, in ihren Rechten verletzt zu sein.

[1] 7. Die Klagefrist beträgt nach § 47 Abs. 1 FGO einen Monat nach Bekanntgabe der Einspruchsentscheidung. Diese wurde sowohl M als auch E mit PZU nach § 366, § 122 Abs. 5 AO, § 3 VwZG wirksam zugestellt und damit am 15. 9. 05 bekannt gegeben. § 122 Abs. 2 Nr. 1 AO gilt insoweit nicht. Die Klagefrist endet daher mit Ablauf des 15. 10. 05 nach § 54 FGO, § 188 Abs. 2 BGB. Die Klage kann nach § 47 Abs. 2 FGO auch beim FA Neustadt fristgerecht angebracht werden, da dieses den angefochtenen Bescheid erlassen hat.

[1] 8. Die Klage ist nach § 64 Abs. 1 FGO formgerecht – regelmäßig schriftlich – zu erheben. Die Schriftform verlangt gem. § 126 Abs. 1 BGB eine eigenhändige Unterschrift. Die Übermittlung per Fax ist zulässig.

Der Inhalt der Klage bestimmt sich nach § 63 und § 65 FGO. Zum Mussinhalt der Klageschrift gehören nach § 65 Abs. 1 Satz 1 FGO:

- Die Bezeichnung des Klägers und des Beklagten; Kläger sind M und E, Beklagter ist das FA Neustadt, vertreten durch den Vorsteher (§ 63 Abs. 1 Nr. 1 FGO);
- die Bezeichnung des angefochtenen VA – hier der ESt-Bescheid 01 – und der angefochtenen Einspruchsentscheidung vom 14. 9. 05;
- die Bezeichnung des Gegenstands des Klagebegehrens, d. h. die Angabe, inwieweit der angefochtene Bescheid rechtswidrig sei.

[1] Zum Soll-Inhalt der Klage zählen nach § 65 Abs. 1 Satz 2 und Satz 3 FGO:

- Ein bestimmter Antrag. Dieser kann auch endgültig erst in der mündlichen Verhandlung gestellt werden (vgl. § 92 Abs. 3, § 76 Abs. 2 und § 96 Abs. 1 Satz 2 FGO).

HINWEIS

Der Antrag könnte wie folgt lauten: „Es wird beantragt, die ESt 01 unter Berücksichtigung weiterer Betriebsausgaben i. H. von 18.000 € festzusetzen."

- Die Angabe der zur Begründung dienenden Tatsachen und Beweismittel. Spätere Begründungen sind (ggf. im Rahmen des § 79 Buchst. b FGO) möglich.
- Der angegriffene VA und die Einspruchsentscheidung sollen beigefügt werden.

HINWEIS

Erheben – wie hier – zusammen veranlagte Eheleute gemeinsam Klage liegt eine sog. einfache Streitgenossenschaft gem. § 59 FGO i. V. mit § 59 ZPO vor, d. h. eine Verbindung zweier Prozesse aus prozessökonomischen Gründen.
[1 Zusatzpunkt]

Frage 5: Klage gegen die Ablehnung des Antrags, den ESt-Bescheid 02 zu ändern

Eine Klage ist erfolgreich, wenn sie zulässig und begründet ist.

I. Zulässigkeit

Statthafte Klageart ist hier die Verpflichtungsklage nach § 40 Abs. 1 FGO. Sie ist gerichtet auf Verurteilung zum Erlass des vom FA abgelehnten ESt-Änderungsbescheids 02. [2]

Die Klagefrist beträgt nach § 47 Abs. 1 FGO einen Monat nach Bekanntgabe der Einspruchsentscheidung. Diese gilt nach § 366, § 122 Abs. 2 Nr. 1 AO am 17. 9. 05 als bekannt gegeben. Die Klagefrist endet daher mit Ablauf des 17. 10. 05 nach § 54 FGO, § 222 ZPO, § 188 Abs. 2 BGB.

II. Begründetheit

Die Klage ist begründet, wenn das FA verpflichtet ist, den begehrten VA (= die beantragte Änderung der ESt 02) zu erlassen (vgl. § 101 FGO). [1]

Das ist der Fall, wenn insoweit Änderungsvorschriften eingreifen.

1. § 175 Abs. 1 Nr. 1 AO

Die Verwechslungen der beiden Feststellungsmitteilungen hatte zur Folge, dass aus dem Feststellungsbescheid 02 bislang nicht die zutreffenden Folgerungen für den ESt-Bescheid 02 gegenüber dem M gezogen wurden (vgl. § 182 Abs. 1 AO). Der hier dem FA unterlaufene Anpassungsfehler ist gem. § 175 Abs. 1 Nr. 1 AO zu korrigieren: Nach Maßgabe des Feststellungsbescheids 02 ist daher der Verlust i. H. von 8.000 € zu streichen und dafür der Verlust i. H. von 9.000 € zu berücksichtigen. Die ESt 02 mindert sich dadurch i. H. von 400 € (- 1.000 € x 40 €). [2]

2. § 129 AO

§ 129 AO ist ebenfalls zu bejahen: Die Verwechslung der beiden Feststellungsmitteilungen stellt einen mechanischen, unbewussten Fehler, mithin eine „ähnliche offenbare Unrichtigkeit“ gem. § 129 AO dar. Die Möglichkeit eines Denkfehlers (z. B. Rechtsanwendungsfehler) ist ausgeschlossen. Weil sich die Berichtigung zugunsten des M auswirkt, hat dieser ein berechtigtes Interesse an der Berichtigung. Das FA muss die ESt 02 auch gem. § 129 Satz 2 AO um 400 € mindern. [2]

III. Ergebnis

Die Verpflichtungsklage wäre also i. H. von 400 € erfolgreich. Die richtige ESt 02 beträgt somit 49.600 €. [1]

Frage 6: Änderung des ESt-Bescheids 03

Die Änderung des ESt-Bescheids 03 ist nur dann zu Recht erfolgt, wenn eine Korrekturvorschrift die Berücksichtigung der Rückzahlung der Spende erlaubt.

I. § 175 Abs. 1 Nr. 2 AO

Der vom FA als Änderungsgrundlage zitierte § 175 Abs. 1 Nr. 2 AO setzt voraus, dass ein Ereignis mit steuerlicher Rückwirkung für die Vergangenheit eingetreten ist. Hierfür ist grds. erforderlich, dass der betreffende Bescheid im Zeitpunkt seines Erlasses (also zum Zeitpunkt der abschließenden Zeichnung) rechtmäßig war und erst später durch Eintritt des Ereignisses „Wegfall der Zweckbestimmung der getätigten Spende und deren Rückzahlung“ unrichtig geworden ist. Im vorliegenden Falle wurde die Spende von 1.000 € Ende Oktober 04 und damit bereits vor der ESt-Festsetzung für 03 zurückgezahlt. Dies hat M dem FA auch am 11. 12. 04 (Eingang) schriftlich mitgeteilt. Eine Korrektur gem. § 175 Abs. 1 Nr. 2 AO scheidet daher aus. [1]

II. § 173 Abs. 1 Nr. 1 AO

[2] Die Änderung könnte mit § 173 Abs. 1 Nr. 1 AO begründet werden. Steuerlich relevante Tatsache ist zwar hier, dass die Spende zurückgezahlt worden war und damit kein Abzug als Sonderausgabe in Betracht kam. Diese Tatsache müsste dem FA aber nachträglich bekannt geworden sein. „Nachträglich bekannt" werden nur solche Tatsachen, die vor der abschließenden Zeichnung (bzw. Dateneingabe) der Steuerfestsetzung bereits vorhanden sind, aber dem zuständigen Bearbeiter erst nach der abschließenden Willensbildung bekannt werden.

HINWEIS
Lesen Sie zur Wiederholung und Vertiefung AEAO zu § 173 Nr. 2.

Nach den vorliegenden Feststellungen war das Schreiben des M am 11. 12. 04 beim zuständigen FA eingegangen. Am gleichen Tag ist auch der ESt-Bescheid 03 manuell gefertigt worden. Laut Sachverhalt ist nicht zu klären, ob der zuständige Sachgebietsleiter das Schreiben des B vor oder nach der abschließenden Zeichnung der ESt-Festsetzung gesehen hat oder ob das Schreiben noch an diesem Tag in die ESt-Akten des M gelangt ist.

HINWEIS
Der (gesamte) Inhalt der einschlägigen Steuerakten ist (i. S. des § 173 Abs. 1 AO) bekannt.

Die objektive Beweislast für das Vorliegen steuererhöhender neuer Tatsachen hat das FA. Es hat deshalb den Nachteil zu tragen, der sich aus der vorliegenden Nichtaufklärbarkeit ergibt (vgl. AEAO zu § 173 Nr. 2.5). Die Tatsache der Spendenrückzahlung ist daher als nicht nachträglich bekannt geworden zu behandeln. Eine Korrektur nach § 173 Abs. 1 Nr. 1 AO ist somit zu verneinen.

III. Einspruch ist noch möglich

[1] M und E können gegen den ESt-Änderungsbescheid 03 form- und fristgerecht Einspruch gem. § 347 Abs. 1 Nr. 1, § 355 Abs. 1, § 357 Abs. 1 AO einlegen. Der am 14. 9. 05 mit einfachem Brief zur Post aufgegebene ESt-Bescheid 03 gilt nach § 122 Abs. 2 Nr. 1 AO am 17. 9. 05 als bekannt gegeben. Die Einspruchsfrist endet daher mit Ablauf des 17. 10. 05 gem. § 108 Abs. 1 AO, § 188 Abs. 2 BGB. Danach ist ein Einspruch am 14. 10. 05 zeitlich noch möglich.

[35]

STICHWORTVERZEICHNIS